中传学者文库编委会

主　任： 廖祥忠　张树庭

副主任： 蔺海波　李　众　刘守训　李新军　王　晖
　　　　　　杨　懿　柴剑平

成　员（按姓氏笔画排序）：

王廷信	王栋晗	王晓红	王　雷	文春英
龙小农	付　龙	叶　龙	刘东建	刘剑波
任孟山	李怀亮	李　舒	张绍华	张　晶
张根兴	张毓强	林卫国	郑　月	金　炜
金雪涛	周建新	庞　亮	赵新利	徐红梅
贾秀清	高晓虹	隋　岩	喻　梅	熊澄宇

中传学者文库

主编／柴剑平
执行主编／龙小农
副主编／张毓强　周建新

返本与开新

刁生虎自选集

刁生虎　著

中国传媒大学出版社

·北京·

图书在版编目（CIP）数据

返本与开新：刁生虎自选集 / 刁生虎著 . -- 北京：中国传媒大学出版社，2024.8.

（中传学者文库 / 柴剑平主编）.

ISBN 978-7-5657-3760-2

Ⅰ . C53

中国国家版本馆 CIP 数据核字第 2024E7S029 号

返本与开新：刁生虎自选集
FANBEN YU KAIXIN: DIAO SHENGHU ZIXUANJI

著　　者	刁生虎
责任编辑	张继媛
封面设计	锋尚设计
责任印制	李志鹏

出版发行	中国傳媒大學出版社		
社　　址	北京市朝阳区定福庄东街 1 号	邮　编	100024
电　　话	86-10-65450528　65450532	传　真	65779405
网　　址	http://cucp.cuc.edu.cn		
经　　销	全国新华书店		
印　　刷	北京中科印刷有限公司		
开　　本	710mm×1000mm　1/16		
印　　张	16		
字　　数	270 千字		
版　　次	2024 年 8 月第 1 版		
印　　次	2024 年 8 月第 1 次印刷		
书　　号	ISBN 978-7-5657-3760-2/C・3760	定　价	79.00 元

本社法律顾问：北京嘉润律师事务所　郭建平

总　序

　　媒介是人类社会交流和传播的基本工具。从口语时代到印刷时代，再经电子时代至今天的数智时代，媒介形态加速演变、融合程度深入发展，媒介已然成为现代社会运行的基础设施和操作系统。今天，人类已经迈入媒介社会，万物皆媒、人人皆媒，无媒介不社会、无传播不治理。今天，无论我们怎么用力于信息传播的研究、怎么重视信息传播人才的培养都不为过。

　　中国传媒大学（其前身为北京广播学院）作为新中国第一所信息传播类院校，自1954年创建伊始，即与媒介形态演变合律同拍、与国家发展同频共振，努力探索中国特色信息传播人才培养模式、构建中国信息传播类学科自主知识体系，执信息传播人才培养之牛耳、发信息传播研究之先声，被誉为"中国广播电视及传媒人才摇篮""信息传播领域知名学府"。

　　追溯中传肇始发轫之起源、瞩望中传砥砺跨越之未来，可谓创业维艰而其命维新。昔日中传因广播而起，因电视而兴，因网络而盛，今天和未来必乘风破浪、蓄势而上，因人工智能而强。在这期间，每一种媒介兴起，中传均吸引一批志于学、问于道、勤于术的

学者汇聚于此，切磋学术、传道授业，立时代之潮头，回应社会需求，成为学界翘楚、行业中坚，遂有今日中传学术研究之森然气象，已历七秩而弦歌不断，将传百世亦风华正茂。

自新时代以来，中传坚守为党育人、为国育才初心，励精图治、勠力前行，秉承"系统治理、创新图强、交叉融合、特色发展"的办学理念，牢牢把握高等教育发展大势、传媒业态发展趋势，瞄准"智能传媒"和"国际一流"两大主攻方向，以世界为坐标、以未来为向度，完成了全面布局和系统升级，正在蹄疾步稳、高质量推动学校从传统高等教育向未来高等教育跨越、从传统传媒教育向智能传媒教育跨越、从国内一流向世界一流跨越，全力建设中国特色、世界一流传媒大学。

中国特色、世界一流，在于有大先生扎根中国大地，汇聚古今、融通中外；在于有大先生执教黉门，学高为师、身正为范；在于有大先生躬耕杏坛，敦品积学、启智润心。习近平总书记更强调，高校教师要立志成为大先生，在教书育人和科研创新上不断创造新业绩。中传广大教师素来以做大先生为毕生职志，努力成为新时代"经师"与"人师"的统一者，做真学问、立高品行，践履"立德树人"使命。

2024岁在甲辰，欣逢中传建校70华诞，学校特邀约部分学者钩玄勒要、增删批阅，遴选已公开刊发的论文汇编成集，出版"中传学者文库"，意在呈现学校在学科建设、科学研究、服务行业实践等方面的最新成果，赓续中传文脉，谱写时代新声。

文库汇聚老中青三代学者，资深学者渊渟岳峙、阐幽抉微；中年学者沉潜蓄势、厚积薄发；青年学者踌躇满志、未来可期。文库与五十周年校庆所出版的"北广学者文库"相承接，大致可勾勒中传知识生产薪火相传、三代辉映之概貌，反映中传在构建中国特色新闻传播类、传媒艺术类、传媒技术类学科体系、学术体系和话语体系方面的耕耘与收获，窥见中国特色信息传播类学科知识体系构建的发展脉络与轨迹。

这一构建过程，虽筚路蓝缕，却步履铿锵；虽垦荒拓野，亦四方辐辏。一批肇始于中传，交叉融合、具有中国特色的学科，如播音主持艺术学、广播电视艺术学、传媒艺术学、数字媒体艺术学、政治传播学等，从涓涓细流汇入滔滔江河，从中传走向全国，展现了中传学者构建中国自主知识体系的学术想象力和创新力。文库展示的虽然是历史，实则是呈现今天；看似是总结过去，实则是召唤未来。与其说这套文库的出版，是对既有学术成果的展示，毋宁说是对未来学术创新的邀约。

回首过往，七秩芳华。我们深知，唯有将马克思主义基本原理与中华优秀传统文化相结合，才能推动中华学术创造性转化和创新性发展，推动中国自主知识体系的构建。我们深知，唯有准确把握媒介形态演变的脉动、深刻认知媒介形态变革所产生的影响，才能推动中国信息传播类学科自主知识体系的构建与时俱进。

展望未来，星辰大海。我们深知，以人工智能为代表的产业和科技革命正迅疾而来，媒介生态正在加速重构，教育形态正在全面重塑，大学之使命与价值正在被重新定义；我们深知，唯有"胸怀国之大者"、面向世界科技前沿、面向经济主战场、面向国家重大需求，才能确保中传始终屹立于中国乃至世界传媒教育发展之潮头。

如何应对人工智能带来的深刻变革，对中传而言是一场要么"冲顶"、要么"灭顶"的"兴亡之战"。我们坚信，不管前方是雄关漫道，还是荆棘满途，唯有勇敢直面"教育强国，中传何为？"这一核

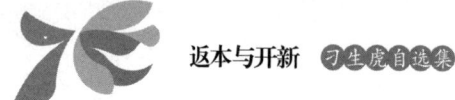

心命题，奋力书写"智能传媒教育，中传师生有为！"的精彩答卷，才能化危为机，奋力开创人工智能时代中传智能传媒教育新纪元。

功不唐捐，芳华七秩；风帆正举，赓续创新。

是为序。

第十四届全国政协委员，中国传媒大学党委书记、教授、博士生导师

目 录

庄子的语言哲学及表意方式 ………………………………………… 001

《周易》：中国传统美学思维的源头 ………………………………… 066

隐喻思维与诗性文化
　　——兼论《周易》对中国文化诗性特质的贡献 ………………… 084

儒家仁学的普世情怀与和谐世界的当代建构 ……………………… 113

庄子对中国"象喻"文学的贡献 …………………………………… 128

先秦儒道生死学三题 ………………………………………………… 142

《诗经》"象喻"言说及其生成机制 ………………………………… 171

魏晋南北朝童谣的传播学解读 ……………………………………… 186

庄子形神论及其艺术转化
　　——兼论其对中国写人传统的影响 …………………………… 195

习近平生态文明思想对中华传统生态智慧的传承与发展 ………… 216

后　记 ………………………………………………………………… 243

庄子的语言哲学及表意方式[*]

语言作为"人类有史以来所发明的、最奇特的象征符号系统"[①],在人类社会生活中占据举足轻重的地位,因为它不仅是"人类最重要的交际工具"[②],甚至在某种意义上"是人的一切智力活动的根本,是人最主要的向导"[③]。从这个意义上来说,语言是人类的,人类也是语言的,言说既是人类的本性,而人类也只有通过言说才成其为自身,所谓"人之所以为人者,言也"[④]。由此,对语言的自觉及研究既是对人类自身命运的深切关注,又是推动哲学和认识论发展的重要契机。正因如此,语言是哲学之思的重要对象,二者的联系与纠缠源远流长,"语言也像呼吸、血液、性别和闪电等其他带有神秘性质的事物一样,从人类能够记录思想开始,人们就一直用迷信的眼光来看待它"[⑤]。原始先民甚至把语言符号当作神的使者,他们相信通过带有宗教色彩的文字符号活动,能把自己和大自然紧密地联系起来。如古印度的《吠陀》把语言描绘成女神;埃及人认为文字是智慧和魔术之神索斯的发明;巴比伦人则把文

---

[*] 本文原载于《东吴哲学学报》第十二期(2005年8月),收入本书时有改动。
[①] [美]苏珊·朗格著,傅正元、马元德译:《情感的象征符号》,载中国社会科学院哲学研究所美学研究室编:《美学译文》(3),中国社会科学出版社1984年版,第111页。
[②] [苏联]列宁著:《论民族自决权》,载《列宁全集》第20卷,人民出版社1958年版,第396页。
[③] [德]恩斯特·卡西尔,于晓等译:《语言与神话》,生活·读书·新知三联书店1988年版,第133页。
[④] 顾馨、徐明校点:《春秋谷梁传》,辽宁教育出版社2000年版,第51页。
[⑤] [英]罗素著,张金言译:《人类的知识——其范围与限度》,商务印书馆1983年版,第68页。

字创造归于命运之神尼波；古希腊人认为是诸神的使者发明了文字；中国古人甚至认为文字具有"天雨粟、鬼夜哭"的神奇魔力。除了人类这种对语言与生俱来的敬畏之情，哲学与语言的不解之缘还有更深层的原因。和人类的其他活动相比，哲学思维须臾不能脱离语言。因为思想的对象和思想过程本身，都必须依靠语言才能转变成他人思想所能把握的东西，"哲学本来的意义就是博学的爱好者、广泛涉猎者和各种话语间的苏格拉底式调解者所起的作用"①。正因如此，无论中国哲学还是西方哲学，都对语言问题十分关注。在中国，从先秦到近代，言意之辨一直是困扰历代哲学家的一个核心命题。在西方，在古希腊语中，语言和理性、规律是同一个词——"逻各斯"，在基督教的《圣经》教诲中，语言和世界的开端是合二为一的。尤其是社会进入20世纪，西方哲学在经历了由古代本体论（存在论）向近代认识论（知识论）的第一次转变之后，于现代又经历着由认识论（知识论）向语言论（方法论）的第二次转变。这就是学术界所谓的"语言论转向"（the Linguistic Turn）②。转向之后的西方学术界，普遍把关注的目光投向语言本身。③ 现代西方哲人对语言问题的极度重视就启发我们关注古代中国的思想家对语言问题的态度和认识。通过考察，我们发现，处在中国历史与文化"轴心时代"的思想巨人

---

① ［美］罗蒂著，黄勇编译：《后哲学文化》，上海译文出版社1992年版，第279页。
② "语言论转向"又译为"语言学转向"，这个术语最早是由属于早期维也纳学派的哲学家古斯塔夫·贝格曼（Gustav Bergman）提出的对20世纪以来分析运动的描述。而今天所说的"语言论转向"已经大大超出了其本来的含义，也不限于哲学领域。以哲学的语言转向为基础，"语言论转向"发生于20世纪西方人文科学整个领域，包括心理学、人类学、文学批评的语言转向。哲学的语言转向是指把语言本身的一种理性知识提升到哲学基本问题的地位，哲学关注的主要对象由主客体关系或意识与存在的关系转向语言与世界的关系。语言问题成为哲学的基本问题。
③ 如逻辑实证主义强调哲学的任务是进行语言分析。奎因把本体论问题归结为语言问题。维特根斯坦的整个哲学生涯都在关注语言的意义问题，认为这一问题是哲学的头等问题，哲学的任务应该是"治疗语言疾病"，应当通过澄清语言中的"误用"现象来消除传统哲学中的"虚假"问题。普通语义学派把对语言的关注从思想界扩张到了全社会，极度夸张语言对人类行为和社会的影响。结构主义创始人索绪尔奠定的符号学理论，则更是事实上奠定了现代西方哲学的理论基石。更为甚者，现代西方哲学的泰斗，横跨现象学、存在主义和解释学三大流派的海德格尔，甚至把语言提到存在论的高度。

庄子是一位不容忽视的语言哲学家。他不仅对普遍存在于人类社会中的语言困境及其根源有着敏感而又清醒的认识，而且对超越这一困境的路径也从理论和实践两个方面进行了大量而有益的尝试。庄子的语言哲学不仅揭示了哲学之为哲学的本质特性，而且与西方现代语言哲学明显存在相互发明和内在会通之处，在世界哲学史和中西文论史上都占据不容忽视的地位。

一、语言困境与哲学使命：庄子的语言哲学

庄子语言哲学所涉及的问题很多，其中内容最为丰富又最富哲学创见的便是言意关系论。而语言与意义的关系又是语言哲学的核心问题，因为"我们只有通过意义方能真正理解语言，离开意义去考察语言，语言就会成为一个根本不可能把握的现象"[①]。庄子对语言与语言困境的考察也正是围绕这一问题而展开的。

（一）"可说"与"不可说"

庄子在《天道》篇中说：

> 世之所贵道者书也，书不过语，语有贵也。语之所贵者意也，意有所随。意之所随者，不可以言传也，而世因贵言传书。世虽贵之，我犹不足贵也，为其贵非其贵也。故视而可见者，形与色也；听而可闻者，名与声也。悲夫，世人以形色名声为足以得彼之情！

对于其中的"意有所随。意之所随者，不可以言传也"，成玄英《庄子疏》云："随，

---

① 刘大基著：《人类文化及生命形式——恩·卡西勒、苏珊·朗格研究》，中国社会科学出版社1990年版，第138页。

从也。意之所出，从道而来，道既非色非声，故不可以言传说。"由此可见，其中的"意之所随者"即是指"道"。这段话是说，书是世人所珍视和称道的，但书不过就是语言。语言的可贵之处在于它所表达的思想，而思想所追随的对象即思想的内容是不可能用语言来传达的。从上下文可知，这里所谓的"意之所随者"即思想的内容或对象不是"形色名声"等外在现象，只能是指代表事物本质的"道"，这里所谓的"不可以言传"，就是指主体关于事物本质或"道"的思想是不能用语言来传达的。这里，庄子以普通名言为界，对"可说"的"意"与"不可说"的"道"进行了区分。既然"道"只能由"意"来把握，那么相对而言，"言"便是糟粕，即庄子所谓的"夫《六经》，先王之陈迹也"（《天运》）。如同"视而可见""听而可闻"的"形色名声""不足以得彼之情"一样，作为"意之所随者"的"道"也是"不可以言传也"；而普通世人的可悲之处正在于"贵言传书""以形色名声为足以得彼之情"！

为了进一步论证自己的观点，下文庄子接着举了一个"轮扁斫轮"的例子：

> 桓公读书于堂上。轮扁斫轮于堂下，释椎凿而上，问桓公曰："敢问，公之所读者何言邪？"公曰："圣人之言也。"曰："圣人在乎？"公曰："已死矣。"曰："然则君之所读者，古人之糟魄已夫！"桓公曰："寡人读书，轮人安得议乎！有说则可，无说则死。"轮扁曰："臣也以臣之事观之。斫轮，徐则甘而不固，疾则苦而不入。不徐不疾，得之于手而应于心，口不能言，有数存焉于其间。臣不能以喻臣之子，臣之子亦不能受之于臣，是以行年七十而老斫轮。古之人与其不可传也死矣，然则君之所读者，古人之糟魄已夫！"

这里，庄子先以"斫轮"比著书，再以著书喻传"道"。其中的"数"与"不可传也"的"道"有对应关系，实际上就是体现天地万物规律的"道"。这种"道"具体化为斫轮之术，就使轮扁虽"有数存焉于其间"，并能"得之于手而应于心"，但却"口不能言"。显然，这里的"数"，绝非一种可以用数量关系来描述，并用逻辑性语言传授给别人的科学思维形式，而是一种只可意会不可言传的精深微妙的东西。庄子的这则寓言是紧承上文而来的，其与上文的主旨是一致的，意在说明圣人之书是陈迹，是无用的糟粕，求得那个"所以迹"的"道"是不能靠学习语言文字即"言"而来的。这实际上体现了作为物质传输媒介的"言"与体现事物规律的"道"之间的矛盾。显然，对事物规律和"道"之必然性的把握，也是语言所不能表达的。

庄子在《秋水》篇中又说：

> 夫精粗者，期于有形者也；无形者，数之所不能分也；不可围者，数之所不能穷也。可以言论者，物之粗也；可以意致者，物之精也；言之所不能论，意之所不能察致者，不期精粗焉。

对此，成玄英疏曰："夫言及精粗者，必期限于形名之域，而未能超于言象之表也。无形不可围者，道也。至道深玄，绝于心色，故不可以名数分别，亦不可以数量穷尽。夫可以言辩论说者，有物之粗法也；可以心意致得者，有物之精细也；而神口所不能言，圣心所不能察者，妙理也。必求之于言意之表，岂期必于精粗之间哉？"由此可见，"物之粗"是粗疏外显的对象世界，属于最浅层次；"物之精"是精微内在的对象世界，属于较深层次。"夫精粗者，期于有形者也"，这两者仍然停留在"物"的限度内，并没有超越"物"的层次，"不期精粗"者，是"无形者，数之所不能分也；不可围者，数之所不能穷也"，是世界的总体、万物的本根，是人类认识的终极，属最高层次。在三个层次之中，作为最浅层次的"物之粗"是语言所能讨论者，作为中间层次的"物之精"是思维所能企及者，但既然有"精粗"，就说明仍局限于形名之域。而对于作为"不期精粗"的最高层次的"混沌之道"来说，语言和思维都是无能为力的。也就是说，人们可以言说、可以意识到的，只限于形名之域的物质现象世界，而对于"言之所不能论，意之所不能察致"的作为世界本体的"道"来说，则是不可以大小名数分别，不可以数量穷尽的。

应当指出,"意"在《庄子》一书中有多种含义。有时指人的智性认识,和"知"同义,如"可以意致者,物之精也"(《秋水》),在此意义上使用时常和"言"并举,如"可言可意"(《则阳》),都属认知方式,因此不在言意之辨讨论范围之内。有时指形而上的"道",是"言"的终极指向,如"得意而忘言"(《外物》)。有时指由"言"达"道"的中间环节,如"意有所随。意之所随者,不可以言传也"(《天道》),这种用法的"意"基本等同于个体体验之"意",只不过前者是就静态言,后者是就动态言。因此,庄子言意之辨所探讨的问题实质是"言"和"道"的关系。而"道"在《庄子》一书中也有不同层次的多种含义。①言意(道)关系中所探讨的是作为世界总体、宇宙根源的"道",是人类认识活动的极限。这种意义上的"道",正如前述,在庄子看来,是超越具象事物而不可言传的:"道不可闻,闻而非也;道不可见,见而非也;道不可言,言而非也。知形形之不形乎!道不当名。"(《知北游》)"道"是听不见的,因而自称听到了"道"的人所听到的实际上根本就不是"道";"道"是看不见的,因而自称看到了"道"的人所看到的实际上根本就不是"道";"道"是无法言说的,因而自称言说了"道"的人所言说的实际上根本就不是"道"。因为"道昭而不道,言辩而不及"(《齐物论》),"道"一落言筌便与"道"不肖。"知问道于玄水之上"(《知北游》)的寓言便对此有极为形象的描绘。其中,"知"是问"道"之人,"无为谓""狂屈""黄帝"则分别代表"道"的三种境界。面对"知""何思何虑则知道?何处何服则安道?何从何道则得道?"的请教,三个被问对象的反应是各不相同的:"无为谓"不答;"狂屈"想答却忘了欲答之言;"黄帝"则不仅详尽回答了"知"的三个问题,而且还从"道"的本质和仁义对"道"的戕害等方方面面旁征博引地说明了成为如此的原因所在。但问题是,作为世界整体的"道"在本质上是不可言传身教的,所以关于"道"的问题,最为恰当的回应就是不答不应。如果有谁以知"道"者的姿态对此问题予以正面的回答,那么这就只能

---

① 参见崔大华著:《庄学研究——中国哲学一个观念渊源的历史考察》,人民出版社1992年版,第118—122页。

说明他根本就不了解"道"。按照这个逻辑,显而易见,问而答"道"的"黄帝"层次最低,"中欲言而忘其所欲言"的"狂屈"次之,三问而三不答的"无为谓"境界最高。"有问道而应之者,不知道也。虽问道者,亦未闻道。道无问,问无应。"(同上)"不知深矣,知之浅矣;弗知内矣,知之外矣。"(同上)"无为谓"不答,非不知也,是"不知答也",即"彼至则不论"(同上)、"知者不言"(同上)。"狂屈"虽几落言筌终则忘之,仍不失"道",故似之;"黄帝"是"倒道而言,迕道而说者"(《天道》),为"论则不至"(同上)、"所以论道而非道也"(同上)、"言者不知"(同上),故层次最低,离"道"最远。

由是观之,庄子对语言的认识是这样的:首先,语言是具有表意功能的,"言者所以在意"(《外物》),"语之所贵者意也"(《天道》)。语言是对应"意义"(Meaning)的"符号"(Symbol),而"意义"(Meaning)则由"概念"(Concept)所构成的。当"概念"(Concept)外在化为语言符号(Linguistics Symbol)时,便可以语言符号(Linguistics Symbol)为工具,借以进行认知、抒情等表意活动。具有表意功能的语言并非只是声音和形式:"夫言非吹也"(《齐物论》)、"异于鷇音"(同上),而是有所指谓的"言者有言"(同上)。这就是说,在庄子看来,语言符号是一个意义系统,人类语言和自然风吹是截然不同的,总要表达一定的情感、传达一定的信息。这便肯定了语言符号的意义和价值。其次,语言虽以表意为其功能,但却不具绝对性,常常陷入"言不尽意"的困境。庄子深入考察了"意义"的内涵,认为"意义"所指涉的对象可以分为经验世界与超越世界。只有指涉经验世界的语言才有"尽意"之可能,换句话说,语言的功能仅限于"视而可见""听而可闻"之"形色名声"者的现象世界,而对于超越"形色名声"的本体之"道",语言就无能为力了。这样,庄子以语言为维度,对现存世界进行了划界:一部分是可以用语言描绘、传输的形下现象界,是"可说"的世界;另一部分是无法用语言描绘、传输的形上本体界,是"不可说"的世界。

（二）缘何"不可说"

任何一个语言活动的存在，都必然有作为主体的人、作为客体的对象和作为媒介的语言共同参与，可谓三者缺一不可，而导致语言困境出现的原因也只能从这三者中寻找。庄子正是以此为线索，分别对语言主体、语言客体和语言媒介进行了深入的考察，并依次深刻揭示了这三者促成语言困境产生的机制。

1. "成心"之存在：语言困境产生的主体原因

在庄子看来，语言主体"成心"的存在是导致语言困境产生的主体因素。庄子认为，现实世界的语言是在自我中心的生活环境中培育起来的，其典型特征就是从自己特定的立场出发，以己为是，以人为非，用庄子的话来说叫作"师其成心"[①]："夫随其成心而师之，谁独且无师乎……未成乎心而有是非，是今日适越而昔至也。"（《齐物论》）所谓"成心"，即成疏的"夫域情滞者，执一家之偏见者"[②]，也就是语言主体所具有的偏见或先入之见。它是主体后天形成的各种观念和知识，是是非之心、分别之心和自我肯定之心。人人都有偏好之心，都是自我中心与排他主义者，都喜欢把一种暂时性的偶然见解夸张为确定不疑的知识，语言就是这种确定态度的表达。因此，在庄子看来，世俗之人皆有"成心"，若执着于此心，以此心为"师"，则必受此心牵累而不得自由。因为"成心"的根本要义在于区别物我、分辨对象，有是非、贵贱、内外之分；总以我为内，以物为外，以此为是，以彼为非。而主体区别是非物我，则必受此"成心"支配，能安于此而不能安于彼。如此，则纠缠于分别之中而与自由无缘。可以说，自由的"桎梏"源于"成心"。作为"天地之纯，古人之大体"的"道术"，正是由于人们"各为其所欲焉以自为方"（《天下》），任其"成心"作怪，总是"往而不返"地采取"同于己为是之，异于己为非之"（《寓言》）的态度，从而导致其降格到"暗而不明，郁而

[①] 与"成心"类似的说法，在《庄子》中还有"师心"（《人间世》）、"机心"（《天地》）等。
[②] 对此郭象解作"夫心之足以制一身之用者，谓之成心"，误。见（晋）郭象注，（唐）成玄英疏，曹础基、黄兰发点校：《南华真经注疏》，中华书局1998年版，第31页。

不发"并最终"为天下裂"(《天下》)之层次的。①

庄子不仅深刻剖析了"成心"在语言交流中的不良影响,而且进一步探讨了"成心"存在的认识论根源。首先,语言主体所处时间、空间及文化环境的局限。庄子云:"井蛙不可以语于海者,拘于虚也;夏虫不可以语于冰者,笃于时也;曲士不可以语于道者,束于教也。"(《秋水》)其中的"虚"同"墟",指空间。个体生命的存在空间是极其有限的:"鹪鹩巢于深林,不过一枝。"(《逍遥游》)这极其有限的生存空间就必然决定了其认识的有限性和片面性,就像那"翱翔于蓬蒿之间"的斥鷃无法理解那"抟扶摇而上者九万里"的大鹏一样,也就像那井底之蛙无法理解那大海之博大一样。其中的"时",当有双重内涵,一是指自然层面上的时间,二是指社会层面上的时势。就前者言,庄子云:"人生天地之间,若白驹之过隙,忽然而已。"(《知北游》)人的生命首先是一种个体的存在,而作为个体存在的生命总是有限的。这有限的生命就必然决定了语言主体认识的有限性:"吾生也有涯,而知也无涯,以有涯随无涯,殆已。"(《养生主》)个体生命的有限性决定了其所能认识到的对象及其性质的有限性和片面性,就像那"夏虫不可以语于冰者"一样,也就像那"朝菌不知晦朔,蟪蛄不知春秋"(《逍遥游》)一样。就后者言,庄子曰:"争让之礼,尧桀之行,贵贱有时,未可以为常也……帝王殊禅,三代殊继。差其时,逆其俗者,谓之篡夫;当其时,顺其俗者,谓之义徒。"(《秋水》)包括是非贵贱在内的人的认识在不同的时代背景和历史条件下往往是不一样的,就像那"争让之礼,尧桀之行"一样,也就像那篡夫、

---

① 与庄子彻底否定"成心"的态度不同,西方现代解释学对"误解"和"成见"进行了合法性的辩护。如海德格尔认为:"任何解释工作之初都必然有这种先入之见,它作为随着解释就已经'设定了的'东西是先行给定的,这就是说,是在先行具有、先行见到和先行掌握中先行给定的。"[德]马丁·海德格尔著,陈嘉映、王庆节合译,熊伟校:《存在与时间》,生活·读书·新知三联书店 1987 年版,第 184 页)伽达默尔甚至认为:"可以指出,偏见概念本来并没有我们加给它的那种含义。偏见并非必然是不正确的或错误的,并非不可避免地会歪曲真理。事实上,我们存在的历史性包含着从词义上所说的偏见,它为我们整个经验的能力构造了最初的方向性。偏见就是我们对世界开放的倾向性。它们只是我们经验任何事物的条件——我们遇到的东西通过它们而向我们说些什么。"([德]汉斯-格奥尔格·伽达默尔著,夏镇平、宋建平译:《哲学解释学》,上海译文出版社 2004 年版,第 9 页)

义徒的评价一样。其中的"曲士"即成疏的"曲见之士，偏执之人"，也就是有"成心"的人。其中的"教"，指礼仪规范，社会的人文制度，也就是社会的文化环境。庄子曰："龙少学先王之道，长而明仁义之行……吾自以为至达已。今吾闻庄子之言，汇焉异之。不知论之不及与，知之弗若与？今吾无所开吾喙。"(《秋水》)公孙龙为所受教育局限，自以为已经达到"至达"的境界，然一遇庄子，才发现自己实在无法"开吾喙"。可见有限的教育与僵化的文化环境很容易使人形成一种封闭性的心态，从而产生片面性的认识。

其次，语言主体类本质的局限。[①] 每个主体都有属于自己的特定的类本质，具有不同类本质的主体其生存体验必然是不同的，不同的生存体验必然导致不同主体对外界事物的感知能力和感知效果也是不同的。庄子曾借助《齐物论》中"啮缺问乎王倪"的寓言对此进行了形象化的说明。人在湿地上睡久了，会得风湿病，而泥鳅生活在水中没有风湿病。人爬高了怕跌死，而猴子爬得越高越好。人、泥鳅、猴子这三者各自秉赋的生命功能和习惯是不同的。人喜欢吃菜吃饭，麋鹿喜欢吃草，蝍蛆喜欢吃蛇，鸱鸦喜欢吃臭的死老鼠。人、麋鹿、蛆、鸱鸦这四者的饮食是不同的。猿以狙猵为雌，麋和鹿互相交配，鳅与鱼彼此戏游，这是生物的自然现象。毛嫱、丽姬是中国古代公认的两个大美人，但鱼看见她们就沉下去了，鸟看见她们就飞走了，麋鹿看见她们就跑掉了。看来，人、鱼、鸟、兽这四者的审美感受是不同的。具体到人这一主体来说，马克思认为，人的本质分两方面：一方面，人是自然的组成部分，自然界与人本身不可分离；另一方面，人又是类的存在物，具有分别"类"的能力，即把自己本身的类和其他的类当作自己对象的对象化的能力。[②] 而这两方面的本质在人的发展进程中是分裂的：人没有以自然规定的人类自身的目的为目的来生活，而是因其对象化的本质变成了以占有自然界和在自然界中生产"物"为目的的生活。这样，随着物的积累和劳动的分工，个人

---

① 崔大华先生在分析庄子认识论时即曾谈到类的本性对认知相对性的影响。参见崔大华著：《庄学研究——中国哲学一个观念渊源的历史考察》，人民出版社1992年版，第270–271页。
② [德]马克思著：《1844年经济学哲学手稿》，载《马克思恩格斯全集》第42卷，人民出版社1979年版，第96页。

丰富的类本质逐渐单一化为生产"物"的工具性，个人成了社会生产机器上的一个零件，这就是人的异化。它使"人的类本质——无论是自然界，还是人的精神的、类的能力——变成人的异己的本质，变成维持他的个人生存的手段"①，异化劳动造成"人同自己的劳动产品、自己的生命活动、自己的类本质相异化"②。这就无形之中造成了类本质的局限性。庄子曰："夫知遇而不知所不遇，知能能而不能所不能。无知无能者，固人之所不免也。夫务免乎人之所不免者，岂不亦悲哉！"（《知北游》）作为"类"的人的认知能力在本性上是残缺不全的，他只能知道他所遇到的事物而不能知道他所没有遇到的事物，他也只能做他所能做到的事情而不能做他所不能做到的事情。"无知无能"乃作为"类"的人的本性所固然，是无法避免的现象。倘若一定要免除作为"类"的人所无法免除的东西，那实在是一件非常悲哀的事情。正是类本性的局限，才导致了所有物种的感知能力都是极为有限、极为片面的。作为万类之一的人也同样无法改变这一类本性的局限，这就决定了人类对全知全能的追求是永远不可能实现的奢望："计人之所知，不若其所不知；其生之时，不若未生之时；以其至小求穷其至大之域，是故迷乱而不能自得也。"（《秋水》）

最后，语言主体观察事物的立场和角度的局限。任何人在进行观察和判断活动时都不可避免地存在一个先在的立场和特定的视角，而不同的立场和视角必定会导致形成不同的判断结果。庄子对此具有极为深刻的认识："以道观之，物无贵贱；以物观之，自贵而相贱；以俗观之，贵贱不在己。以差观之，因其所大而大之，则万物莫不大；因其所小而小之，则万物莫不小；知天地之为稊米也，知毫末之为丘山也，则差数睹矣。以功观之，因其所有而有之，则万物莫不有；因其所无而无之，则万物莫不无；知东西之相反而不可以相无，则功分定矣。以趣观之，因其所然而然之，则万物莫不然；因其

---

① ［德］马克思著：《1844 年经济学哲学手稿》，载《马克思恩格斯全集》第 42 卷，人民出版社 1979 年版，第 97 页。
② ［德］马克思著：《1844 年经济学哲学手稿》，载《马克思恩格斯全集》第 42 卷，人民出版社 1979 年版，第 97-98 页。

所非而非之，则万物莫不非。"（《秋水》）包括贵贱、大小、有无、是非、同异在内的所有这些对具体事物存在状态和价值的认知和判断都是相对的，都会随着观察的立场和角度的不同而不同。这就必然决定着语言主体会因立场和角度的不同而产生不同而又片面的认识。

总而言之，在庄子看来，由于语言主体受其所处时间、空间及既定的文化传统的影响，也由于语言主体所固有的类本性的存在，也由于语言主体观察事物的立场和角度的局限，参与说话的每一个语言主体都不可避免地会有这样那样的"成心"存在。而由于各人从各自具有的偏见出发，"得一察焉以自好"（《天下》），所以主体的认识虽然各有所长，时有所用，但都因不能全面地看问题而存在一曲之蔽。因此，主体之间不仅会产生不同意见的分歧和观点的差异，还会因各执一端以自夸而形成关于是非对错的争执："彼亦一是非，此亦一是非……是亦一无穷，非亦一无穷也。"（《齐物论》）

2."道"之本性：语言困境产生的客体原因

庄子认为，语言困境的产生，除了与语言主体"成心"的存在有关之外，还与作为语言客体的"道"之本性密切相关。

《庄子》一书对"道"的描述虽然无处不在，但最有代表性的内容主要集中在如下几个部分：

> 夫道，有情有信，无为无形；可传而不可受，可得而不可见；自本自根，未有天地，自古以固存；神鬼神帝，生天生地；在太极之先而不为高，在六极之下而不为深，先天地生而不为久，长于上古而不为老。（《大宗师》）

> 道不可闻，闻而非也；道不可见，见而非也；道不可言，言而非也。知形形之不形乎！道不当名。（《知北游》）

> 东郭子问于庄子曰："所谓道，恶乎在？"庄子曰："无所不在。"东郭子曰："期而后可。"庄子曰："在蝼蚁。"曰："何其下邪？"曰："在稊稗。"曰："何其愈下邪？"曰："在瓦甓。"曰："何其愈甚邪？"曰："在屎溺。"东郭子不应。庄子曰："夫子之问也，固不及质……

汝唯莫必，无乎逃物。至道若是，大言亦然。周遍咸三者，异名同实，其指一也。"(《知北游》)

或之使，莫之为，未免于物而终以为过。或使则实，莫为则虚。有名有实，是物之居；无名无实，在物之虚。可言可意，言而愈疏……或之使，莫之为，疑之所假……道之为名，所假而行。或使莫为，在物一曲，夫胡为于大方？(《则阳》)

而根据《庄子》一书的描述，我们获得了对庄子之"道"的如下整体认识：

第一，"道"虽然不是一个有形的具体事物［"无为无形"(《大宗师》)、"形形之不形"(《知北游》)］，却是一种客观的存在［"有情有信"(《大宗师》)］。如同《齐物论》所说的"可行已信，而不见其形，有情而无形"一样，"无为"是形容"道"的无所有为，"无形"是形容"道"的超乎名相。"道"虽然是无所作为的，在作用上却是富有征信的（"有信"），"道"虽然不见形象，却是真实存在的（"有情"）。

第二，"道"本身就是自己存在的根源和依据，从来就是自足地存在着，没有也不可能有任何一个东西是"道"的根源，即"道"具有"自本自根"性［"自本自根，未有天地，自古以固存"(《大宗师》)］。"自本自根"即是说"道"的存在根据乃在于其自身之中。"未有天地，自古以固存"说明"道"的先在性与永存性。

第三，"道"是天地万物产生与存在的根源和依据，为万物自然发生的源头［"神鬼神地，生天生地"(《大宗师》)］。"神鬼神帝"说明"道"在品位与时序上都先于天地鬼神，这就消解了鬼神的主宰性，具有重要的思想解放意义。"生天生地"说明了"道"创生万物的思想，这与老子的"道生一，一生二，二生三，三生万物"(《老子》四十二章）等思想具有内在的一致性。

第四，"道"既然是宇宙万物存在的根据，万事万物的存在都离不开"道"，那么"道"就必然在空间上具有普遍性［"在太极之先而不为高，在六极之下而不为深"(《大宗师》)、"无所不在"(《知北游》)、"广广乎其无不容也，渊乎其不可测也"(《天道》)］，在时间上具有永恒性［"先天地生而不为

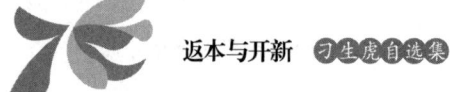

久,长于上古而不为老"(《大宗师》)、"道无终始,物有死生"(《秋水》)],超时空是"道"的基本特征。

第五,"道"不仅是天地万物产生与存在的根源,而且是普遍内在于万物的。《知北游》中庄子借助"在蝼蚁""在稊稗""在瓦甓""在屎溺"的形象说法来说明"道""无乎不在"的特性,虽然"道"不能说一定存在于某个地方("莫必"),但"道"确实是不能离开万物而存在的("无乎逃物")。

第六,正因为"道"是一个无形的存在,具有超越时空囿限的特性,所以"道"就不能为人的感官所感知和理智所认识,从而具有超越理性思维的性质而只能被体悟["可传而不可受,可得而不可见"(《大宗师》)、"道不可闻,闻而非也;道不可见,见而非也;道不可言,言而非也……道不当名"(《知北游》)]。

由是观之,就"道"与"物"的关系而言,庄子认为,"道"本身既超越于万物,又内在于万物。说其超越于万物,是因为它"自本自根""自古以固存""生天生地"(《大宗师》),性圆满自足,为"万物之所由"(《渔父》),而且"不可闻""不可见""不可言"(《知北游》),是超感知的;说其内在于万物,是因为它"周遍咸""无所不在"(同上),就存在于"蝼蚁""稊稗""瓦甓""屎溺"(同上)等具体事物之中:"行于万物者,道也"(《天地》)。庄子的这种本体论观念,就决定着他对"道"的特定理解:无论把"道"说成具体("或使则实")或虚无("莫为则虚")、有实("有名有实")或无实("无名无实")的一个"什么",就已经把"道"当成"物"来看待了("未免于物"),都是一种片面的见解("在物一曲")(均见《则阳》),都与"道"的本性格格不入。由此可见,作为世界总体,宇宙根源的"道",在本质上是不同于作为具体存在的"物"的,是超越语言主体的感性与理性认识的,是不能被理性逻辑的概念化语言所言说的。何以如此?首先,从外在形态上说,庄子认为"道""无为无形"(《大宗师》),"未始有封"(《齐物论》),是"形形之不形"(《知北游》),不具有任何时空形式和具体形态,所以"道"是超感知与超言说的。其次,从本质内容上说,庄子认为"道"是世界的总体["道通为一"(《齐物论》)、"道覆载万物者也"(《天地》)],为宇宙万物的根源["道者万物之所由也。"(《渔父》)],人的感知和理智都是"道"的部分和派生["精神生于道"(《知北游》)],部分和派生当然不能认识总体和根源。所以,"道"是超越感知与理智而无法被理性逻辑的概念化语言所言说的。"道"是一种全体,或者说是大全;它毫无偏私,混然为一,处于浑沌的流转之中,不能作任何部分的描述。庄子借老子之口说:"夫道,于大不终,于小不遗,故万物备。广广乎其无不容也,渊乎其不可测也。"(《天道》)从"道"(全体)的角度观察世界与从"物"(部分)的角度观察世界是完全不同的。全体是一,部分是多。"道"的这种特征,使语言对它描述得越多,它就愈模糊不清。因此老庄的结论是,凡是用语言表述出来的东西都只是"道"的糟粕。(《天道》)作为宇宙之整体和大全的"道"之所以"不可说",庄子的回答是:"既已为一矣,且得有言乎?既已谓之一矣,且得无言乎?一与言为二。"(《齐物论》)对此,郭象的注解是:"一既一矣,言又二之。"这里,庄子之所谓"一"是总一切之"大一",作为言说对象的"一"则不能包括此言说,因此,言说中的"一"不是"大一",所以,总一切的"大一"是"不可说"的。语言对事物的描述总是从某一局部或某一方面出发,因而只能对事物做出某种有限的规定。在这个规定的过程中,事物原本所具有的完整的、生动的、丰富的内涵,被割裂、分解、抽象、凝固,于是成了缺乏生机与活力的概念的集合体。而"道"本身不是一种实体,也就不可能被描述和规定。任何普通的言说都会把宇宙整体分割,都是对"大道"的疏离:"夫道未始有封,言未始有常,为是而有畛也……夫大道不称,大辩不言……道昭而不道,言辩而不及……孰知不言之辩,不道之道?"(《齐物论》)由此可见,"道"是无时空界限的,而"言"是多变无常的。"言"有其特定界限,它处在物质时空、社会人伦、逻辑名理区域内,即"左""右""伦""义""分""辩""竞""争"等"八德"范围之内,至多扩大至"六合之内";而"道"则在"六合之外"的形上之域。这意味着"道"是无法用"言"论说的。这一点,冯友兰先生早已察觉。他认为,"大全"之所以"不可说",是"因为在言说中,所言说底大全,不包括此言说。

不包括此言说,则此言说所言说之大全为有外,有外即不是大全。"① 由此可见,冯先生有关"道体"和"大全"之不可说的基本思想就是来自庄子的上述论证。

3. "言"之对象化：语言困境产生的媒介原因

庄子认为,语言困境的产生还与主客体发生关系之媒介的语言本身密切相关,语言本身的对象化也是造成语言困境的重要因素。

在庄子看来,现实世界的语言是在自我中心的生活环境中培育起来的,其典型特征就是从自己特定的立场出发,以己为是,以人为非,用庄子的话说就叫作师其"成心"(《齐物论》)、有"师心"(《人间世》)、怀"机心"(《天地》)等。不仅如此,语言还要加上许多文饰的花样,成为人们自鸣得意的工具,这就是另一种形态的语言遮蔽："言隐于荣华。"(《齐物论》)对此,成疏："荣华者,谓浮辩之辞,华美之言也。只为滞于华辩,所以蔽隐至言。"(《庄子疏》)就"浮辩之辞"言,庄子认为主体在论辩过程中,为了达到是己非彼,"饰人之心,易人之意"(《天下》)的目的,往往是不择手段地诡辩以炫耀其智能。就"华美之言"来说,庄子认为主体在论辩过程中,常常"各为其所欲"(同上),"骈于辩者,累瓦结绳,窜句,游心于坚白同异之间"(《骈拇》)。在儒墨这样的"大言炎炎"(《齐物论》)后面,是"小言詹詹"(同上),是人人争辩不休、"语而不舍"(《秋水》)、"强聒而不舍"(《天下》)的普遍状况。由此看来,人类的语言活动是一种有别于"使其自己""咸其自取"的"天籁"(《齐物论》)之自然现象的社会现象,它完全发自人心,出于人为："夫言非吹也。"(同上)人为的分封、人立的惯例总是打上了主观目的甚至是权力意志的烙印,语言总有一种不可征服的遮蔽性,运用语言的交往总是导致一种语境的歪曲。而正因为"语言是纯粹人为的,非本能的,凭借自觉地制造出来的符号系统来传达观念、情绪和欲望的方法"②,才出现了虽然"言者有言"(同上),但却"其所言者特未定也"(同上)的必然现象。因此,

---

① 冯友兰著:《三松堂全集》第五卷,河南人民出版社1986年版,第156页。
② [美]爱德华·萨丕尔著,陆卓元译,陆志韦校订:《语言论——言语研究导论》,商务印书馆1985年版,第7页。

语言是没有恒定标准的:"言未始有常"(同上)。① 这样,人与人之间"以言遣言"的结果只能是"一与言为二,二与一为三。自此以往,巧历不能得,而况其凡乎!"(同上)这就是说,作为认识对象的"道"是不能用语言来表达的。而当语言"由人说的时候就代表人类的思想,它们表示肯定与否定,表示每个个人从他自己特殊的有限的观点所形成的意见。既然有限,这些意见都必然是片面的。可是大多数人,不知道他们自己的意见都是根据有限的观点,总是以自己的意见为是,以别人的意见为非"②。因此,在庄子看来,"言者,风波也;行者,实丧也。风波易以动,实丧易以危。故忿设无由,巧言偏辞"(《人间世》)。况且"两喜必多溢美之言,两怒必多溢恶之言。"(同上)由此看来,现实世界的语言是"成心"之言,是对象化语言。故任何语言表达出来的认识都是片面的一曲之见或片面之词,而不可能概括事物的全貌,从而使这个世界变得支离破碎,并最终掩盖其真实状况。因此,语言产生于人类,反过来又成为对人的基本规定。语言对人而言,已经成为其社会存在的根本依据与条件。可以说,语言决定文化,语言决定人类。这种决定性、规定性的组织化、制度化的方面,在人类的反思意识上就表现为一种权力。语言,以及建立在语言平台与框架基础上的文化,就成为对人类文化共同体的所有成员同样有效的约束与规范。而对象化思维下的语言,作为一种约定俗成的社会语言,对人的言说、思想和行为,都是一种规范。它隐含着语言所具有的权力和强悍暴力的一面,恰恰是它,残暴遮蔽了代表人最为本

---

① 《庄子·齐物论》云:"夫言非吹也,言者有言,其所言者特未定也。果有言邪?其未尝有言邪?其以为鷇音,亦有辩乎,其无辩乎?"对此,明人罗勉道释云:"夫人之言,非如天籁之吹万物一以无心也,乃言者之人有言耳。既出于人,则宁免有私,故其言特未定,不可为准。言既未定,则人视之亦如无有,故曰'果有言邪,其未尝有言。'鷇鸟初出卵者,人闻禽鸟之音,如鹊则报喜,鸦则报凶,颧鸣知雨,布谷催耕,可听之为准,鷇音未定,则不为准矣。人言之未定,亦犹是也。"(《南华真经循本》)朱得之则进一步揭示了造成这种现象的原因:"鷇者,鸟之初出卵者也,鷇之为音,未有所知;汝之有言,亦不自知,与鷇音同也,大道本无真伪,至理本无是非,真伪起于偏见,是非起于自夸、小成、一偏之见也。"(《庄子通义》)

② 冯友兰著:《三松堂全集》第六卷,河南人民出版社1989年版,第102页。

真的生命世界的庄子之"道"。① 语言虽是人创造出来并用以表达思维成果的工具，但它一旦被人规范化、系统化、结构化，便会反过来支配人、奴役人，成为"一种把自己的构造和规律强加于社会各成员的，超乎个人之上的力量"②。沃尔夫曾明确指出："一个人的思想形式，是受他所不意识到的语言形式的那些不可抗拒的规律的支配的。"③ 正是在这个意义上，杰姆逊才宣称："是语言说我，而不是我说语言。"④ 罗兰·巴尔特才精辟地点明："语言就是一种立法，我们所说的话的合法编码就是建立在语言的立法之上。我们没有考察我们所说的话中所包含的权力，因为我们忘记了任何语言都是一种秩序形式，并且，秩序就意味着压迫。"⑤ 所以在某种意义上，语言既是人类的寓所，也是人类的牢房；它既可以作为人类打开通向世界之门的钥匙，也可以成为人类的精神桎梏。人类描述和解释世界需要借助于语言，可语言同时又成了人们认识世界的一道屏障。语言总有一种把一切东西都固定下来的规定欲望，人们的思维习惯因难以摆脱这种束缚而陷入"语言的牢笼"。逻辑的、确定的对象化语言对庄子之"道"、对活泼泼的生命世界是一种可怕的戕害。在生命世界那里，任何对象性思维界的语言文字都是偏执而深蕴暴力的，它呈现的世界是平板的、确定的、有限的，而生命世界是立体的、无限的、活泼泼的，两者是相互疏离的。借用熊十力的话说，就是"言说所表示，是有封畛的。体无封畛，故非言说所可及"⑥ "夫性体广大，具足万德，冥冥证故，迥绝言诠，斯无得而名焉。若乃随顺证量，而起知虑，则将离其浑全，而致察其所

---

① 陈鼓应先生认为，庄子的"道"，"却从主体透升上去成为一种宇宙精神"。它"和人的关系扣得紧紧的"，"成为人生所达到的最高境界"。参见陈鼓应著：《庄子论"道"——兼论庄、老"道"论之异同》，载《老庄新论》，上海古籍出版社1992年版，第185–209页。

② [英] L.R.帕默尔著，李荣等译，吕叔湘校：《语言学概论》，商务印书馆1983年版，第145页。

③ 转引自 [波兰] 沙夫著，罗兰、周易译：《语义学引论》，商务印书馆1979年版，第343页。

④ [美] 杰姆逊讲演，唐小兵译：《后现代主义与文化理论》，北京大学出版社1997年版，第32页。

⑤ 转引自李建盛著：《庄子的美学思想与先秦历史文化语境》，载《东方丛刊》1996年第1辑，广西师范大学出版社1996年版。

⑥ 熊十力著：《新唯识论》，中华书局1985年版，第301页。

特别注重处。由不可名，而至可名"①。由于对象化语言主要担负着思维和交际的工具作用，所以它以牺牲发生之初的体验性、多义性、情感性为代价，而不断地趋于概念性、抽象性和逻辑性。这样，它就必然不断蚕食语言原初的诗化品格而走向了实用品格。在这种情形下形成的语言表达，海德格尔称之为"非本真言说"，这种言说将活生生的生命本真言说静态化、概念化，从而构造出一个人工的虚假的语言世界："一种关于语言的说几乎不可避免地把语言弄成一个对象。于是语言的本质就消失了。"② 显而易见，"非本真言说"是对真理之"在"的遮蔽："语言总是把敞开出来的在者保持为说出来者和所说者与还可再说者。所说者可以被重复说以及继续说下去。保持在此中的真理传播开去而且是这样传播，即不是每次传播时那原始地在采集中敞开出来了的在者本身都特地被体验到。在被继续说下去者中真理好似脱离在者了。"③ 这就是庄子所说的"可言可意，言而愈疏"（《则阳》）。因此对象化的语言无法言说非对象化的"道"。故庄子得出结论："狗不以善吠为良，人不以善言为贤。"（《徐无鬼》）

总之，在庄子看来，语言主体"成心"之存在、"道"之本性和"言"之对象化是造成人类始终面临"言不尽意"甚至"道不可言"语言困境的主客观原因。语言的对象是"物"，具体存在的"物"被语言所规定和把握。这是语言的功能。但是，"道"不是"物"，不是具体的存在者，而是一种绝对性存在，是包容一切规定性于其自身的大全。然而"道"却没有任何一种具体的规定性，因而用普通的对象化名言无法去把握"道"、命名"道"。定名分，就是分高低。人为地宰割"道"，强加给它某种规定，使之具体化，同时也就使之片面化。"大制无割"，浑沌本是浑然不分的整体，可是被凿七窍就死去

---

① 熊十力著：《新唯识论》，中华书局1985年版，第395页。
② ［德］海德格尔著，孙周兴选编：《海德格尔选集》（下），上海三联书店1996年版，第1055页。
③ ［德］海德格尔著，熊伟、王庆节译：《形而上学导论》，商务印书馆1996年版，第185页。

了。① 刻意人为的知性命名，只会造出人伦意义上的世界，而不是宇宙的本然。因为那种把人为统摄的形式等同于宇宙秩序，在庄子看来所获得的只能是假相，而不是本真。而且因为人为的假定是以偏概全，把浑然的整体简化，甚至将其原样歪曲，故庄子给予人为的假定和概念化以无情的抨击。因此，无论是"道"的命名、言说还是交流，庄子似乎都持一种否定的态度。在语言面前，人是不自由的。②

（三）说"不可说"

然而，"要求自由是人的本质。"③ 对自由的渴望是人类活动最强大、最内在、最持久的动力。庄子正是这样一位哲人。其思想中色彩最鲜明感人、最能深植于民族文化心理中的内容便是他对自由的深切渴望和热烈追求。从某种意义上说，"庄子思想发源于对人的精神自由（'逍遥'）的追求"④。其哲学的根本宗旨就是实现对构成生命困境的必然性因素（"命"）的超越，达到个

---

① 《庄子·应帝王》："南海之帝为倏，北海之帝为忽，中央之帝为浑沌。倏与忽时相与遇于浑沌之地，浑沌待之甚善。倏与忽谋报浑沌之德，曰：'人皆有七窍以视听食息，此独无有，尝试凿之。'日凿一窍，七日而浑沌死。"

② 在西方，语言困境同样广泛存在于各个领域。钱钟书先生对此有过概括描述："哲学家湛冥如黑格尔、矫激如尼采之流，或病语文宣示心蕴既过又不及（dass diese Ausserungen das Innere zusehr, als dass sie es zu wenig ausdrücken），或鄙语文乃为可落言诠之凡庸事物而设，故'开口便俗'（Die Sprache ist nur für Durchschnittliches, Mittleres, Mitteilsames erfunden. Mit der Sprache vulgarisiert bereits der sprechende），亦且舍旃。即较能践实平心者，亦每鉴于语文之惑乱心目，告诫谆谆。……斯宾诺沙谓文字乃迷误之源（the cause of many and great errors）；霍柏士以滥用语言（the abuses of speech）判为四类，均孳生谬妄；边沁所持'语言能幻构事物'（fictitious entities）之说，近人表章，已成显学……古希腊文家（Favorinus）曰：'目所能辨之色，多于语言文字所能道'（Plura sunt in sensibus oculorum quam in verbis vocibusque colorrum discrimina）；但丁叹言为意胜（Ⅱ parlare per lo pensiero è vinto）；哥德谓事物之真质殊性非笔舌能传（Den eigentlichen Charakter irgendeines Wesens kann sie [eine schriftliche und mündliche Ueberlieferung] doch nicht mittheilen, selbst nicht in geistigen Dingen）。"（《管锥编》，中华书局1986年版，第407—408页）

③ 冯契著：《人的自由和真善美》，华东师范大学出版社1996年版，第327页。

④ 崔大华著：《庄学研究——中国哲学一个观念渊源的历史考察》，人民出版社1992年版，第104页。

体生命心灵的绝对自由("逍遥")。[1]甚至"庄子的整个思想体系就是一整套关于追求逍遥的'逍遥哲学'"[2]。庄子的这种思想具体到语言哲学问题上,便是力图超越"言不尽意""道不可言"的语言困境,达到"即言即道""得意忘言"的语言自由境界。

显见的事实是,庄子一方面声称"道不可言",主张"无言",另一方面他自己却仍然在"言",而且他所"言"的一切,最终还是归结为他认为"不可言"的"道"。他自己似乎也意识到这种既"不可说"却又"不可不说"的尴尬:"既已为一矣,且得有言乎?既已谓之一矣,且得无言乎?"(《齐物论》)为此白香山曾向老子诘难:"言者不知知者默,此语吾闻于老君。若道老君是智者,缘何自著五千文?"[3]老庄在此所遇到的并不是一个简单的自相矛盾问题,他们也并没有犯低级的逻辑错误,而是发现了一个深刻的哲学悖论,甚至是伴随人类始终的一个永恒难题。金岳霖先生对此做出了系统而又深刻的总结。金先生认为,"治哲学总会到一说不得的阶段"[4]。"所谓说不得,最简单和最好的说法就是说'不在名言范围之内'。"[5]也就是说,"说不得的东西就是普通所谓名言所不能达的东西。"[6]因为哲学的最高境界不属于"名言世界",而属于"非名言世界",也就是那种"超形脱相无此无彼的世界"[7]。在这个意义上,哲学总是趋向于"不可说"之境界,庄子也因此而一再申说:"道不可言,言而非也"(《知北游》);"天地有大美而不言,四时有明法而不议,

---

[1] 参见拙文:《生命的困境与心灵的自由——庄子的人生哲学》,《南都学坛》2002年第2期。
[2] 白本松、王利锁著:《逍遥之祖——〈庄子〉与中国文化》,河南大学出版社1995年版,第18页。
[3] (唐)白居易撰:《读老子》,载《全唐诗》卷四百五十五第十四册,中华书局1979年版,第5150页。
[4] 金岳霖学术基金会学术委员会编:《金岳霖学术论文选》,中国社会科学出版社1990年版,第339页。
[5] 金岳霖学术基金会学术委员会编:《金岳霖学术论文选》,中国社会科学出版社1990年版,第341页。
[6] 金岳霖学术基金会学术委员会编:《金岳霖学术论文选》,中国社会科学出版社1990年版,第339页。
[7] 金岳霖学术基金会学术委员会编:《金岳霖学术论文选》,中国社会科学出版社1990年版,第339页。

万物有成理而不说"(《知北游》);"大道不称,大辩不言"(《齐物论》);"知者不言,言者不知"(《天道》);"彼之谓不道之道,此之谓不言之辩"(《徐无鬼》)。然而,"知道易,勿言难"(《列御寇》);"不言谁知其志"①"夫至理虽复无言,而非言无以诠理"②;"无言虽足以尽道之妙,而不言者无以明"③。故金先生又指出:"说不得的东西当然说不得。若勉强而说之,所说的话也与普通的话两样。所说的东西既不是经验中的特殊也不是思议中的普遍。但是,这不是哲学主张。因为治哲学者的要求就是因为感觉这些名言之所不能达的东西,而要说些命题所不能表示的思想。假若他不是这样,他或者不治哲学,或者虽治哲学而根本没有哲学问题。"④"虽在一方面我们认这类话为无意,然而在另一方面,我们认为有意义,则在一方面说不得的话在另一方面仍要说。"⑤冯友兰先生同样认为,本体虽然不可思议、不可言说,但我们要有哲学,要有形而上学,就不能不思议、不可不言说。他说:"主有不可思议,不可言说者,对于不可思议者,仍有思议,对于不可言说者,仍有言说。若无思议言说,则虽对于不可思议,不可言说者,有完全底了解,亦无哲学。不可思议,不可言说者,不是哲学。对于不可思议者之思议,对于不可言说者之言说,方是哲学。"⑥

这一方面说明了哲学所面临的语言困境,另一方面也揭示了哲学所特有的历史使命。换句话说,就人们通常所利用的言说方式而言,哲学是"不可说"的;而就哲学家的使命而言,他又是必须"说'不可说'"的。正如有学者所言:"一般来说,从语言的层面上看,知识经验的领域属于名言之域,是普通的名言所能把握的,形上智慧的领域则属于超名言之域,非普通的名言

---

① 《左传·襄公二十五年》引孔子语。
② (清)郭庆藩撰,王孝鱼点校:《庄子集释》,中华书局1961年版,第79页。
③ 刘辰翁点校《南华经注·南华经总评》引王元泽语。
④ 金岳霖学术基金会学术委员会编:《金岳霖学术论文选》,中国社会科学出版社1990年版,第339-340页。
⑤ 金岳霖学术基金会学术委员会编:《金岳霖学术论文选》,中国社会科学出版社1990年版,第341页。
⑥ 冯友兰著:《新理学》,《三松堂全集》第四卷,河南人民出版社1986年版,第9-10页。

所能达。但不可说的东西，仍须说，否则形上学根本不可能，因此，关键的问题是：说不得的东西，如何能说？"①庄子的语言哲学观便恰好体现了哲学的这一本质特征。其语言哲学的最大贡献并不在于像传统学界所指出的那样是认识到了"不可说"，而是在于发现了"说'不可说'"，从"说什么"转向了"怎么说"。这无疑是一种更具哲学深度的认识：通过揭示语言和思想中的内在矛盾而走上通往真理的无尽长途；其方法和路径便在于使其言说方式从"思维的说"转向"诗意的说"。语言作为人类文化最基本的表达方式，通常被分为日常语言、科学语言和诗歌语言三种类型。②其中，日常语言是人类最本初的语言形态，它是人类为了认识和把握经验世界，并且对经验世界里的万事万物进行命名和解释的结果。而"科学语言及诗歌语言是日常语言的变体，只不过涉及的是相反方向的变体。科学语言向清晰描述的方向改变口语，直到完全排除一切附带的象征含义。相反，诗歌语言向象征言说的方向改变口语，直到完全排除每一种清晰的描述。口语自身包含两种作用"③。因此 P. 利科尔说：科学语言是"一种用尺寸和数目来说话的语言，一种精确的、一致的和可证实的语言"④。与科学语言相对，诗歌语言在本质上是隐喻语言，德里达说："诗，文学的最早样式，本质上具有隐喻性。"⑤由是观之，所谓"思维的说"实际上就是科学语言，是指运用主客二分、理性逻辑的对象化语言以及给定的思维程式和知识体系去对世界的本质加以言说。而所谓"诗意的说"实际上就是诗歌语言，是指运用天人合一、直觉体悟的非对象化语言也即隐喻语言对世界的本质加以言说。由此可见，言说方式本来就不是

---

① 郁振华著：《形上的智慧如何可能——中国现代哲学的沉思》，华东师范大学出版社 2000 年版，第 226 页。
② 严格来说，现实世界是不存在所谓的日常语言、科学语言、诗歌语言等语言类型的。其确切的说法应该是语言的日常用法、科学用法、诗歌用法等三种语言用法。这里只是为了叙述方便而采用了流行的说法。
③ [瑞士] H. 奥特著，林克、赵勇译：《不可言说的言说：我们时代的上帝问题》，生活·读书·新知三联书店 1994 年版，第 41 页。
④ [法] P. 利科尔著，朱国均译：《言语的力量：科学与诗歌》，《哲学译丛》1986 年第 6 期。
⑤ [法] 雅克·德里达著，汪堂家译：《论文字学》，上海译文出版社 1999 年版，第 394 页。

仅有一种，言说主体可以采用"思维的说"即对象化的科学语言去说，也可以采用"诗意的说"即非对象化的隐喻语言去说；所谓的"不可说"只是指不能用"思维的说"这一逻辑形式言说，而不能"思维的说"绝不等于根本就"不可说"，更不等于就不能用其他的言说方式比如"诗意的说"去说。这正如熊伟先生所言："'不可说'乃其'说'为'不可'已耳，非'不说'也。'可说'固须有'说'而始'可'；'不可说'亦须有'说'而始'不可'。宇宙永远是在'说'着。无非'它''说'必须用'我'的身份始'说'得出，若由'它'自己的身份则'说'不出。故凡用'我'的身份来'说'者，皆'可说'；凡须由'它'自己的身份来'说'者，皆'不可说'。但此'不可说'亦即是'它'的'说'；'它'并未因其'不可说'而'不说'……"①"而真正的哲学家就处于'不可说'和'可说'的转换层面上。"②庄子语言哲学的独特价值正在于此：它不仅意识到"道不可言"的现实困境，而且深刻认识到"道""不可不言"的客观事实，并通过改造言说方式即摒弃有"成心"的言说方式——"思维的说"而转向采用有"道心"的言说方式——"诗意的说"来克服"道不可言"的语言困境，以达到"即言即道"的语言自由境界，从而最终完成其"说'不可说'"的哲学使命。因为"哲学的任务是通过揭示有关由于语言的用法常常几乎是不可避免地形成的概念关系的假象，通过使思想摆脱只是语言表达工具的性质才使它具有的那些东西，打破语词对人类精神的统制。"③语言困境固然是困扰哲人的一种客观存在，甚至是伴随人类始终的一个永恒命题。但事实是，难以言传又必须言传，语言的力量就在于有限工具的无限使用；语言的词汇是有限的，结构是封闭的，规则是既定的，但人对它的使用却是无限、开放而又不定的，这就为利用语言来摆脱哲学乃至人类困境提供了可能与条件。毫无疑问，在庄子看来，"道"是实实在在的客观存在。而从词源学上考察，我们不难发现，"道"本身其实就是一种"言"。

---

① 熊伟著：《说，可说，不可说，不说》，《国立中央大学文史哲季刊》1943年第1期。
② 熊伟著：《说，可说，不可说，不说》，《国立中央大学文史哲季刊》1943年第1期。
③ [德] 弗雷格著：《概念文字——一种模仿算术语言构造的纯思维的形式语言》，载王路译，王炳文校：《弗雷格哲学论著选辑》，商务印书馆1994年版，第4页。

"道"字在先秦文献中除了形而上的哲学意义外,其最基本的语义之一就是"言说",哲学上的形上之"道"与语言学上的言说之"道"是有着深刻的内在联系的。①

在《庄子》一书中,沉默不语经常受到赞扬。《知北游》中"无为谓"的一言不发,"无穷"对"泰清"的问"道"答之以"吾不知";《田子方》中魏文侯闻"道"时"口钳而不欲言",老聃沉浸在"道"境时"口辟焉而不能言";《应帝王》中"啮缺问于王倪,四问而四不知"等等,都是因领会一种无限的境界而宁愿沉默。但是,庄子并未把沉默视为通向"道"的最佳途径,因为沉默不过是逆向的固执,这样的沉默并不会更有结果。出路只能在语言内部寻找:创造一种能够冲破语言规限及其既定范式,并且能够"注焉而不满,酌焉而不竭"(《齐物论》)的"言";这种"言"使我们能够成功地立足于观点的片面性之外,不固守于是非任何一方而自然言说处在永恒转换中的宇宙万物。这就是说,既然语言的诸种局限把我们封闭在观点的片面性之中,而"道"却是"未始有封"(同上)的,我们就应该努力把"言"从中拉出来;既然语言的诸种限制是人为的并掩盖了真实的基础,我们就必须尽力让"言"超出规限。总之,要摆脱注定成为相对主义的语言,出路只能是无限度地打开它。其实,《庄子》一书中有一系列很重要、富有启发性的命题一直为人所忽视,这就是:"是故高言不止于众人之心,至言不出,俗言胜也。"(《天地》)这里,庄子将"言"分为"至言"和"俗言"两类;"言而足,则终日言而尽道;言而不足,则终日言而尽物。"(《则阳》)这里,庄子又将"言"分为"尽道"之"言"和"尽物"之"言"两类。由此看来,在庄子思想中,始终存在着两类截然不同的语言:一是出于"成心",有偏见和分辨性的对象化语言,即所谓的"俗言""物言",它们由于自身的局限性而只能言说形而下的现象世界,为庄子所批判和否定②;一是出于"道心",不具偏见和分辨性的非对象化语言,即所谓的"至言""道言",它们由于自身的超越性而

---

① 张祥龙先生对此已经做过详细考证。请参见张祥龙著:《海德格尔思想与中国天道——终极视域的开启与交融》,生活·读书·新知三联书店1996年版,第421–423页。
② 参见上文有关"缘何'不可说'"部分的论述。

能够言说形而上的本体之"道",为庄子所主张和肯定①。庄子正是通过摒弃"俗言""物言"等"思维的说"而借助"至言""道言"等"诗意的说"之言说方式克服了"道不可言"的语言困境,完成了"说'不可说'"的哲学使命。

二、"三言"表达与隐喻言说:庄子的表意方式

接下来要问的是:"至言""道言"又当如何"言"?这就涉及《庄子》一书具体的表意方式了。庄子在《寓言》篇和《天下》篇中明确提出了"寓言""重言""卮言"(合称"三言")等三种独特言说方式。这"三言"不仅在《庄子》书中广泛存在,占据举足轻重的地位:"所谓寓言、重言、卮言三者,通一书皆然也。"② 而且如同"周遍咸三者,异名同实,其指一也"(《知北游》),都是与"道"合一的"道言"。庄子运用这三种特殊的言说方式最终实现了对"道不可言"语言困境的超越,达到了"即言即道"的语言自由境界;庄子也正是借助于这三种独特的表意手段使《庄子》哲学具有了鲜明的文学品格。

(一)"三言":庄子"道言"的表现形态

寓言十九,重言十七,卮言日出,和以天倪。

寓言十九,藉外论之。亲父不为其子媒。亲父誉之,不若非其

---

① 汤用彤先生也有类似的看法。他说:"宇宙之本体(道),吾人能否用语言表达出来,又如何表达出来?此问题初视似不可能,但实非不可能。"又说:"表达宇宙本体之语言(媒介)有充足的、适当的及不充足的、不适当的,如能找到充足的、适当的语言(媒介),得宇宙本体亦非不可能。"那么,汤氏所谓的"充足的、适当的语言(媒介)"是什么呢?根据汤氏的论述,其显然是指魏晋南北朝时期人们所谓的"文",也即诸如音乐、绘画、文学等"诗意的说"之内容。具体内容请参见汤用彤著:《魏晋玄学与文学理论》,《理学·佛学·玄学》,北京大学出版社1991年版。

② (宋)林希逸著,周启成校注:《庄子鬳斋口义校注》,中华书局1997年版,第1页。

父者也;非吾罪也,人之罪也。与己同则应,不与己同则反;同于己为是之,异于己为非之。重言十七,所以已言也,是为耆艾。年先矣,而无经纬本末以期年耆者,是非先也。人而无以先人,无人道也;人而无人道,是之谓陈人。卮言日出,和以天倪,因以曼衍,所以穷年……非卮言日出,和以天倪,孰得其久?(《寓言》)

以天下为沉浊,不可与庄语,以卮言为曼衍,以重言为真,以寓言为广。(《天下》)

对于其中"三言"的理解,自古多有分歧,所以下面我们的主要工作就是仔细辨析庄子"三言"的具体内涵。

1. 庄子"寓言"考论

对于庄子学派所说的"寓言",前人的解读,主要有两种倾向:一种是将之理解为一种文学体裁,另一种是将之理解为一种语言形式。而笔者认为,上述两种理解均有程度不同的缺陷和不足。下面笔者将在对上述观点分析探讨的基础上提出自己对庄子"寓言"概念的理解。

(1)"寓言"是文学体裁的解读倾向

将庄子"寓言"规定为一种文体形式,主要是近现代庄学研究者的主张。现列举其中较有代表性的几家论述予以比照分析。

①闻一多先生著《古典新义·庄子》:

寓言成为一种文艺,是从庄子起的。……《寓言》篇明讲"寓言十九"。一部《庄子》几乎全是寓言。[1]

②游国恩先生等主编《中国文学史》:

---

[1] 闻一多著:《古典新义·庄子》,载《闻一多全集》(二),生活·读书·新知三联书店1982年版,第288页。

《庄子》一书，"寓言十九"。寓言的性质本来就是作为譬喻之用的，如庖丁解牛喻养生之理……蜗角触蛮喻诸侯的战争等。①

③褚斌杰先生等主编《先秦文学史》：

　　《庄子》一书，"寓言十九"，全书有近二百则大大小小的寓言，而且都是以"谬悠之说，荒唐之言，无端崖之辞"（《天下》）写成的。庄子往往不是用一种正面阐述或写实的方法来表述他的思想，而是以超现实的虚构、神奇怪异的想象、荒唐无稽的言辞编造虚妄荒诞的寓言故事，将他的真实思想，寄寓在这些虚妄的寓言故事之中。②

④王葆玹先生著《老庄学新探》：

　　寓言、重言和卮言乃是《庄子》书中的三种体裁，其中寓言和重言都属于问答体，可归入刘师培所谓"辩体"之类；卮言则是作者自行议论，不设问对，可归入刘师培所谓"论体"之类。③

通观以上论断，不难看出，由于《庄子》一书中存在着大量艺术成就很高的寓言故事，而庄子及其后学又不仅以"寓言"二字名篇，而且自述"寓言十九"。这就促使近现代学人将庄子所说的"寓言"概念和今天作为一种文学体裁的寓言相混淆，从而直接解读《庄子》中的"寓言"概念为寓言故事。其实，如果深入体会的话，我们就会发现，庄子及其后学所标举的"寓

---

① 游国恩等主编：《中国文学史》（第一册），人民文学出版社1963年版，第83页。
② 褚斌杰、谭家健主编：《先秦文学史》，人民文学出版社1998年版，第282页。
③ 王葆玹著：《老庄学新探》，上海文化出版社2002年版，第205页。其实在这之前，陈鼓应先生就已经明确指出包括"寓言"在内的"三言"是《庄子》一书"所使用的文体"（见《庄子今注今译》，中华书局1983年版，第727页），杨柳桥先生也说庄子"寓言"是"文章的基本形式"（见《庄子译诂·序》，上海古籍出版社1991年版）。

言"概念之内涵与外延,与《庄子》书中出现的二百余则寓言故事,尤其是我们今天作为文体概念的寓言本不是一回事,两者万万不可混同为一。理由如下:

首先,从语言结构上说,根据个人统计,《庄子》一书中"言"字一共出现266次,其中除了以"寓言""重言""卮言"等固定形式出现的11次之外,在其余场合出现的255次中,"言"字均是具有独立意义的单音节词,而且均用作本意,用于动词表"言说"义或者用于名词表"所说的话"。而"寓"字在《庄子》一书中一共出现10次,其中与"言"连用,以"寓言"形式出现的共有3次,其余场合皆作本义用为动词。根据这一现象,我们大致可以推定"寓言"是作为两个单音词来使用的,是"寓诸言"的省文,其内涵是"寓之于言",中间诸字的意蕴我们下文再予详解。而我们今天作为文体概念的寓言则是一个不可拆分的复合词,表示一种特殊的故事体式。这样说来,庄子学派所说的"寓言"和我们今天所说的寓言显然不是一回事,前者是两个单音词的连用,后者本身就是一个不可分割的复合词。

其次,从概念内涵上说,我们今天所用的寓言概念,是西方寓言文学观念输入的产物。这就决定了今天我们常讲的寓言是指一种带有寄托性的故事。寄托性和故事性构成了寓言的两大要素,可谓两者必备,缺一不可。而这两大要素中,故事性显得更为突出和重要。而庄子学派所谓的"寓言",正如我们下文所要详细论证的,是一种寄托之言,它只有寄托性这一个必要条件,是否具有故事性却是无关宏旨的,它也并不影响庄子"寓言"的成立。由此不难看出,庄子学派称谓的"寓言"和我们今天常说的寓言这两个概念在意义内涵上本不相同。①

再次,从历史沿革上说,自先秦到清末,我国虽然有不少寓言作品问世并产生深远影响,但历代寓言不仅没有统一的称谓,而且作为独立的文学品种也为时较晚。1902年林纾和严璩合译《伊索寓言》,正式借用"寓言"一词来对译西语"fable"等术语。此后,"寓言"便成为西方寓言的中文定名,中

---

① 应该说,前者是一种广义的"泛寓言"概念,后者是一种狭义的"寓言"概念。

国"寓言"之名与西方"fable"等术语之实产生了名实并不相符的嫁接并在中国渐渐流行开来。1917年沈德鸿（即茅盾）先生钩辑、整理先秦两汉时期诸子著作中的寓言故事，将之统一定名为寓言，编选出《中国古代寓言（初编）》一书。自此以后，"寓言"作为一种独立的文体才正式登上中国历史舞台。而在此之前，"寓言"始终没有成为一种独立文体的名称。我们今天所说的寓言，在古代却并不叫寓言而有诸多其他称谓。如刘向《别录》称之为"偶言"，韩非子称之为"储说"，刘勰称之为"隐言"。六朝时代，人们翻译佛经，将寓言直接称为"譬喻"，如《百句譬喻经》《杂譬喻经》等。而《伊索寓言》明朝时译名叫《况义》，清朝时译名叫《蒙引》。尤其是更多的寓言作品并不叫"寓言"而被称为"说""言""志""戒""记"等。这也就从历史的角度证明，从春秋战国直至清末民初，寓言故事虽然不断发展壮大，但却从未获得"寓言"这一称谓；与此同时，"寓言"一词虽然不断沿用演化，却从未指称寓言故事这种形式。①这也从某些方面证明了庄子学派所说的"寓言"和后世寓言故事之间的差异。

最后，从功能目的上说，庄子"寓言"从根本上来说是一种讲学论道的工具，是特定时代和背景下的特殊产物。②《庄子》指出"寓言"的作用，一是可以增强说服力，除去别人的怀疑，使之信以为真："亲父不为其子媒。亲父誉之，不若非其父者也。"二是容易达到止息争辩的目的："所以已言也。"（《寓言》）庄子所处的时代，"天下大乱，贤圣不明，道德不一"（《天下》），"与己同则应，不与己同则反；同于己为是之，异于己为非之"（《寓言》）。这就是所谓的"以天下为沉浊，不可与庄语"（《天下》）。不仅如此，"桓团、公孙龙辩者之徒，饰人之心，易人之意，能胜人之口，不能

---

① 唐张太玄的《平台百一寓言》三卷是中国古代唯一以"寓言"命名的书，其在《旧唐书·经籍志》及《新唐书·艺文志》中均有记载，可惜早已失传，是否为今人所谓之"寓言"，已无从查考。

② 如公木先生认为："我们今天所见到的先秦寓言，大都是诸子百家讲学论道的一种工具，或游客策士陈情说理的一种手段……"（《先秦寓言概论》，齐鲁书社1984年版，第16页）更详细的论述请参见白师本松先生《先秦寓言史》，河南大学出版社2001年版。

服人之心，辩者之囿也……惠施不辞而应，不虑而对，遍为万物说，说而不休，多而无已，犹以为寡，益之以怪。以反人为实而欲以胜人为名，是以与众不适也"(《天下》)；而终日从事这种辩论的结果，只能是"穷响以声，形与影竞走"(同上)。所以庄子学派抛弃了当时人们普遍采用的提出命题、进行论证的逻辑推理的辩论方法，转而采用"寓言"作为说理的主要手段，试图达到"使人乃以心服，而不敢蘁立，定天下之定"(《寓言》)的效果。由此可以看出，《庄子》中的"寓言"始终只是作者讲学论道的工具，庄子学派利用它们的目的也只是更好地表明自己的思想，更好地达到说服别人的效果。这就说明"寓言"既不是独立的文体，庄子也没有达到对寓言这种特定文体的自觉认识。

（2）"寓言"是语言形式的解读倾向

相对于今人，古人的理解可能更接近庄子本来之意。他们倾向于将庄子"寓言"理解为一种语言形式。① 下面仅列举其中有代表性的数家予以分析探讨。

在历代治庄者中，郭象的注解无疑是既早又最具影响力的："盖庄文，日也；子玄之注，月也；诸家，繁星也；甚则爝火、荧光也。子玄之注在前而诸家不熄，譬之毛嫱西施在御而粉白黛绿者犹然累累争怜未已也。"② 对于"寓言"，郭象的注解为："寄之他人，则十言而九见信……言出于己，俗多不受，故借外耳。肩吾、连叔之类，皆所借者也。"③ 这里，郭象认为"寓言"的基本特征是其"寄寓性"。其原因在于如果语言从自己口中说出，世俗之人大多不会接受，因此，需要借助外在的因素。并举出肩吾和连叔两个例子。

---

① 当然这样说只是相对而言，因为古人当中也不是没有人从文体的角度认识庄子的"寓言"概念，比如司马迁在其所撰《史记·老子韩非列传》中对《庄子》一书的评价是："故其著书十余万言，大抵率寓言也。"这一界说本身便蕴含从文体意义上讨论《庄子》的资讯。而反过来说，在今人当中也并不是没有人从语言的角度认识庄子的"寓言"概念，比如王叔岷先生在其所著《庄子校诠》一书中对"寓言"的界说是："案寓言者，假托人物以明事理之言也。"这一界定本身说明他是坚持认为《庄子》书中的"寓言"概念是一个语言学范畴而非文体学范畴。
② 转引自（宋）刘辰翁点校：《庄子经注·庄子郭注序》。
③ （清）郭庆藩撰，王孝鱼点校：《庄子集释》，中华书局1961年版，第947-948页。

郭注在后世广为流传。例如，陆德明《经典释文·庄子音义》："寓，寄也。以人不信己，故托之他人，十言而九见信也。"①成玄英《庄子疏》："寓，寄也。世人愚迷，妄为猜忌，闻道己说，则起嫌疑，寄之他人，则十言而信九矣。故鸿蒙、云将、肩吾、连叔之类皆寓言耳。"②林希逸："寓言者，以己之言借他人之名以言之；十九者，言此书之中十居其九，谓寓言多也，如啮缺、王倪、庚桑楚之类是也。"③王雱："寓言者，极明大道之真空。以世俗必为迂怪也，故托为他人所说以言之，致其十信其九也，故曰寓言十九，又曰藉外论之。"④陈景元："寓，寄也。以人不信己，故托之他人，十言而九见信也。"⑤陆西星："'寓言'者，意在于此，寄言于彼也。"⑥宣颖："寄寓之言，十居其九。"⑦

我们说，古人的诸多注解中，有两点是值得肯定的：一是他们都注意到庄子所说的"寓言"是一种语言形式，是"言"而不是"文体"；二是都基本把握住了"寓言"的本质特征，即寄寓性，不是直说，而是曲说，此即"藉外论之"之意。但是，其不足也是十分明显的，主要体现在如下几个方面。

首先，古人对"藉外论之"中的"外"的理解过于偏狭，仅限于"他人"。而今人更有将之直接释为"道外之人"的。⑧而探庄子本义，"外"当作"非己"之意解，这里边暗含的参照视角是庄子本人。在庄子看来，只要不是语言表达主体本人，其他无论是人（如老聃、孔子）还是物（如社树、罔两），无论是有生命的（蜩与学鸠）还是无生命的（如骷髅、天籁），无论是真实的（如孔丘向老聃问礼）还是虚幻的（如东郭子问"道"），都在"藉外"之列。正因如此，庄子才说"以寓言为广"（《天下》）。只有寄寓对象包罗万

---

① （唐）陆德明撰，黄焯断句：《经典释文·庄子音义》，中华书局1983年版，第397页。
② （清）郭庆藩撰，王孝鱼点校：《庄子集释》，中华书局1961年版，第947页。
③ （宋）林希逸著，周启成校注：《庄子鬳斋口义校注》，中华书局1997年版，第431页。
④ 《南华真经新传》卷之十六，明正统《道藏》本。
⑤ 《南华真经章句音义·杂篇·寓言三十一》，明正统《道藏》本。
⑥ （明）陆醒：《南华真经副墨》卷之七，明万历天台馆刻本。
⑦ 《南华经解》卷二十七，清同治五年吴坤修刻本。
⑧ 孙以楷、甄长松著：《庄子通论》，东方出版社1995年版，第8页。

象，广袤无边，才能合乎庄子之"道"在"蝼蚁"、在"稊稗"、在"瓦甓"、在"屎溺"等"无所不在"(《知北游》)的特性。而考察庄文实际，这一特点表现极为明显。庄子在创作寓言时，所借助的寓体极为广泛。如动物寓言所涉及的就有：《逍遥游》中的鲲、鹏、蜩、学鸠、狸狌等；《齐物论》中的鳅、猿猴、麋鹿、蝴蝶、蜩、鸱鸦等；《养生主》中的牛、泽雉等；《秋水》中的骐骥骅骝、鼠、蚤、鲦鱼、夔、蛇等；《山木》中的雁、意怠、鹊、螳螂等；《天运》中的龙、虎狼、乌鹊、雉等。人物寓言所涉及的就有：《逍遥游》中的接舆；《齐物论》中的狙公；《养生主》中的庖丁；《达生》中的津人、祝宗人；《德充符》中的兀者申徒嘉、叔山无趾；等等。观念寓言所涉及的就有：《大宗师》中的副墨、洛诵、玄冥、参寥、疑始；《知北游》中的知、无为谓、狂屈；《应帝王》中的倏、忽、混沌，等等。可谓林林总总，不一而足。所有这些"都是庄周借来的皮偶，真正唱大戏的却在后台的庄周自己"①。共同构成了庄子那繁复多彩的"寓言"世界。因此，在《庄子》一书中，"寓言"是一个极为开放的概念，其涵盖的不仅仅是寓言故事，而且有人物对话②，甚至一个词、一个字都可以是"寓言"。

其次，以上诸说虽然都指出"寓言"为"借外"、寄寓之言，但寄寓什么，其本体何在，各家并未揭示。这不能不说是一种遗憾。

《说文》："寓，寄也。""寄，托也。"段注："言部曰：托，寄也。"由此可以看出，"寓""寄"与"托"三者互训，"寓言"就是"寄言"或"托言"。这样，"寓言"就包含了两种既有区别又内在相关的两层意思：一是上文提到的"寓之于言"，二是在此析出的"寄托之言"。前者代表一种语言行为，后者代表这种语言行为的结果和产品。其中，"寄托之言"中的"之"字显然是一个结构助词"的"，这一点很好理解，不必多说；"寓之于言"中

---

① 孙以楷、甄长松著：《庄子通论》，东方出版社1995年版，第8页。
② 事实上，在《庄子》文本中，"寓言"更多的是以人物对话的形式表现出来。正因如此，有人称之为"偶言"。如司马贞《索隐》解释《史记》"大抵率寓言"一句曰："其书十余万言，率皆立主客，使之相对语，故云'偶言'。又音'寓'，寓，寄也。故《别录》云：'作人姓名，使相对语，是寄辞于其人，故《庄子》有《寓言》篇。'"

的"之"字虽然也不难看出是一个代词，但这一"之"字究竟代指什么内容却是一个需要认真讨论的问题。

"道"是庄子思想的核心范畴以及《庄子》是一本言"道"之书，这两点是学术界的共识，我们不必在此多费口舌。而问题的关键是，在庄子看来，"成心"之存在、"道"之超越性和"言"之对象化造成了语言与"大道"的疏离，就产生了"道不可言"的现实困境。与此同时，庄子不仅意识到"道不可言"的现实困境，而且深刻认识到"道""不可不言"的客观事实，并通过改造言说方式即摒弃有"成心"的言说方式——"思维的说"而转向采用有"道心"的言说方式——"诗意的说"来克服"道不可言"的语言困境，以达到"即言即道"的语言自由境界，从而最终完成其"说'不可说'"的哲学使命。而"寓言"就是庄子所采用的"诗意的说"之一种。正是借助"寓言"这种无成心、非对象化的隐喻语言，庄子彻底超越了"道不可言"的语言困境，实现了"即言即道"的语言自由。[①] 据此不难看出，"寓之于言"中的"之"，在庄子学派的思想逻辑中，毫无疑问应该代指作为其思想核心范畴的"道"字。这样说来，"寓之于言"就是"将'道'寄托在言辞之中"，"寄托之言"就是"寄托了'道'的言辞"。按照这一逻辑，"寓言"之本体当指"无所不在"的"大道"，"寓言"即寓"道"之言，"大道"即寄寓其中，与之合为一体。因此，"寓言"就是"寓'道'之言"。

2. 庄子"重言"考论

对于庄子学派所说的"重言"，古今学术界存在多种理解倾向。这些解读可以按照"重"的读音归结为两类五种意见。现简要列举分析如下。

（1）"重"读作"zhòng"的"重言"解读倾向

在这种读音下的"重言"又有如下三种释义：

① "重"读作"zhòng"，"重言"即"世重之言"。这种理解倾向出现最早，影响也最大。首先由晋人郭象提出："世之所重，则十言而七见信。"[②] 后

---

① 参见上文其他相关论述。

② （清）郭庆藩撰，王孝鱼点校：《庄子集释》，中华书局1961年版，第947页。

唐人陆德明接受了这一说法:"重言,谓为人所重者之言也。"① 唐人成玄英则进一步将其解释为"老人之言":"重言,长老乡间尊重者也。老人之言。"② 宋人陈景元则将其解释为有德者言论:"重言,谓德重之人所言也。"③ 这种说法也为近现代学人广泛接受。如胡远浚的解释是:"为人所重者之言。"④ 蒋锡昌也说:"'重言'即为人所重之言,如关尹老聃等耆艾所言者,是也。"⑤ 徐复观亦云:"按为世所重之言,如尧、舜、孔子者是。"⑥

② "重"读作"zhòng","重言"即"借重之言"。这种解读倾向因其侧重点不同而又分为四种倾向:一是借先哲绪言以自重。这种解读由明人朱得之首先提出:"重言者,引先哲绪言为重,以申己意,犹孔子、法语之言,本籍羲、黄、孔、颜之事是也。"⑦ 今人房松令先生接受并发挥了这种说法:"所谓重言就是借用历史上圣贤(耆艾)的话来表达自己的观点,用以止息不同的观点(已言)这借用却不是我们现在说的引用,那些话还是作者自己编造的,如商汤问夏棘,老聃教孔丘之类。"⑧ 二是借古人之名以自重。这种解读由宋人林希逸首先提出:"重言者,借古人之名以自重。"⑨ 宋人吕惠卿进一步解释说:"重言……所以趋时也,人不吾言之信,故称古昔以为重。"⑩ 明人陆方壶更进一步清楚地表述说:"重言者,假借古人以自重其言也。"⑪ 三是借重先哲时贤之言。这种解读倾向主要流行于现代学者的著作中。如张默生先生说:"重言者,盖借重前代圣哲或当代长老之言。"⑫ 陈鼓应先生亦持此观点:"重言

---

① (唐)陆德明撰,黄焯断句:《经典释文·庄子音义》,中华书局1983年版,第397页。
② (清)郭庆藩撰,王孝鱼点校:《庄子集释》,中华书局1961年版,第947页。
③ 《南华真经章句音义·杂篇·寓言三十一》,明正统《道藏》本。
④ 胡远浚:《庄子诠诂》,商务印书馆1931年版,第236页。
⑤ 蒋锡昌著:《庄子哲学》,上海书店1992年版,第261页。
⑥ 徐复观著:《中国艺术精神》,春风文艺出版社1987年版,第88页。
⑦ (明)朱得之撰:《庄子通义》,明王潼录刻本。
⑧ 房松令著:《论〈庄子〉的卮言和道家小说》,《辽宁教育学院学报》1990年第3期。
⑨ (宋)林希逸著,周启成校注:《庄子鬳斋口义校注》,中华书局1997年版,第431页。
⑩ 转引自(宋)褚伯秀撰:《南华真经义海纂微》卷一〇六,明正统《道藏》本。
⑪ (明)陆西星撰:《南华真经副墨》卷之七,明万历天台馆刊本。
⑫ 张默生著,张翰勋校补:《庄子新释》,齐鲁书社1993年版,第622页。

十七：借重先哲时贤的言论占了十分之七。"① 四是借重人物之言。这种解读倾向由近人王叔岷先生提出："案重言者，借重人物以明事理之言也。"②

③ "重"读作"zhòng"，"重言"即"庄重之言"。这种说法首先由元人罗勉道明确提出："重言，郑重言之。"③ 今人曹础基在此基础上又进一步解释说："重（zhòng 众）言，庄重之言，亦即庄语，是直接论述作者的基本观点的话。"④

（2）"重"读作"chóng"的"重言"解读倾向

在这种读音下的"重言"又有如下两种释义：

① "重"读作"chóng"，"重言"即"重复之言"。这种说法是从清代开始的。清人王夫之说："乃我所言者，亦重述古人而非己之自立一宗。"⑤ 后郭嵩焘更进一步从音训的角度提出："重，当为直容切。广韵：重，复也。庄生之文，注焉而不穷，引焉而不竭者是也。郭云世之所重，作柱用切者，误。"⑥ 近人高亨先生说："重言者古人所言而我再言之者也。"⑦ 马叙伦先生则从文字学的角度说："重为緟省。《说文》曰：'緟，增益也'，即'重复'之'重'本字。重言者，重说耆艾之言也。"⑧ 今人崔宜明更是在郭嵩焘的基础上进一步引申发挥，认为"'重言'就是'重复'地说……重复地说，就是肯定与否定同时并举的言说方式。"⑨

② "重"读作"chóng"，"重言"即"增益之言"。这种说法是今人孙以楷先生提出的："'重'，读若从，义训为加，增益……'重言'即为'增益之言'。为什么叫做'增益之言'呢？重言'所以已言'，'己'与'外'

---

① 陈鼓应注译：《庄子今注今译》，中华书局1983年版，第728页。
② 王叔岷著：《庄子校诠》，"中央研究院"历史语言研究所1988年版，第1090页。
③ 《南华真经循本》卷之二十六，明正统《道藏》本。
④ 曹础基著：《庄子浅注》，中华书局1982年版，第421页。
⑤ （清）王夫之著，王孝鱼点校：《庄子解》，中华书局2009年版，第321页。
⑥ （清）郭庆藩撰，王孝鱼点校：《庄子集释》，中华书局1961年版，第947页。
⑦ 高亨著：《诸子新笺·庄子新笺》，山东人民出版社1962年版，第114页。
⑧ 马叙伦著：《庄子义证》，商务印书馆1930年版，第735页。
⑨ 崔宜明著：《生存与智慧——庄子哲学的现代阐释》，上海人民出版社1996年版，第29页。

相对待，当指道中人，道中人说了道中话，所以'为真'，但是按照'亲父不为其子媒'的原则，道中人本不该说话，既然说了，就自当是'增益之言'了。"①

对于"重言"，前人所解虽各有所得，却多理有未安处。下面我们来简单分析一下这些说法的不合理之处，并在此基础上提出我们自己的理解。庄子曰："以天下为沉浊，不可与庄语"（《天下》），因而称自己的言说方式为"以谬悠之说，荒唐之言，无端崖之辞"（同上），这就决定"重言"不可能为"郑重言之"或"庄重之言，亦即庄语"。因此将"重言"解读为"庄重之言"的做法是站不住脚的。又庄子并不一味推重古人老人，他明白指出："重言十七，所以已言也，是为耆艾。年先矣，而无经纬本末以期年耆者，是非先也。人而无以先人，无人道也；人而无人道，是之谓陈人。"（《寓言》）其中的"耆艾"就是老人。《尔雅·释诂》："耆，长也。"《礼记·曲礼上》："六十曰耆。"中华民族的传统是尊老，《淮南子·修务训》："世俗之人，多尊古。"因为老人有丰富的生活经验，《尔雅·释诂》："艾，历也。"因此"耆艾"又有师傅的含义。《国语·周语上》："瞽史教诲，耆艾修之，而后王斟酌焉。"韦昭注："耆艾，师傅也。"《荀子·致士》："耆艾而信，可以为师。"于是"耆艾"的意见可以直接表达出来而叫人信服："所以已言也。"这是世人的一般认识。但在庄子看来，"年先"并不是受推重的必要条件②，"耆艾"却不明"经纬本末"者并不是真正的"耆艾"者，没有得"道"、"人而无人道"的"耆艾"者，只能算是"陈人"，即老朽无用之人。陈人老朽，其言无"道"，实无引用价值。而实际上，遍观《庄子》所引古人及年高者之言，极少有见于

---

① 孙以楷、甄长松著：《庄子通论》，东方出版社1995年版，第8页。
② 如与庄子相比，杨朱虽然"年先"，但却"无经纬本末"，故庄子不免对杨朱颇有微辞；列子年辈也在庄子之前，然庄周仍然说他"未数数然"（《逍遥游》）。而诸如孔子、颜回等人更是庄子学派所奚落、批判的对象。试看《人世间》篇，颜之所问，无异于揭发孔丘言论上的矛盾，孔之所答，实际是为前此之言做辩解，谈话精神都不同于《论语》所载孔丘言论，全文宗旨是否定入世、否定问政。再看《德充符》篇，明写孔丘不若兀者王骀，将以为师；兀者叔山无趾批评孔丘，讥其以名闻为桎梏；鲁哀公问哀骀它事，都说明孔丘之德曾不如彼。这怎能说是引重呢！

其本人著述及传世典籍的。① 这就决定了不能将"重言"简单理解为"老人之言""为人所重者之言""重述古人而非己自立一宗""古人所言而我再言之者也"等。因此将"重言"解读为"世重之言"和"重复之言"的做法也有问题。而将"重言"解读为"增益之言"的做法更是显然不能成立。原因在于这种解读的问题不仅在于其延续了"重复之言"的错误，而且更重要的是这种说法的主张者为了寻求自身的逻辑支持居然不惜修改《庄子》原文，将庄子所说的"重言十七，所以已言也"中的"已"改作"己"，从而解释这句话的逻辑为："重言'所以已言'，'己'与'外'相对待，当指道中人，道中人说了道中话，所以'为真'，但是按照'亲父不为其子媒'的原则，道中人本不该说话，既然说了，就自当是'增益之言'了"，实在不足为训。② 相比较之下，将"重言"解读为"借重之言"的做法倒是恐怕最为接近庄子本意。而在其所包括的四种解读倾向即"借先哲绪言以自重""借古人之名以自重""借重先哲时贤之言"以及"借重人物之言"中，以林希逸、吕惠卿和陆西星等人的"借古人之名以自重"的解读最为准确。因为正如前述，庄子采用"重言"的目的仅仅在于利用世人的崇古心理以达到传"道"的效果，所以"重言"在本质上仍然是"寓言"，仍然是借别人的口说自己的话，只不过这里所借的口不是一般人的口，而是在世人面前具有权威性和影响力的所谓"先哲时贤"的口罢了。因此，庄子所借重的只是古人以及时贤的名号，拿他们作为自己的代言人罢了，实际上所说的话还是庄子自己的话，所传的"道"还是庄子自己的"道"。③《寓言》篇中庄子又说："重言十七，所以已言也。"这表明"重言"的作用，在于"所以已言也"。"已言"究竟是何意？对此，主要有四种意见。第一种意见以郭嵩焘为代表。郭嵩焘认为："已言者，

---

① 相反，我们在上文已经引述过的"轮扁斫轮"寓言中，可以看到庄子明确指出圣人之书之言为糟粕。
② 这种主张不仅缺乏文献上的支持，而且也与庄子思想本身不相符合。因为正如我们在上下文中所已经反复指出的，"重言"在本质上仍然是"寓言"，仍然是"借外""寄予"之言，而不是什么真正的"道中人""自己"的话。这是庄子本身的思想逻辑，我们不容忽视。
③ 王叔岷先生的说法过于笼统模糊，没有说清楚究竟借重的是人物的言论还是名号，因此不够准确。

已前言之而复言也"① 意指已经说过之言再重复而言之。第二种意见以高亨为代表。高亨先生认为："已当作己。己古纪字。说文：'己中宫也，象万物辟藏诎形也。己承戊，象人腹。纪丝别也，从系，己声。'许解己字误。己正象束丝之绳，乃纪之初文。释名释天：'己纪也，皆有定形可纪识也。'广雅释言：'己纪也。'所训深得古意。古者结绳记事，故记谓之己。此文己言即记言也。通用纪字。广雅释诂：'纪识也。'此文己言亦即纪言也。古人所言我再言之，乃所以记古人之言，故曰：'重言十七，所以已言也。'"② 第三种意见以孙以楷等人为代表。孙以楷先生认为："重言'所以己言'，'己'与'外'相对待，当指道中人，道中人说了道中话，所以'为真'，但是按照'亲父不为其子媒'的原则，道中人本不该说话，既然说了，就自当是'增益之言'了"③ 按照孙氏意见，"重言十七，所以已言也"中的"已"字应是"己"字，其含义就是"自己"，从而构成"己"与"外"的对待。第四种意见认为"已言"是用于平息争辩的，如林希逸认为"'已'，止也，'已言'，可以止其争辩也。借重于耆艾之人，则闻者不敢以为非，可以止塞其议论也"④；王夫之认为"已言者，止人之争辩也"⑤；王先谦认为"已言"意指"止天下淆乱之言"⑥；钟泰认为"'已言'者，止息争议之谓。亦惟其能止息争议，所以得为重言也"⑦。分析以上所列四说，显然关于"已言"的理解，与"重言"之义有关，从我们上面所分析的"重言"之义来看，前面所列出的第一、二、三种说法均不恰切。郭嵩焘的解释与前后文以及"重言"本义不相符合；高亨虽然在论证"己""纪""记"三字关系上颇见功力，但在论证"已当作己"上却颇嫌武断，并没有举出令人信服的实例，更没有令人信服的推理过程，故不可信；孙以楷的做法更是令人费解，其为了使结论走向自己的预定轨道，居然不惜

---

① （清）郭庆藩著，王孝鱼点校：《庄子集释》，中华书局1961年版，第949页。
② 高亨著：《诸子新笺·庄子新笺》，山东人民出版社1962年版，第114页。
③ 孙以楷、甄长松著：《庄子通论》，东方出版社1995年版，第8页。
④ （宋）林希逸著，周启成校注：《庄子鬳斋口义校注》，中华书局1997年版，第432页。
⑤ （清）王夫之著，王孝鱼点校：《庄子解》卷二十七，中华书局1964年版，第247页。
⑥ （清）王先谦集解：《庄子集解》，上海书店出版社1986年版，第181页。
⑦ 钟泰著，骆驼标点：《庄子发微》，上海古籍出版社2002年版，第651页。

直接将《庄子》原文中的"已"字改引作"己"字。① 实在缺乏科学精神，故不足为训。而相比较之下，林希逸、王夫之、王先谦以及钟泰等人对"已言"的解释是最为切当的，可以作为定论继承下来。这样说来，"重言"就是用来止息聚讼的。而"以道观之，物无贵贱"（《秋水》），只有以"道"作标准，用合"道"之言才能达到止息聚讼之目的。从这个意义上来说，"重言"又是重"道"之言，"以重言为真"（《天下》）即是以重"道"之言为"真"，以得"道"者之言为"真"。因此，从根本上说，"重言"就是借重古人名号以传"道"的言说方式，故"重言"也是"道言"。

3. 庄子"卮言"考论

对于庄子学派所说的"卮言"，自古以来就是人言人殊、莫衷一是。归结起来，学术界的解读主要沿着音训和义训两个方向发展。现简要列举分析如下。

（1）音训方向的"卮言"释义

从音训角度对"卮言"进行释义的做法，最早开始于晋人司马彪。司马彪的注解今已亡佚，其关于"卮言"的解读我们只能从唐人陆德明所撰的《经典释文·庄子音义》中觅得蛛丝马迹："字又作卮，音支……司马云：谓支离无首尾言也。"② 司马彪从"卮"的读音"zhī"出发，将"卮言"解读为"支离无首尾之言"。司马彪的这种解说得到陆德明、成玄英、钟泰、杨柳桥、曹础基等人的引述发挥。成玄英云："又解：卮，支也。支离其言，言无的当，故谓之卮言耳。"③ 蒋锡昌云："'卮言'即支离无首尾之言。"④ 钟泰云："'卮言'者，司马彪注云：'谓支离无首尾言也。'彪之注最得庄意。支离急读之则成卮，故假卮字用之，义不在其成为酒器也。"⑤ 杨柳桥云："'卮

---

① 遍查古代《庄子》主要版本，尚未发现将"已言"写作"己言"的现象，而孙氏本人也未加任何说明，故孙氏的做法不足为训。大概是孙氏也发现高亨的相关推论不能令人信服，就干脆来个釜底抽薪了。
② （唐）陆德明撰，黄焯断句：《经典释文·庄子音义》，中华书局1983年版，第397页。
③ （清）郭庆藩撰，王孝鱼点校：《庄子集释》，中华书局1961年版，第947页。
④ 蒋锡昌著：《庄子哲学》，上海书店1992年版，第261页。
⑤ 钟泰著，骆驼标点：《庄子发微》，上海古籍出版社2002年版，第6页。

言'就是'支言',就是支离、诡诞、不顾真理、强违世俗、故耸听闻的语言。"①曹础基云:"卮(zhī 支)言,司马彪注:'谓支离无首尾言也。'支离的合音则为卮。日出,时常出现。和、合。天倪,自然。可见卮言是穿插在寓言与重言之中,随其自然,经常出现的一些零星之言。"②由此可见,以上学人对"卮言"的解读都是从"卮"字的读音出发,基本上沿袭司马彪的"支离无首尾之言"的说法。然而,我们说,从音训的角度,用"支言"解释"卮言"的做法存在三个问题:一是这种做法本身没有任何文字学和语言学上的依据,纯粹根据音训做出的推断具有太多的揣测成分,故不足取信。二是虽然《庄子》书中屡见"支离"字样,却从未见写作"卮离"的情况;而且见于《齐物论》《寓言》《天下》三篇的"卮言",没有一例写作"支言"。由此可见,《庄子》书中"卮""支"二字不可混淆,"卮言"解作"支言"不能成立。三是"支离无首尾"的断语是一种极为模糊且不负责任的说法,它等于是说庄子一直在胡言乱语,净说没头没尾的胡话了。这显然是对作为哲人的庄子的误解。正是鉴于这种情况,音训释义法的支持者并不很多,我们也无法与之苟同。

(2)义训方向的"卮言"释义

从义训角度对"卮言"进行释义的做法,其核心问题就是讨论"卮"为何物。学术界往往根据对"卮"字的不同理解而引申出"卮言"的不同内涵。从主流的角度,可以概括出三种倾向。

①"卮"是"欹器",并由此出发对"卮言"之意进行引申发挥。《荀子·宥坐》篇谓:"孔子观于鲁桓公之庙,有欹器焉。孔子问于守庙者曰:'此为何器?'守庙者曰:'此盖为宥坐之器。'孔子曰:'吾闻宥坐之器者,虚则欹,中则正,满则覆。'孔子顾谓弟子曰:'注水焉!'弟子挹水而注之,中而正,满而覆,虚而欹。孔子喟然而叹曰:'吁!恶有满而不覆者哉!'"③荀子这里借助孔子之口指出"欹器"具有"虚则欹,中则正,满则覆"的特点。

---

① 杨柳桥撰:《庄子"三言"试论(代序)》,载《庄子译诂》,上海古籍出版社1991年版,第6页。
② 曹础基著:《庄子浅注》,中华书局1982年版,第421页。
③ (清)王先谦撰,沈啸寰、王星贤点校:《荀子集解》,中华书局1988年版,第520页。

郭象即取此意，以比喻"卮言"之义："夫卮，满则倾，空则仰，非持故也。况之于言，因物随变，唯彼之从，故曰日出。日出，谓日新也，日新则尽其自然之分，自然之分尽则和也。"①郭象根据"卮"即"欹器""满则倾，空则仰"的特性首先引申出其"非持故"的特点，接着进一步引申比况"卮言"，说它也有"因物随变，唯彼之从"的特性，从而界定"卮言"为"因物随变"之言。郭象的说法在后世影响很大，得到很多人的支持。唐人成玄英即承袭郭注并进一步引申说："卮，酒器也。日出，犹日新也。天倪，自然之分也。和，合也。夫卮满则倾，卮空则仰，空满任物，倾仰随人。无心之言，即卮言也，是以不言，言而无系倾仰，乃合于自然之分也。"②成玄英同样是根据"卮"器"满则倾""空则仰""空满任物，倾仰随人"的特性而推断"卮言"为"言而无系倾仰，乃合于自然之分"的"无心之言"。而与成玄英处于同一朝代又比其稍早的陆德明同样是沿着这一方向解读的："王云：夫卮器，满即倾，空则仰，随物而变，非执一守故者也；施之于言，而随人从变，已无常主者也。"③陆德明借助王叔之的口表达了自己对"卮言"的认识，即由"卮器""满即倾，空则仰，随物而变，非执一守故者"的特性推断出"卮言"的"施之于言，而随人从变，已无常主者也"的特点。陈景元更是将之引申为"中正之言"④。今人徐复观和陈鼓应也是这一说法的继承者和发扬者。如徐复观解释"卮言"为"随俗俯仰之言"⑤；而陈鼓应的解释是："'卮'是酒器，卮器满了，自然向外流溢，庄子用'卮言'来形容他的言论并不是偏漏的，乃是无心而自然的流露。"⑥这方面的解释在当代学者中还有很多，兹不赘述。

---

① （晋）郭象注，（唐）成玄英疏，曹础基、黄兰发点校：《南华真经注疏》，中华书局1998年版，第538页。
② （晋）郭象注，（唐）成玄英疏，曹础基、黄兰发点校：《南华真经注疏》，中华书局1998年版，第538—539页。
③ （唐）陆德明著，黄焯断句：《经典释文·庄子音义》，中华书局1983年版，第397页。
④ （宋）陈景元撰：《南华真经章句音义》，明正统《道藏》本。
⑤ 徐复观著：《中国艺术精神》，春风文艺出版社1987年版，第88页。
⑥ 陈鼓应注译：《庄子今注今译》，中华书局1983年版，第729页。

②"卮"是"圆酒器",并由此出发对"卮言"之意进行引申发挥。这种解释倾向与上一种比较相近,源于字书对"卮"字的界定。《说文解字》云:"卮,圆器也。一名觛,所以节饮食也。"《经典释文》引《字略》云:"卮,圆酒器也。"这些字书将"卮"等同于圆腹圈足的称为"觛"的酒器。后世学者由此出发对"卮言"之义进行引申发挥。如宋人林希逸云:"卮,酒卮也,人皆可饮,饮之而有味,故曰卮言。"①元人罗勉道谓"卮言"即"卮酒相欢之言"②,明人陆西星称之为"卮酒之言"③,清人王闿运更将其引申为清谈之言:"举觛后可以语之时之言,多泛而不切,若后世清谈"(《庄子内篇注》),近人王叔岷引申之为"浑圆之言"④,今人李炳海说其是"先秦祝酒辞"⑤,等等。

③"卮"是"漏斗",并由此出发对"卮言"之意进行引申发挥。今人张默生是这种说法的宣导者。张氏在其《庄子新释·庄子研究答问》中说:"卮是漏斗,卮言就是漏斗式的话,这话怎么讲呢?漏斗之为物,是空而无底的,你若向里注水,它便立刻漏下,若连续注,便连续漏,就是江河之水,只要长注不息,它便常漏不息,汩汩滔滔,没有穷尽,几时不注了,它也几时不漏了,而且滴水不存。庄子卮言的取义,就是说,他说的话,都是无成见之言,正有似于漏斗。他是替大自然宣泄声音的,也可说是大自然的一具传声机。"⑥张氏的"漏斗"说是一种极其形象的引申法。

除此之外,从"卮"字的本义出发进行的引申还有很多。如褚伯秀的"载道之言"⑦,邵弁的"脂泽之言"⑧,朱得之的"投其所好之言"⑨,胡奇光的

---

① (宋) 林希逸著,周启成校注:《庄子鬳斋口义校注》,中华书局1997年版,第431页。
② (元) 罗勉道撰:《南华真经循本》卷之二十六,明正统《道藏》本。
③ (明) 陆西星撰:《南华真经副墨》卷之七,明万历天台馆刻本。
④ 王叔岷著:《庄子校诠》,"中央研究院"历史语言研究所1988年版,第1091页。
⑤ 李炳海著:《〈庄子〉的卮言与先秦祝酒辞》,《社会科学战线》1996年第1期。
⑥ 张默生著,张翰勋校补:《庄子新释》,齐鲁书社1993年版,第15-16页。
⑦ (宋) 褚伯秀撰:《南华真经义海纂微》,明正统《道藏》本。
⑧ (明) 邵弁撰:《南华真经标解》卷之六,明刻本。
⑨ (明) 朱得之撰:《庄子通义》,明王潼录刻本。

"随机应变之言"①，孙以楷的"矛盾语式"②，等等。

义训的方法由于拘泥于"卮"字的训诂，力图在庄子的语言中找到"卮器"的特点，因而往往局于一端，而与庄子思想本身联系不够紧密，导致所得结论容易陷于迂曲牵强。鉴于这种情况，我们将用义训与逻辑相结合的方法对"卮言"进行分析。首先，"卮"是古代一种圆形的酒器。《说文》："卮，圜器也，一名觛，所以节饮食。""觛"即"小觯也"，而"觯"亦即"乡饮酒角也"。《玉篇》："卮，酒浆器也，受四升。"《释文》："'卮言'，字又作巵，音支。《字略》云：巵，圆酒器也……玉云：夫卮器，满即倾，空则仰，随物而变，非执一守故者也；施之于言，而随人从变，己无常主者也。"③由此可见，"卮"又作"巵"，即圆形酒器，《史记·项羽本记》："赐之卮酒。"由于举"卮"饮酒常伴有言谈，故由"卮"而联系到"言"，方有"卮言"之词。又"曼衍"，《说文》："曼，引也。""衍，水朝宗于海貌也。"《释文》引司马彪注："曼衍，无极也。"取曼衍流遍、变化无常之意。其次，庄子曰："卮言日出，和以天倪。"（《寓言》）"日"，太阳，如《诗·卫风·伯兮》："杲杲出日。"在此为名词作状语，修饰后面的动词"出"；太阳每日东升西落，乃为自然现象，并非人为而强使之。又"天"字在《庄子》一书中主要有三种含义，即自然界、自然而然的状态和代表宇宙本原或规律的"道"。④而这三者在本质上是相通的，"道"的本质特性就是自然而然、无为而治，而这也是自然万物的本然状态。因此，"庄子常将道称为天"⑤。"天倪"中的"天"即"道"，也即自然。又由"天均者，天倪也"（《寓言》）可知，"天倪"即"天均"，也即《齐物论》中的"天钧"。按：《释文》："崔云：钧，陶钧也。"据此，冯友兰先生曾结合《庄子》全书对"是以圣人和之以是非而休乎天钧，

---

① 胡奇光著：《文笔鸣凤——历代作家风格章法研究》，语文出版社1990年版，第12—13页。
② 孙以楷、甄长松著：《庄子通论》，东方出版社1995年版，第9页。
③ 陆德明著，黄焯断句：《经典释文·庄子音义》，中华书局1983年版，第397页。
④ 参见拙作：《〈庄子〉的天人关系学说与可持续发展战略》，《河南师范大学学报》2001年第1期。
⑤ 徐复观著：《中国艺术精神》，春风文艺出版社1987年版，第51页。

是之谓两行。"(《齐物论》)一句解释道:"'钧'是一个运转着的盘子。盘子绕着它的轴心转。这个轴心就叫'枢'。自然界和社会的制度在变动之中,好像一个钧,称为'天钧'。这个'天钧'的轴心称'道枢','圣人'站在'道枢'的立场上,不随着彼、此的是非打圈子。这就叫'休乎天钧'。那些彼一套、此一套的是非,不过是猴子们的喜怒。听其自然好了。这就叫'和之以是非',这就叫'两行',也就是《天下》篇说的'不谴是非,以与世俗处'。"① 这样说来,"和以天倪"就是要求语言主体在运用"卮言"时要合乎自然的分际、界限,也就是说要从"道枢"的立场上看待是非双方,发出合"道"的自然之言。因此,庄子认为,"卮言"随时随地可以出现,但必须合乎"大道",既自然而然,又无主观偏见;就像那圆形的酒器一样持中有度,对任何言说对象都不能根据既定"成见"作"是"与"不是"、"可"与"不可"、"然"与"不然"的确定区分,如同圆环上的任何一点都既是"始"也是"终"一样,任何"是"或"可"或"然"同时也就是"不是"或"不可"或"不然","是"与"不是"、"可"与"不可"、"然"与"不然"是没有绝对的界限和区分的。只有顺任自然,"是"于其"本是"、"可"于其"本可"、"然"于其"本然",才能合乎"大道"之本性,做到虽言而不悖于无言:"终身言,未尝[不]②言";无言亦不妨于有言也:"终身不言,未尝不言",这也就是庄子所说的"言无言"。"言无言"者,乃"其口虽言,其心未尝言"(《则阳》),乃言而不囿于言。不囿于言就是要克服语言迷信。克服语言迷信,就是要让语言出自胸臆,自然流吐,成为无心之言,合"道"之言;就是要让语言主体不执于"言",超"言"达道,做到"得意忘言",以"道"为本。所以,"卮言"即无"成心"之言、自然中正之言、曼衍流遍之

---

① 冯友兰著:《中国哲学史新编》(第2册),人民出版社1984年版,第117页。
② 刘文典认为此"不"字为衍文:"盖涉下'终身不言,未尝不言'而衍。此以'终身言,未尝言',与下'终身不言,未尝不言',相对成义。若作'未尝不言',则非其指,且与下文重复矣。……《道藏》白文本注疏本、高山寺古抄本,并无'不'字。"(《庄子补正》,云南人民出版社1980年版,第855页)刘说有理,王先谦《庄子集解》及文渊阁《四库全书》本亦作'终身言,未尝言'。

"道言"也。

关于"寓言十九""重言十七",综观以上诸说,主要有两种理解。一种是以郭象、成玄英、陆德明、王雱、陈景元等为代表的"信度说"。如郭象:"十言而九见信。""十言而七见信。"① 成玄英:"十言而信九矣。""十信其七矣。"② 陆德明:"十言而九见信也。"③ 王雱:"致其十信其九也,故曰寓言十九。"④ 陈景元:"十言而九见信也。"⑤ 这种解说显然与庄子原意相背。原因有二:首先,《寓言》篇云:"寓言十九,重言十七,卮言日出,和以天倪。"其中的"卮言日出"显然只能意指"卮言"在《庄子》一书中出现的频度而不可能再作他解。这样,其中的"十九""十七"就理所当然地与"日出"构成数量上的对应关系。这就决定了郭、成等人的"信度说"无法与"日出"相照应,从而与《寓言》《天下》诸篇的体例相背。其次,这种解释认为"寓言"的可信度高于"重言",这与实际情况是不相符的。事实是,"重言"的可信度应远远高于"寓言"。这由庄子"重言十七,所以已言也"(《寓言》)和"以重言为真"(《天下》)等话语可以找到证明。另外一种是以林希逸、吕惠卿、宣颖、张默生、曹础基、陈鼓应、徐复观等为代表的"比例说"。如林希逸:"十九者,言此书之中十居其九,谓寓言多也。"⑥ 吕惠卿:"'寓言十九',则非寓而言者十一;'重言十七',则非重而言者十三而已。"⑦ 宣颖:"寄寓之言十居其九,引重之言十居其七。"⑧ 张默生:"此类之言,于全书中可占十分之九,故曰寓言十九。""此类之言,于全书中可占十分之七,故曰重言十七。"⑨ 曹础基:"七,疑是'弋'之坏字(王

---

① (清)郭庆藩撰,王孝鱼点校:《庄子集释》,中华书局1961年版,第947页。
② (清)郭庆藩撰,王孝鱼点校:《庄子集释》,中华书局1961年版,第947页。
③ (唐)陆德明撰,黄焯断句:《经典释文·庄子音义》,中华书局1983年版,第397页。
④ 《南华真经新传》卷之十六,明正统《道藏》本。
⑤ 《南华真经章句音义·杂篇·寓言三十一》,明正统《道藏》本。
⑥ (宋)林希逸著,周启成校注:《庄子鬳斋口义校注》,中华书局1997年版,第431页。
⑦ (宋)褚伯秀撰:《南华真经义海纂微》,明正统《道藏》本。
⑧ 《南华经解》卷二十七,清同治五年吴坤修刻本。
⑨ 张默生原著,张翰勋校补:《庄子新释》,齐鲁书社1993年版,第622页。

焕镳老师说），十一与十九对合。九成是借他人之口说的，一成是作者直接论说的。"①陈鼓应："'十九'是说十居其九，这是指寓言在全书中所占的比例。""重言十七：借重先哲时贤的言论占了十分之七。"②徐复观："'寓言十九'（《寓言》七四七页），即是比喻与象征的表现形式居十分之九，其间当然包括有卮言、重言。"③这一说法基本上是符合庄文实际和庄子本意的。之所以这样说，一方面在于"比例说"在体例上与庄子文本能相统一，在逻辑上"寓言十九"能与"卮言日出"相互统一；而且与庄子文本的实际情况也相符合。翻检《庄子》三十三篇，其中仅寓言故事就有二百余首，甚至有不少篇章诸如《逍遥游》《德充符》《人间世》《达生》等通篇都是由一个接一个寓言故事所组成，更不必说散见于各篇中的富有隐喻与象征性的句子、词、字了。因此，庄子自称"寓言"占《庄子》全书的十分之九这一说法并不为过。那么，"寓言"既然已经占据十分之九，"重言"又如何能够占据十分之七呢？对此问题，姚鼐、张默生与陈鼓应等人已有很好的回答。姚鼐："庄生书凡托为人言者十有其九，就寓言中，其托为神农、黄帝、尧、舜、孔、颜之类，言足为世重者，又十有其七。"④张默生："《庄子》书中，往往寓言里有重言，重言里也有寓言，是交互错综的，因此寓言的成分，即便占了全书的十分之九，仍无害于重言的占十分之七。"⑤陈鼓应也说："庄子行文，寓言中含重言，重言中又含寓言，两种表达方式交互使用着的。"⑥

关于"三言"在《庄子》书中的地位及其相互关系，前人的理解也有很大的分歧。主要分为两种倾向。一是"寓言"为本说。此说以司马迁、鲁迅、闻一多、徐复观及白师本松先生等为代表。司马迁称庄子"著书十余万

---

① 曹础基著：《庄子浅注》，中华书局1982年版，第421页。
② 陈鼓应注译：《庄子今注今译》，中华书局1983年版，第728页。
③ 徐复观著：《中国艺术精神》，春风文艺出版社1987年版，第102页。
④ （清）王先谦集解：《庄子集解》，上海书店出版社1986年版，第181页。
⑤ 张默生原著，张翰勋校补：《庄子新释·庄子研究答问》，齐鲁书社1993年版，第17页。
⑥ 陈鼓应注译：《庄子今注今译》，中华书局1983年版，第729页。

言，大抵率寓言也"(《史记·老子韩非列传》);鲁迅说庄子"著书十余万言，大抵寓言，人物土地，皆空言无事实"[1];闻一多谓"一部《庄子》几乎全是寓言"[2]。以上三者，都是从"量"上来论说的，他们的着眼点都仅仅停留在"寓言十九"这一表象之中，可以说是停留在较浅层次上。而徐复观首先从性质上对"三言"关系进行了概括:"卮言、重言，实皆广义的寓言。"[3]本松师则从更深的"质"的层面、学理的角度阐述了这一问题:"《庄子》中所说的'寓言'、'重言'、'卮言'，都是在讲我们今天所说的寓言，'寓言'和'重言'是指故事的本体，'卮言'指作者所发表的议论，即点明寓意的部分，它们有机的结合构成寓言的整体。"[4]二是"卮言"为本说。此说以吕惠卿、王夫之、张默生、杨儒宾等为代表。吕惠卿云:"寓与不寓，重与不重，皆卮言也。"[5]王夫之云:"寓言重言与非寓非重者，一也，皆卮言也，皆天倪也。"[6]张默生说:"《庄子》全书皆卮言，故不复以数计之。寓言、重言，莫不在其范围之内也。"[7]杨儒宾说:"寓言及重言事实上只是卮言的分殊性展现罢了。"[8]

以上两种说法中，"寓言"为本者多从文章形式、文体风格着眼，偏重于文学与艺术;"卮言"为本者多从思想内容、哲理意蕴着眼，偏重于哲学与道理。而"寓言""重言""卮言"三者，如同"周遍咸三者，异名同实，其指一也"(《知北游》)。虽然表现形式不同，但本质上却是相同的，都是本"道"之言，是"道言"的具体表现形式。"寓言"乃为寓"道"之言;"重言"乃为重"道"之言;"卮言"乃为无成心之"道言"。所谓"寓言和重言

---

[1] 鲁迅著:《汉文学史纲要》，载《鲁迅全集》第八卷，人民文学出版社1957年版，第270页。
[2] 闻一多著:《古典新义·庄子》，载《闻一多全集》(二)，生活·读书·新知三联书店1982年版，第288页。
[3] 徐复观著:《中国艺术精神》，春风文艺出版社1987年版，第102页。
[4] 白本松著:《先秦寓言史》，河南大学出版社2001年版，第113页。
[5] 转引自(宋)褚伯秀撰:《南华真经义海纂微》卷九十一，明正统《道藏》本。
[6] (清)王夫之著，王孝鱼点校:《庄子解》，中华书局1964年版，第248页。
[7] 张默生原著，张翰勋校补:《庄子新释》，齐鲁书社1993年版，第622页。
[8] 杨儒宾著:《庄周风貌》，黎明文化事业股份有限公司1991年版，第182页。

是体现'自然之道'的,卮言是符合'自然之道'的"①。其区别在于"寓言重形象,就道之殊相言;卮言重抽象,就道之共相言;重言重史实,就道之理据言。内容与形式,道理与道言,实难以作宗本与非宗本划分也"②,所谓"寓言意在言外,卮言味在言内,重言征在言先"(《南华真经副墨·读南华真经杂说》)。因为"道""广",所以"以寓言为广";因为"道""真",所以"以重言为真";因为"道""曼衍",所以"以卮言为曼衍"。"大道"是本质,"三言"是现象;"大道"是内容,"三言"是形式;"大道"是目的,"三言"是手段。而在庄子看来,"俗言"是言此即此,言彼即彼,内涵外延,能指所指,一一对应,名副其实;而"道言"却言此不限于此,言彼不限于彼,内涵外延,能指所指,参差交错,来去无端。因此,"道言"是对"俗言"的超越,拥有"道言"的语言主体便能从"俗言"的困境中解脱出来,克服"言不尽意""道不可言"的局限,达到"即言即道"的语言自由境界。

综上所述,庄子以其形而上学为背景,开显出自己的语言哲学,发现了语言的功能属性及其限制;再从对语言功能属性的限制出发,设计出一套适合于描述形上世界的表意方式,即以"三言"为基本表现形态的"道言"。庄子借助"寓言""重言""卮言"等"道言"的言说方式克服了语言困境,获得了语言自由,形成了"寓真于诞,寓实于玄"③"犹河汉而无极也"(《逍遥游》)之汪洋恣肆、弘辟深邃的语言浪漫风格,达到了"芴漠无形,变化无常……以谬悠之说,荒唐之言,无端崖之辞,时恣纵而不傥,不以觭见之也……其书虽瑰玮而连犿无伤也。其辞虽参差而諔诡可观……其于本也,弘大而辟,深闳而肆;其于宗也,可谓稠适而上遂矣"(《天下》)的语言自由境界。可以说,庄子的语言是既哲理又诗性、既抽象又形象、既有限又无限的。庄子赋予语言一种诗性、一种活力,使语言飘忽灵动、无拘无束、"意接词断"、"词接意变"、跳荡不止、来去无端。在这里,概念、范畴、境界都

---

① 白本松著:《先秦寓言史》,河南大学出版社2001年版,第112页。
② 朱哲著:《先秦道家哲学研究》,上海人民出版社2000年版,第233页。
③ (清)刘熙载撰:《艺概》,上海古籍出版社1978年版,第7页。

被形象化地传达出来。正是在此意义上,《庄子》哲学才具有了浓郁的文学品格。

(二)隐喻:庄子"三言"的本质内涵

用现代语言哲学来观照庄子的"道言",可以说隐喻(metaphor)正是"寓言""重言""卮言"等三言的本质。

正如上文所言,语言作为人类文化最基本的表达方式,通常被分为日常语言、科学语言和诗歌语言三种类型。"科学语言及诗歌语言是日常语言的变体,只不过涉及的是相反方向的变体。科学语言向清晰描述的方向改变口语,直到完全排除一切附带的象征含义。相反,诗歌语言向象征言说的方向改变口语,直到完全排除每一种清晰的描述。口语自身包含两种作用。"[①]科学语言是基于抽象关系建立起来的表达方式。抽象关系建立的前提是"相同"与"相异"规定的分离,也即彼此的互为外在化。"相同"规定与"相异"规定的互为外在化和相互分离,决定了科学语言的能指与所指之间的关系是一种一一对应的关系,决定了科学语言所建构的意义空间是封闭的和完成的,其界限也是清楚而又确定的。科学语言表达方式上的这种特质,必然赋予科学理论以意义的明白清晰和可检验性。因此保罗·利科尔(Paul Ricoeur)说,科学语言是"一种用尺寸和数目来说话的语言,一种精确的、一致的和可证实的语言"[②]。与科学语言相对,诗歌语言在本质上是隐喻语言,雅克·德里达(Jacques Derrida)说:"史诗或抒情诗,故事或歌曲,原始的语言必然是诗意的东西,诗,文学的最早样式,本质上具有隐喻性。"[③]瓦雷斯·斯蒂文斯(Wallace Stevens)也指出:"只有在隐喻的国度里,人才是诗人。"[④]他如路易斯(C. Lewis)说,隐喻是诗歌的生命原则,是诗人的主要文本和荣耀;巴克

[①] [瑞士] H. 奥特著,林克、赵勇译:《不可言说的言说:我们时代的上帝问题》,生活·读书·新知三联书店1994年版,第41页。
[②] [法] P. 利科尔著,朱国均译:《言语的力量:科学与诗歌》,《哲学译丛》1986年第6期。
[③] [法] 雅克·德里达著,汪堂家译:《论文字学》,上海译文出版社1999年版,第394页。
[④] 转引自 [英] 泰伦斯·霍克斯著,穆南译:《隐喻》,北岳文艺出版社1990年版,第10页。

拉德（G. Bachelard）说，诗人的大脑完全是一套隐喻的句法；费尼罗撒（E. Fenellosa）也曾指出，隐喻是自然的解释者……是诗歌的实质。① 由此可见，诗歌与隐喻之间的确具有一种密不可分的内在关系。相对于日常语言的使用规则来说，隐喻是对正常语言的偏离。诗歌中充满了隐喻，因而诗歌语言被习惯性地称作"隐喻式语言"。而在隐喻表达中，语言符号能指与所指之间的关系体现着"相同"规定与"相异"规定的统一。"相同"规定决定了隐喻存在的可能；"相异"规定决定了隐喻存在的价值。而与建立在"同""异"分离基础上的抽象关系不同，以"同""异"融合为特质的相似关系构成隐喻的基本结构。相似关系是隐喻成为可能的绝对前提。因此，马克斯·布莱克（Max Black）才说："什么是隐喻中所包含的特征变换函数呢？其答案是：或者是类比，或者是相似。"② 事实上，类比的基础也是相似性。因为，所谓类比，就是两个属于不同范畴的知识系统，凭借着彼此在属性或结构上的相似性，由已知系统推论未知系统，并进而获得新的知识的过程。因此，从逻辑上来说，所谓类比就是借助于具有相似性的两种事物而举其一以明另一。这种方法又叫作比喻，因而与隐喻内在关联。从某种意义上说，在语言符号的表征关系中，相似关系就修辞而言即为隐喻，就逻辑而言即为类比。因此，相似性（similarity）既是构成隐喻的必要条件，又是隐喻形成的基础。不同领域的事物只有被发现或者被创造出相似性，才能够引起人们的类比联想，从而将两种本属于几不同领域的事物并置构成隐喻。亚里斯多德说："隐喻应当从有关系的事物中取来，可是关系又不能太显著；正如在哲学里一样，一个人要有敏锐的眼光才能从相差很远的事物中看出它们的相似之点。"③ "使用隐喻字跟使用

---

① 以上均转引自 R. Rogers, Metaphor, a psychoanalytic view, University of California Press, 1974, p.6.
② ［美］M. 布莱克著，高宣扬译，江天骥校：《隐喻》，载涂纪亮编：《当代美国哲学论著选译》第三集，商务印书馆1991年版，第92页。
③ ［古希腊］亚理斯多德著，罗念生译注：《修辞学》，生活·读书·新知三联书店1991年版，第183页。

附加词一样，必须求其适合；只要注意到相似之点就行了。"① 由此看来，亚氏无疑把相似性看作隐喻的生命了。② 这一点与老庄言说恰相契合。

一个显见的事实是，老庄从来不说"道""是"什么，而常说的是"道""像"什么。这是因为"'道'是什么"是一种事实判断句式，它所表达的是一种知识论模式。从语言学意义上来看，"××是××"乃是典型的陈述句式；从逻辑学意义上来看，这种句式有两种可能的情况，恰如金岳霖先生所说："'是'字有点问题，甲是甲与甲是乙两句话中的是字的意义不同，甲是乙这句话与完全的同绝对的同无关。甲是甲这句话就包含完全与绝对自同的意义。"③ 问题在于，这两种情况都不适合于哲学表达，如果按照"甲是乙"这样的句式，就否定了本体的绝对性质；如果按照"甲是甲"这样的句式，就意味着形式逻辑所拒绝的同义反复。由此看来，只有超越"××是××"类型的表征方式，才能解脱哲学表征所面临的困境。而唯一的出路就在于使哲学语言由指称义过渡到象征义，从逻辑学上说就是由定义法转变为隐喻法，从语言学上说就是由科学语言过渡到诗歌语言。因为"诗歌语言并不从字面

---

① [古希腊] 亚理斯多德著，罗念生译注：《修辞学》，生活·读书·新知三联书店1991年版，第152页。

② 亚里斯多德认为："在各方面有相同属性的事物被称为'似'，那些事物，其性质是相同的，以及其相同的属性多于相异的属性者也被称为'似'，一事物与另一事物，大多数的属性，或属性中较重要的能变属性（每一对成属性的两端之一）为两相共通者，这两事物亦相'似'。"（[古希腊] 亚里斯多德著，吴寿彭译：《形而上学》，商务印书馆1959年版，第98—99页）亚氏认为，万物有"别"，而当其"形式"相同或"形式"相同但"程度"有异，具有相同的"质"或相同之"质"多于相异者四种情况下，这些事物即属"相似"者。（同上，第195—196页）显然，"似"揭示了某种属性的"是"，这种属性的"是"既非本体的"是"，亦非"别"甚或"对反"，而是"同"与"异"的辩证统一。（同上，第93、196—197页）隐喻之"似"亦复如是。因此隐喻一方面"应当从同种同类的事物中取得"，但"关系又不能太显著"，而另一方面也不能"太牵强"，否则就"难以看出其中的关系"。（[古希腊] 亚里斯多德著，陈中梅译注：《诗学》，商务印书馆1996年版，第156页；[古希腊] 亚里斯多德著，罗念生译：《修辞学》，生活·读书·新知三联书店1991年版，第154、177、183页）

③ 金岳霖学术基金会学术委员会编：《金岳霖学术论文选》，中国社会科学出版社1990年版，第184页。

上说事物是什么,而是说事物像什么"①。而庄子所提倡的"三言"恰好承担了这一特殊的历史使命。

我们说,哲学的出现是人类文明发展的重要里程碑,标志着人类对客观世界的理性思索和主动探求。用于指称现实的科学语言,客观上不适于只有自我精神指向的哲学讨论。精神世界和意识虽然是客观现实的反映,但它们最为显著的特性却是具有鲜明的超验性和超语言性。作为探索世界真谛的精神探索活动,只有不仅能够指向现实存在,而且更能指向关系存在的语言,方能给人类提供精神探索的思想方法与创造之机。而隐喻正是极为典型的指向关系存在而非现实存在的言语表达。因此,隐喻成为哲学表达的必要手段,没有隐喻陈述,哲学就会寸步难行。

正因如此,维柯曾从文化思想史的角度深刻地指出:"一切表达物体和抽象心灵的运用之间的类似的隐喻一定是从各种哲学正在形成的时期开始。"②换句话说,哲学自其发生之日起,即与隐喻结下不解之缘。可以说,哲学恰恰植根于语言的各种隐喻用法中,"毫无疑问,隐喻是修辞术,但是,修辞术的路径绝不是仅仅通向诗的世界为审美而装饰艺术的感性体验,其更铺向哲学的空间成为智者追寻真理、建立道德人格修养的方法"③。庄子哲学即明显体现了这一点,其所采用的"寓言""重言""卮言"从本质上来说便是一种隐喻言说。正是借助于隐喻的方式,庄子告诉读者,他所说的不能按字面意义去理解,因为它们本身是杜撰的;然而"三言"的非字面真实,又使它们具有内在意蕴的真实。庄子隐喻的表达策略,目的并不在于企图宣传什么相对主义的真理,而在于试图打破认知方式的成见,努力迫使读者脱离自己头脑中的概念和分析的力量,并沉浸到直觉和审美的方式中去,从而为个体生命的精神超越扫除语言上的滞障。维柯

---

① [法] P. 利科尔著:《隐喻过程》,载刘小枫主编,杨德友、董友等译:《二十世纪西方宗教哲学文选》,上海三联书店1993年版,第1065页。
② [意] 维柯著,朱光潜译:《新科学》,商务印书馆1989年版,第200页。
③ 杨乃乔著:《悖立与整合——东方儒道诗学与西方诗学的本体论、语言论比较》,文化艺术出版社1998年版,第601页。

曾言：每一个"隐喻就是一个具体而微的寓言故事"①。而由"三言"所构成的《庄子》文本，正表现为一个又一个的寓言故事；庄子言说方式的最大特色即是通过寓言说话，借他人之口浇自己胸中之块垒。白师本松先生曾明确指出："依今天的理解来看，《庄子》中所说的寓言、重言都是我们今天所说的寓言，那么所谓卮言就是这些寓言作品中点明寓意的话语；前者就是拉·封丹说的'身体'部分，后者就是'灵魂'部分，它们有机地结合，构成寓言作品的完美整体。"②这就点明了"三言"与隐喻的密切联系。鉴于"以天下为沉浊，不可与庄语"（《天下》）和"亲父誉之，不若非其父者也"（《寓言》）的社会现实，庄子只好采用"藉外论之"的"道言"（隐喻言说，也即"诗意的说"）来克服"俗言"（"思维的说"）所造成的困境，"俗言"（"思维的说"）的主要困境就在于用理性逻辑、主客二分的思维模式去观照万物，执着于是非、物我、内外、贵贱之别，"与己同则应，不与己同则反，同于己为是之，异于己为非之"。而"道言"（隐喻言说，即"诗意的说"）则既是对具体指称与明确对象的消解，又是对是非、物我、内外、贵贱的超越；它所关涉的既不是党同伐异的态度，也不是确定无疑的事实，而是天人合一、物我两忘、"即言即道"的精神境界。而庄子之所以能够"藉外论之"，乃是因为"之"与"外"具有相似性。然而相似并不就是相同，"之"可以寓于"外"，但"之"并不完全无异地等于"外"，两者既相似又不相同，正是这种"能指"与"所指"、"能喻"与"所喻"之间既相似而又并不相同的紧张关系扩展了人类心灵的经验范围，隐喻就这样在《庄子》文本中产生了。试举一例证之：

  南海之帝为儵，北海之帝为忽，中央之帝为浑沌。儵与忽时相与遇于浑沌之地，浑沌待之甚善。儵与忽谋报浑沌之德，曰："人皆

---

① [意]维柯著，朱光潜译：《新科学》，商务印书馆1989年版，第200页。
② 白本松著：《先秦寓言史》，河南大学出版社2001年版，第112页。

有七窍以视听食息，此独无有，尝试凿之。"日凿一窍，七日而浑沌死。(《应帝王》)

按："儵"同"倏"；"浑"同"混"。对于这则寓言，古来有多种解说：《释文》："'儵'音叔。李云：喻有象也。'忽'李云：喻无形也。'浑'胡本反。'沌'徒本反。崔云：浑沌，无孔窍也。李云：清浊未分也。此喻自然。简文云：儵忽取神速为名，浑沌以合和为貌。神速譬有为，合和譬无为。"《庄子疏》："南海是显明之方，故以儵为有。北是幽暗之域，故以忽为无。中央既非北非南，故以浑沌为非无非有者也。"《南华经解》："南方阳，故以言倏而有；北方阴，故以言忽而无；中者，阴阳所浑，以喻自然，守中则自然之道全也。"《庄子新释》："李大防云：儵谓明，喻有象；忽谓暗，喻无形；浑沌谓明暗不分，非有非无，喻自然。"又："杨文会云：以无始无名称为浑沌。既是浑沌，必有儵忽妄动；既有儵忽妄动，必至凿窍。后之解者，但恶其凿，意谓不凿，则天性完全。岂知纵不被凿，亦是暗钝无明，不能显出全体之大用也……释德清云：此实总结内七篇大意，言人之不得逍遥而伤生失性者，皆智巧之过也。"

单从这纷纭众多的解读中便可看出庄子运用隐喻的良苦用心：消解具体指称与明确对象，不作是非对错的确定判断，转而采用暗示的方法告诉读者，他所讲的不能够直接说，而需用隐喻的策略去"诗意的说"，因为"说出是破坏，暗示才是创造"[①]。正是隐喻言说的存在，形成了《庄子》文本的多义性和模糊性，为读者留下了广阔的想象空间和再创造的可能。

需要指出的是，庄子"三言"所体现的隐喻本质上是不同于以亚里斯多德（Aristotle）的"比拟说"、皮尔士（Charles Sanders Peirce）的"图像说"为代表的传统隐喻说的。两者的区别在于，后者是以相似性为根本的，仅限于话语层面的词语替换，仅仅是一种语言技巧、一种修辞手段。这样，传统

[①] 马拉美语。转引自姚一苇著：《艺术的奥秘》第六章《论象征》，台湾开明书店1976年版，第118页。

隐喻说将隐喻局限于一种手段性、工具性的规定。而前者的隐喻却与以维柯（Giovanni Battista Vico）、尼采（Friedrich Wilhelm Nietzsche）、海德格尔（Martin Heidegger）等为代表的现代隐喻说具有内在的同一性。他们所主张的隐喻说是对传统隐喻说的超越。它实现了由修辞学维度向存在论维度的过渡。由此，隐喻对于哲学乃至人的存在来说，就不再仅仅是"用"的规定，而已经是"体"的规定了。隐喻不再是一种修辞手段、一种写作技巧、一种游离于语言之外的纯粹装饰品，而是一种思维方式，一种人类体验世界、思维和生活的方式，一种人与世界同质同构的致思路径。"隐喻归根结底是一种思维方式，其本质是以另一件事和经验来理解和经历一件事或经验。"① 这种意义上的隐喻，就是通过作为"此在"之"我"的有限性，来"彰显"一切可能的"在者"之"在"的无限性。这样，隐喻便由"用"的层面进入"体"的层面，从而成为人的存在"样态"，成为人的存在之"去蔽"方式，也即人的存在之真理的"敞显"方式。它的实现，意味着哲学的表达不再是一种语言策略，而是已经成为人的存在方式本身。就像在古代阴阳五行思想中一样，人与自然现象的广泛类比与隐喻关系，就不再仅仅是一种修辞方法，而成为一种"结构性"的思维模式。正如有学者所指出的："在古代中国的语境中，隐喻首先是一种逻辑现象，而不是文体风格的技巧。"② "它们的内容早已经编织在中国人的语言能力（linguistic competence）之中了。"③ 这种隐喻不仅能够扩展我们的认知能力，而且能够揭示某些古老的真理。例如：

　　昔者庄周梦为胡蝶，栩栩然胡蝶也，自喻适志与！不知周也。俄

---

① Lakoff, G. & Johnson, M., Metaphors We Live By, Chicago: University of Chicago Press, 1980. p.5.
② 鲍海定著，张海晏译：《隐喻的要素：中西古代哲学的比较分析》，载艾兰等主编：《中国古代思维模式与阴阳五行说探源》，江苏古籍出版社1998年版，第83页。
③ 鲍海定著，张海晏译：《隐喻的要素：中西古代哲学的比较分析》，载艾兰等主编：《中国古代思维模式与阴阳五行说探源》，江苏古籍出版社1998年版，第81页。

然觉,则蘧蘧然周也。不知周之梦为胡蝶与,胡蝶之梦为周与?周与胡蝶,则必有分矣。此之谓物化。(《齐物论》)

在这里,庄子借"庄周梦蝶"之寓言来隐喻"物化"之意,然"物化"之意又实非"庄周化蝶,蝶化庄周"所能涵盖。读者所体验和领悟到的岂止是庄周化蝶、蝶化庄周,实乃天地一庄周、万物一蝴蝶也;不仅如此,更有天地一道、万物一化,物化者,天道之变化也。庄子如此"谬悠之说,荒唐之言,无端崖之辞"(《天下》)实意蕴"弘大而辟,深闳而肆……可谓稠适而上遂"之"大道"也;还不仅如此,此隐喻的深意更在于:一方面人类借助于对自我的认识来认识那些外在于人的自然事物,使世界成为属人的世界;另一方面,人通过把自我变形为事物,从而把自身融入自然事物,使人成为世界的人、自然的人。这种"人与世界的同质性的隐喻"表明了庄子对人与世界同质同构性的本原的理解,体现了庄子物我交融、天人合一的思维认知高度。在庄子眼里,人与人、人与物、物与物乃至人与自然在本质上都是一类的事物和现象,它们具有相应、相通与相合的内在关联,完全可以进行相互类比与置换,"最初的诗人们就用这种隐喻,让一些物体成为具有生命实质的真事真物,并用以己度物的方式,使它们也有感觉和情欲,这样就用它们来造成一些寓言故事"[①]。在这种同一性思维里,有一种可以称作"消除特别差异"、在不同事物之间建立"同一关系"的"隐喻思维"的规律在运行。[②] 显而易见,庄子的隐喻不再仅仅是一种修辞现象,而更表现为一种思维倾向。正如海德格尔所言,思与言是共属一体的。故一种言说方式正表现着一种思想的特质。由是观之,就庄子哲学自身的语言来说,"道"不是路,"无"不是没有,"在"也不是有。字面意义的瓦解使它们成为隐喻;其哲学语言自行消解了所指,其意指也自行成为超越意指的存在。通过这种方式,它使人类得以"隐

[①] [意]维柯著,朱光潜译:《新科学》,商务印书馆1989年版,第200页。
[②] 参见[德]恩斯特·卡西尔著,于晓等译:《语言与神话》,生活·读书·新知三联书店1988年版,第108-109页。

喻"地观照这个世界，得以把存在着的事物看作一种象征和启示，从而促使自己去寻找深层的、形上的、始源的、终极的和关联的存在。

庄子是一位伟大的哲学家，更是一位伟大的文学艺术家。而尤为难能可贵的是，他能够在《庄子》这同一文本的建构上表现出哲学与文学、思想与艺术的水乳交融。梯利（Frank Thilly）在其名著《西方哲学史》中对柏拉图有一个崇高的评价："柏拉图是一个诗人和神秘主义者，也是哲学家和论辩学家。他以罕见的程度把逻辑分析和抽象思维的巨大力量，同令人惊奇的诗意的想象和深邃的神秘感情结合起来。"① 在我们看来，这一评价用于中国古代哲人庄子身上似乎更为合适。正如方东美先生在谈论庄子哲学时，曾这样写道："庄子云'得其环中以应无穷'，就是要了解、把握、体验宇宙全体……哲学智慧的形成并非单独成就的，哲学的高度发展总是与艺术上的高度精神配合，与审美的态度、求真的态度贯穿成为一体不可分割，将哲学精神安排在艺术境界中。"② 铸成庄子其人与《庄子》其书如此卓越成就、如此崇高地位的原因，实与庄子所采用的独特表意方式密切相关。庄子云："以天下为沉浊，不可与庄语。以卮言为曼衍，以重言为真，以寓言为广。"（《天下》）其中的"庄语"就是说教性的文字、分辨性的话语，而其中的"寓言""重言""卮言"等"三言"却恰好与之相反，其表意方式接近文学，多采用比喻及象征的形式。③ 牟宗三先生曾用发展的眼光对庄子的表达方式予以考察，确认其"体用不二"的整体圆融特色："至于庄子，则随诡辞为用，化体用而为一。其诡辞为用，亦非平说，而乃表现。表现者，则所谓描述的讲法也……卮言、重言、寓言，即是描述的讲法。并无形式的逻辑关系，亦无概念的辨解理路……在此漫画式的描述讲法中，正藏有'诡辞为用'之玄智。此谓'无理路之理路'，亦曰'从混沌中见秩序'。全部庄子是一混沌，亦是一大玄智，亦整个是大诡辞……而成为全体透明之圆

---

① [美] 梯利著，葛力译：《西方哲学史》，商务印书馆1975年版，第73页。
② 方东美著：《方东美集》，群言出版社1993年版，第45页。
③ 徐复观著：《中国艺术精神》，春风文艺出版社1987年版，第102页。

教。"① 庄子借助"描述的讲法"、于"无理路之理路"中、以"从混沌中见秩序"的方式透出"化体用而为一",故牟先生称之为"大玄智""大诡辞"。牟先生所说的"描述的讲法"以及所谓的"大诡辞",即是庄子以"道言"即隐喻为本质的"寓言""重言""卮言"等三种言说方式。庄子正是运用这种"道言"即隐喻的言说方式,打破了名言概念的片面规定性,消解了传统语法的线性限制,激发了非对象化语言的自由活力,从整体上把语言意象化、体验化了,从而最终突破了抽象与具体、情感与理智、哲学与艺术、内容与形式之间的隔膜,消解了诗、语言与思;哲学、文学与美学之间的界限,从而使其文本不仅表现出内容与形式的完美融合,"它的文体及文意错画合一,其文即等于其意,其意即是其文,两者不可须臾乖离,这种文意相缠互错可竟称为'诗体'"②,而且表现出诗意与哲思的巧妙结合。徐复观先生深刻地指出:"与庄语相反的话,乃是无道德地实践性的话,无思辨地明确性的话,正是纯艺术性的,其本质是属于诗的这一类的话;庄子即称这为'谬悠之说,荒唐之言,无端崖之辞,时恣纵而不傥'的话。因这种话的本质是诗地,所以其表现而为文章,自然也和诗一样,多采取比喻及象征的形式,这即是他所说的'卮言'、'重言'、'寓言'。卮言、重言,实皆广义的寓言……这便使其所言者自然有诗地性格;在与'庄语'对照之下,而显其为谬悠、荒唐之言。但这种谬悠荒唐之言,是艺术,是美;是超不绝俗地艺术、超不绝俗地美;所以'其书虽瑰玮,而连犿无伤也;其辞虽参差,而諔诡可观'。"③ 正是通过"道言"的表征方式,庄子打破了哲学与艺术的壁垒,使其语言成为诗化语言,使其哲学成为诗化哲学,使其本人成为诗人哲学家。最终印证了闻一多先生"向来一切伟大的文学和伟大的哲学是不分彼此的"④之光辉断语。可以说,隐喻不仅提供给我们一把解读庄子

---

① 牟宗三著:《才性与玄理》,台湾学生书局1985年版,第176页。
② 吴光明著:《庄子》,台湾东大图书股份有限公司1988年版,第4-5页。
③ 徐复观著:《中国艺术精神》,春风文艺出版社1987年版,第102页。
④ 闻一多著:《古典新义·庄子》,载《闻一多全集》(二),生活·读书·新知三联书店1982年版,第282页。

哲学之谜的钥匙，而且提供给我们一个理解庄子与中国艺术和美学精神血脉相通的原因之新的视角。甚至我们有一种猜想：隐喻是否从一定意义上说可以为未来哲学的走向艺术化与未来艺术的走向哲学化提供一种方法和思路？①

从某种意义上说，隐喻不仅是一种言说方式，而且是一种理解方式。隐喻这一特定表达方式的存在就决定了我们对《庄子》文本的解读需要采用"体"与"悟"的直觉而不是逻辑的方法。直觉（intuition）是指超越一般感性和理性的内心直观方法，是一种不经过逻辑分析而直接洞察事物本质的思维过程。它是中国古代哲人观察事物、思考问题、指导行动的基本手段，并早已幻化为一种思维模式而深深根植于中国古人的心灵深处。对这一独特思维模式的形成与定型，庄子具有不可磨灭的贡献。《庄子》书中虽然没有出现"直觉"这一术语，但却多次出现与之极为相近的一个术语，那就是"体"。如："体尽无穷"（《应帝王》）、"体性抱神"（《天地》）、"能体纯素"（《刻意》）、"夫体道者，天下之君子所系焉"（《知北游》）②、"大方体之"（《徐无鬼》）等等。根据《庄子》文本的内在逻辑，我们不难判断这些说法中的"无穷""性""神""纯素""之"等词语都无一例外地代指"道"，因此，这么多的不同说法基本上表示的是同一个意思，那就是庄子不厌其烦地在重复着同

---

① 在传统意义上，诗歌与哲学具有极为明显的学科界限。诗歌抒情，哲学析理；诗歌偏于生动形象，哲学偏于抽象概念；诗歌浅显易懂，哲学晦涩深奥；诗歌动人以情，哲学晓人以理。但从实质上来说，哲学与文学之间并没有本质的区别。哲学的最初定义是"爱智慧"的学问，智慧的范围绝非仅限于"论证"，诗、戏剧、绘画、音乐、故事、寓言……莫不与智慧有关。当时不少的哲学著作，诸如圣·奥古斯丁的《忏悔录》、托马斯·阿奎那的《神学大全》、莫尔的《乌托邦》，我们就很难说清它们是哲学作品还是文学作品。只是到了后来，哲学与文学的区别才日渐明显，尤其是18、19世纪以康德、黑格尔为首的一批哲学家有意将哲学文本晦涩化，以显示论辩的力量。但目前哲学和文学的界限又正在逐渐走向消解。当代不少诗歌，正逐渐走向深奥、晦涩，不再以形象和情感为目标，而代之以深邃的哲理。如里尔克、赫尔德林的诗作便是如此。而当代不少哲学则以隐喻和象征等富有跳跃性、激情性的语言代替清晰确定的概念性语言，哲学成为对既定秩序和权威的消解。如尼采、福柯、德里达、海德格尔等的著作都是如此。

② 在《知北游》下文，再次出现"体道"的说法："又况夫体道者乎！视之无形，听之无声，于人之论者，谓之冥冥，所以论道而非道也。"

一个思想："道"与"物"是不相同的，对"道"的认识不能像对"物"的认识那样采用逻辑推理的方法进行分析判断，而是需要运用"体"的方法去慢慢地细心体会。用现代术语进行表述，就是"道"的认识与获得需要借助直觉这种独特的思维方式。①"道"的达致与获得需要直觉，"道"的传达与领会同样需要直觉。隐喻便是庄子直觉思维作用下的产物。在隐喻语言中，话语的意义与说话人的意图是分离的——说话者总是言在此而意在彼，"言"总是与"意"相分离。这样，要想把握隐喻的真实含义，就必须遵循会话中的合作原则②，通过语境对隐喻意义予以重建。因为，从本质上说，隐喻是一种思想之间的交流（intercourse），是语境间的交易（transaction）③，庄子将这种解读模式概括为"得意忘言"：

> 筌者所以在鱼，得鱼而忘筌；蹄者所以在兔，得兔而忘蹄；言者所以在意，得意而忘言。吾安得夫忘言之人而与之言哉！（《外物》）

这里的"筌""蹄"之论本身就是一个形象的隐喻。"言"与"意"的关系也就是隐喻中字义与喻义的关系。字义仅是手段，喻义才是目的。这就是说，在庄子看来，交流的目的并不在于"语言"，而在于"思想"，在于"存在"，在于"道"的碰撞与沟通。因此，语言接受主体完全不该胶着于语言本身，而应透过语言领会、体悟潜藏在语言形式背后的思想内容、存在事实，即言中之"道"。"得意忘言"所强调的正是一种对理性逻辑之"言"的超越和

---

① 关于庄子直觉思维的有关内容，请参见拙文:《老庄直觉思维及其方法论意义》,《安徽大学学报》(哲学社会科学版) 2002 年第 5 期。
② 合作原则（Principle of Co-operation）是美国哲学家格莱斯（Herbert Paul Grice）在 20 世纪 60 年代后期首次提出的。他认为在所有的语言交际中，说话人与听话人都有合作和达成默契的内在心理愿望，以便使整个交际过程得以持续进行，从而使交际能够沿着预期方向进行，并最终达到预期的目标。参见 H. Grice. "Logic and Conversation", in Syntax and Semantics, Vol. 3: Speech Acts, pp.41-58, ed. P. Cole and J. Morgan, New York: Academic Press, 1974.
③ 参见 I. A. Richards, The Philosophy of Rhetoric, London: Oxfod University Press, 1936, p94.

对抽象整体之"意"即"道"的直觉与体悟。而世俗之人的可悲之处正在于此：

> 视而可见者，形与色也；听而可闻者，名与声也。悲夫，世人以形色名声为足以得彼之情！夫形色名声果不足以得彼之情，则知者不言，言者不知，而世岂识之哉！（《天道》）

对于隐喻的理解和把握，必须超越字面意义而深入领会言说主体的真实意图。听话人必须通过所喻去体悟、去推断说话人所试图表达的内在意图。这是因为，在所有的隐喻中，字义（"言"）都是手段，喻义（"意"）才是目的。但问题是，作为手段的字义（"言"）往往会支配作为目的的喻义（"意"），其结果自然是喻义（"意"）的缺失。而要想解决这一困境，防止被字义（"言"）牵着鼻子走，就必须提醒读者一定要做到"得意忘言"。然而遗憾的是，在庄子看来，世俗之人总是唯言是贵、落于言筌，纠缠于本"不足贵"的"形色名声"而无法自拔；胶着于事物、语言的"恢诡谲怪"（《齐物论》）的表象而忽略了"道通为一"（同上）的本质所在，从而总是陷入语言接受的困境而与语言自由无缘。这就是世俗之人的悲剧所在。"吾安得夫忘言之人而与之言哉"（《外物》）正表明庄子希望观其言论者按照"得意忘言"的方法，不执着于语言本身，不拘泥于文字与名相，以便体悟、领会其中的言外之意、弦外之音，从而获得语言接受的自由。然而，这样的人是少之又少。庄子因此而发出深沉的悲叹。这里，庄子显然是在苦口婆心地告诫世人，千万不要走入语言使用的误区，千万不要"贵语贱意"、为语言所奴役而不自知，需要做的就是善于透过言筌的表象而深入把握其内在的隐喻内涵。

庄子不仅是这样说的，而且也是这样做的。我们前面已经提到，正是隐喻言说的存在，使庄子文本形成了多义性和模糊性，为读者留下了广阔的想象空间和再创造的可能。钱钟书先生说："比喻有两柄而复具多边。盖一事物而已，然非止一性一能，遂不限于一功一效。取譬者用心或别，着眼因殊，指（denotatum）同而旨（significatum）则异；故一事物之象可以孑立应多，守常处变。"① 这里，钱先生深刻地揭示了隐喻的运作机制，即对于同一个喻体，往往可以有不同的喻旨相随，能指虽然相同而所指可以完全相异。如《齐物论》的篇题"齐""物""论"三字究竟该如何组合？题目本身没有任何语法形式做标志。这就为后人的解读带来了再阐释和再创造的可能。如胡文英等将之解读为"齐物"之"论"，刘辰翁等将之解读为"齐""物论"，王先谦等将之解读为"齐""物与论"。迄今为止，仍无定论。无论哪种解释，都有其合理之处，却又不是确指，这正是"视域融合"的典型表现。在隐喻暗示的活动中，庄子并不直说，更不限定话语的指向，而是采取沉默非言或题外妄言的方式唤起读者的思想和创意，有时甚至偏要说些不合常理的"悖谬"之言，以激起读者的警醒而去自寻要义。庄子常常以层层叠加的、如谜而难解、矛盾而悖理、挥霍而放肆的寓言故事来表述自己的思想，从而激发起读者的探究热情，必定要掩卷深思这些荒唐的话语背后究竟潜藏着何种深意。总之，由于隐喻的存在，《庄子》变成了一本尚未完成，有待读者参与书写的"残缺"文本。

我们说，隐喻之所以能够造成庄子文本具有诗思融合之特点，这是与隐喻本身的内在特质密不可分的。隐喻这一特定的文化现象决定了其既具有诗的特质又具有思的意蕴，决定了诗与哲学本身就是其两大功能。

正如前述，隐喻与诗歌具有密不可分的联系。诗歌与隐喻在许多方面有着共同的地方，两者甚至是一种同质的现象。也正因如此，隐喻与诗歌的关系历来受到大家的高度关注。亚里斯多德在《诗学》和《修辞学》中都曾深入地讨论了隐喻的问题，这本身就说明了隐喻无论在修辞还是诗歌中都有举足轻重的地位，换句话说，隐喻本身具有修辞和诗歌的双重功能。而修辞与诗歌更是天然的孪生姊妹，这是不证自明的公理。他如韦勒克和沃伦《文学理论》（1942）、艾布拉姆斯《镜与灯》（1953）、弗莱《批评的剖析》（1957）、布鲁克斯和维姆萨特《文学批评简史》（1957）、布斯《反讽修辞学》（1974）、弗莱彻《讽喻：一种象征的模式》（1982）等都不同程

---

① 钱钟书著：《管锥编》，中华书局1986年版，第39页。

度地探讨过隐喻的诗学功能。他们的研究表明,隐喻不仅仅是日常语言的偏离,更成为一种"说"和"诗意化"的工具,换句话说,隐喻不再是一种词汇现象,而是一种话语现象。"每个隐喻都是一首小型的诗,而一首诗则是一个巨大的、连续的、持久的隐喻。"① "总是要借助于以隐喻为显著过程的语言策略,人类的神话 – 诗歌的深涵才能被唤起。"② 隐喻不仅与诗歌具有密切的联系,具有鲜明的诗学功能,而且与哲学同样须臾不可分离,具有突出的哲学功能。由于哲学所探讨的是思维与现实的一致性问题,因此从本质上来说,哲学是一门求"真"的学问。然而,所谓的"真",借用尼采的观点来说,只不过是一支纠集了隐喻、换喻以及拟人等"人为联系"而经过诗和修辞的长期强化与转换之后的流动大军而已。③ 利科尔在论证其"隐喻的真理"概念时曾提出,只要人抽象地思想,用形象性的语言去表达非形象性的观念,人就进入了隐喻。在一般人看来,隐喻的表达往往不太合乎逻辑,但它总能异乎寻常地传达着准逻辑的真理。换句话说,隐喻并非与真假完全无关,它在表达真理的过程中也以间接的方式显示出本体论和认识论的意义。隐喻并非只是单纯的修辞手段,它也能够表达真,"也能以形象的方式传达真实的信息,因为隐喻陈述是以逻辑上的基本语句为基础的,从根本上讲它至少不是反逻辑的。它所传达的真实仍是一种出自本源的真实,因而

---

① [法] P. 利科尔著,朱国均译:《言语的力量:科学与诗歌》,《哲学译丛》1986 年第 6 期。
② [法] P. 利科尔著,朱国均译:《言语的力量:科学与诗歌》,《哲学译丛》1986 年第 6 期。
③ 尼采认为,隐喻不仅是语言实体,而且体现了我们与世界打交道的过程:"我们的大脑神经所接受的刺激,首先转换为感觉(percept),这是第一层面的隐喻!感觉再转换为声音,这是第二层面的隐喻!"(On Truth and Falsity in Their Ultramoral Sense)并在此基础上阐释了真理的本质:"那么真理是什么?一大堆动态的隐喻、转喻和拟人用法而矣。总而言之,真理只是人被牵扯在其中的各种关系,这些关系通过诗性的、修辞学的手法被强化了,变形了,被装饰了,在长期的使用过程中对一个民族来说已经固化了,成为一种规范了,具有强制性了。真理是幻觉,而其幻觉的特性却还不为人所觉察;真理是用旧了的(wom — out)隐喻,它们再也没有能力影响人的感觉了。"尼采把隐喻提升到语言本体论和认知本体论的高度,这对后来的语言学家莱考夫(Lakoff)和哲学家约翰逊(Johnson)的隐喻观具有重大启发意义。

是一种虽不同于逻辑真实而又隐含逻辑真实的真实"①。因此，哲学自其发生之日起就与隐喻结下不解之缘，哲学家就是使用隐喻表达的大师，没有了隐喻，哲学家们就差不多走入了穷途末路，即"隐喻的消亡也就意味着哲学的消亡"②。中国哲学的基本概念"道""阴""阳"等均无一例外是一种隐喻，中国哲人常常是用隐喻回答隐喻。例如，"阳为天、为日、为上、为山、为父、为君；阴为地、为月、为下、为水、为母、为臣""道为阴阳转合，负阴而抱阳"等等说法便是显例。不仅中国哲学如此，就是以理性逻辑见长的西方哲学也是同样如此。它们同样需要借助大量隐喻来解释许多抽象哲理，它们所使用的许多哲学术语同样本身就是隐喻。例如，"形而上""形而下""绝对精神""精神""物质""理念""神""语义场""知识网络"等等无一不是含义深奥的哲学表达。③正因如此，从古到今的哲学家们都会不由自主地用隐喻的方式来讨论哲学，如古希腊的巴门尼德、芝诺、毕达哥拉斯、赫拉克利特、柏拉图、卢克莱修，中国的孔子、孟子、老子、庄子、周敦颐、王阳明等都是善于运用隐喻的大师。

综上所述，隐喻同时与诗歌和哲学具有密不可分的联系，它是一种兼具哲学与文学两大特质的言说方式，其本身即具有极为鲜明的诗思融合之内在品格。庄子正是以隐喻为恰切手段，借助于文学的形象外衣，传输了思想的抽象内涵，并最终形成了《庄子》文本诗思融合的独特品格以及以直觉体悟为必要手段的"得意忘言"之解读模式。

---

① 汪堂家:《隐喻诠释学：修辞学与哲学的联姻———从利科的隐喻理论谈起》,《哲学研究》2004年第9期。
② Jacques Derrida. "White Mythology", in Margins of Philosophy (trans. by Bass, Allen), p.271.
③ 法国著名哲学家雅克·德里达曾经依据哲学文本中存在大量隐喻的既成事实，提出了"隐喻是哲学的近邻"的著名论断。

《周易》：中国传统美学思维的源头[*]

所谓思维方式，是指人们由一定的文化背景、知识结构和习惯等因素所构成的思考问题的程式和方法。它是人类文化现象的深层本质，对人类的文化行为起着稳定的支配作用。深入探讨传统文化，不可避免地要涉及思维方式问题，因为"思维方式不仅是传统文化的组成部分，而且是它的最高凝聚或内核"，从一定意义上说，"传统思维决定了传统文化"。[①]而作为"群经之首"和"大道之源"的《周易》，其所奠定的天人合一、阴阳和谐、隐喻象征、直觉体悟等思维方式更是开启了中国美学的东方传统，成为中国传统美学思维的源头活水。

一、天人合一

天人合一是中国传统思维方式的基本原则。《周易》虽然没有明确提出这一命题，但其思想却贯穿整个易学体系。"它（指《周易》）的全部做法都建立在这样一个根本的前提上：天与人是相通的、一致的，自然本身的运动变化所表现出来的规律也就是人类在他的活动中所应当遵循的规律。"[②]《系辞下传》："易之为书也，广大悉备：有天道焉，有人道焉，有地道焉。兼三才而

---

[*] 本文原载于《周易研究》2006年第3期，收入本书时有改动。
[①] 蒙培元著：《中国传统思维方式的基本特征》，载张岱年、成中英等著：《中国思维偏向》，中国社会科学出版社1991年版，第18页。
[②] 李泽厚、刘纲纪著：《中国美学史（先秦两汉编）》，安徽文艺出版社1999年版，第272页。

两之,故六;六者,非它也,三才之道也。"这说明"广大悉备"之《周易》的全部内容,不过是天、地、人三才的统一与和谐而已。就卦位而言,每一卦都有六爻,上两爻象征天,下两爻象征地,中间两爻象征人,构成天、地、人三才。就卦义而言,无论是作为整体的六十四卦,还是作为子系统的个体卦,都是从不同方面说明天人合一之道的。《说卦传》:"是以立天之道曰阴与阳,立地之道曰柔与刚,立人之道曰仁与义。兼三才而两之,故《易》六画而成卦。"《周易》正是通过这种符号系统,把一切自然现象和人事吉凶全部纳入由阴阳爻所构成的六十四卦卦象系统,卦爻分别代表各种物象及其变化,从而贯穿天人之道。在《周易》那里,自然与社会、天与人,有一种同构关系,这种关系就是以类相从:"本乎天者亲上,本乎地者亲下,则各从其类也。"(《乾·文言》)正如《序卦传》所说:"有天地然后有万物,有万物然后有男女……",《周易》把天地看作生命的来源,认为万物产生于天地,人类则产生于万物,因此,人和天地万物具有不可分割的内在联系。六十四卦作为象征性符号,从不同方面体现了这种生命意义,并且构成一个包括人与自然在内的有机整体。而每一卦不过是有机整体中的一个要素,却同时包含着人和自然这两个方面,二者不仅是对应的,而且是统一的。如《乾》卦,从初爻到六爻,自下而上是讲"龙"由"潜龙勿用""见龙在田""或跃在渊""飞龙在天"到"亢龙有悔"的整个过程,同时都一一对应地包含着人的生命活动所应遵循的规则及意义。客观上是讲"龙"的活动状态,表现自然界的生命运动,主观上则指"君子"所应遵循的生命原则,二者表现了同一个生命过程。所以作者自觉地从天地乾坤开始,按照万物生成交替的规律,从天道到人道,将全部六十四卦有机地排列成一个天人和合的整体。故《乾·文言》云:"夫'大人'者,与天地合其德,与日月合其明,与四时合其序,与鬼神合其吉凶。"在先民看来,因果、主客、天人都是同一的,万事万物都遵循"互渗律",一方面是主体与客体互相占有对方的属性,另一方面是主体之心智与想象向客体的投射。①

---

① [法]列维-布留尔著,丁由译:《原始思维》,商务印书馆1985年版,第276–277页。

《周易》对天人合一的论述本身不是为了说明美和艺术。但是天人合一的问题却是同美的本质和艺术的创造直接相关的一个根本性问题。"因为从人类的历史发展来看,所谓美不外是马克思指出的'自然向人生成'这一漫长的历史过程的产物。而中国美学的一个优越之处,正在于它是在素朴地肯定社会与自然相统一这个前提下来观察美以及艺术问题的。"①正因如此,"'天人合一'的中华文化之潜质,同时也是中华审美文化的'中坚思想',它在历史的长河中成为中华审美文化精神之发展的一种支配力量与文化底蕴。"②就艺术范畴论,中国传统艺术中的意境理论便典型地体现了天人合一的致思路径。宇宙一体、天人合一的思维取向使古代艺术家相信,人心中要表达的情感,都能够在外在世界找到相应的事物、恰当的形式为之寄托,因为宇宙为人的放大,万物是心的外化。人心之情与外界之景是相通相融的。所以中国艺术追求的是寓情于景、情景交融,强调的是"意从景中宣出"(普闻《诗论》)。对此李渔曾云:"说景即是说情,非借物遣怀,即将人喻物。"(《窥词管见》)王国维也说过:"昔人论诗词,有景语、情语之别,不知一切景语,皆情语也。"(《人间词话》)这是对诗词中情景交融意境论的简明概括。朱庭珍《筱园诗话》论山水诗的创作:"以人心所得,与山水所得于天者互证,而潜会默悟,凝神于无联之宇,研虑于非想之天,以心体天地之心,以变穷造化之变……肖阴阳以合其天……则以人之性情通山水之性情,以人之精神合山水之精神,并与天地之性情精神相通相合矣。"在这里,物我、天人、情景且然无间,合为一体,了无余痕。就艺术追求论,中国传统艺术以自然为楷模之终极追求同样体现了天人合一的致思路径。张彦远《历代名画记》:"夫失于自然而后神,失于神而后妙,失于妙而后精,精之为病而成谨细。自然者为上品之上。"张氏把画分为谨细、精、妙、神、自然等五个层次,并以自然为最高境界。可见中国传统艺术家认为艺术的最高品位就是自然,艺术就应当"法天贵真"(《庄子·渔父》),"同自然之妙有"(孙过庭《书谱》);艺术创作

---

① 李泽厚、刘纲纪著:《中国美学史(先秦两汉编)》,安徽文艺出版社1999年版,第278页。
② 朱立元、王振复著:《天人合———中华审美文化之魂》,上海文艺出版社1998年版,第4页。

就应当"肇自然之性，成造化之功"（王维《山水诀》），"以一管之笔，拟太虚之体"（王微《叙画》）。由此，法天、求自然也就成为中国传统艺术和美学的最高追求。董其昌云："画家以古人为师，已自上乘，进此当以天地为师。"（《画禅室随笔》）郑板桥亦云："古之善画者，大都以造物为师，天之所生，即吾之所画。"（《郑板桥集·补遗》）中国传统艺术这种"法天贵真"的美学追求同样来自中国古人天人同构的宇宙意识和思维取向。就艺术门类论，中国传统艺术的各大门类都无一例外地蕴含着天人合一的思想理念。就诗歌言，刘熙载云："《诗纬·含神雾》曰：'诗者，天地之心'，文中子曰：'诗者，民之性情也'，此可见诗为天人之合。"（《艺概·诗概》）这一"诗为天人之合"可谓对中国古代诗歌的至为精当之概括。中国传统诗歌艺术的精髓全在于天人合一这一基本精神。刘勰亦云："诗者，持也，持人之情性。""人禀七情，应物斯感，感物吟志，莫非自然。"（《文心雕龙·明诗》）中国传统诗歌的基本精神即在于写自然之态、抒世人之性情，二者浑融无间方为至境。就音乐言，《尚书·尧典》"八音克谐，无相夺伦，神人以和"的说法便是音乐反映神人（天人）相和审美趋向的最早规定。之后老子的"大音希声"、庄子的"至乐无乐"和"三籁"以及《吕氏春秋》的"凡乐，天地之和，阴阳之谓也"诸命题更是进一步明确规定了后世音乐乃是沿着天人以和的致思路径而发展壮大的。就神话言，中国上古神话中的神，如女娲、盘古、神农、黄帝、炎帝、祝融、共工等大多表现出神人合一的形象。对此鲁迅先生早有察觉："传说之所道，或为神性之人，或为古英雄，其奇才异能神勇为凡人所不及，而由于天授，或有天相者，简狄吞燕卵而生商，刘媪得交龙而孕季，皆其例也。"[1]之所以这样，乃在于中国先民天人合一、以己度物的思维方式。例如传说中盘古之死的神话便典型地体现了这一点："昔，盘古之死也，头为四岳，目为日月，脂膏为江海，毛发为草木。"（任昉《述异记》）就小说言，中国古代小说的偶数结卷、三复情节、三极建构、团圆结局和圆形框架等长篇结构模

---

[1] 鲁迅著：《中国小说史略》，东方出版社1996年版，第8页。

式无不体现着小说家天人合一的致思路径。① 就戏剧言，王国维指出："元曲之佳处何在？一言以蔽之，曰：自然而已矣。"何谓自然？王氏说道："彼但摹写其胸中之感想，与时代之情状，而真挚之理，与秀杰之气，时流露于其间……若其文字之自然，则又为其必然之结果，抑其次也。"② 由此可见，中国古典戏剧将自然与人工的完美结合也即天人合一作为自己的美学追求。就书法言，孙过庭有一代表性论述："观夫悬针垂露之异，奔雷坠石之奇，鸿飞兽骇之姿，鸾舞蛇惊之态，绝岸颓峰之势，临危据槁之形；或重若崩云，或轻如蝉翼；导之则泉注，顿之则山安，纤纤乎似初月之出天崖，落落乎犹众星之列河汉，同自然之妙有，非力运之能成。"（《书谱》）其中蕴含着浓厚的天人合一思维取向。就绘画言，中国绘画表现的是一种"深沉静默地与这无限的自然、无限的太空浑然融化，体合为一"③的境界，它所追求的"山性即我性，山情即我情"（唐志契《绘事微言》）以及采用的"散点透视"的技法和"写意"的路子同样显现出天人合一思维模式的深刻影响。就建筑言，明代计成《园冶》将"虽由人作，宛自天开"看作中国园林文化的最高审美理想与境界，这就极为典型地证明了如下超越性理念："中国建筑的文化性格，表现为观念上的'宇宙'观，体现出一种人工宇宙（建筑）与自然宇宙相同构的'宇宙意识'，具有人与自然相亲和的特点，使中国建筑文化的哲思境界和美学意蕴显得深邃而气度不凡。"④

二、阴阳和谐

正如《庄子·天下》篇所云："易以道阴阳。"一部《周易》实质上是向人揭示宇宙阴阳对立统一客观规律的书，阴阳和谐思维是建构《周易》理论体系的灵魂。尽管《易经》本身并没有出现"阴阳"与"和谐"等词语，但其

---

① 杜贵晨著：《"天人合一"与中国古代小说结构的若干模式》，《齐鲁学刊》1999年第1期。
② 王国维著：《宋元戏曲史》，东方出版社1996年版，第101–102页。
③ 宗白华著：《美学散步》，上海人民出版社1981年版，第147页。
④ 王振复著：《中国建筑的文化历程》，上海人民出版社2000年版，第12页。

思想却贯穿《周易》理论系统的始终。《易经》六十四卦中，除乾、坤两卦之外，其余各卦都是由阴、阳二爻的重叠组合而构成。阴、阳既是宇宙生命运动中两种基本要素，同时其相互作用又构成宇宙运动的内在动力。阴、阳不是孤立自存、互不相干的，而是相互依存、相互补充、相互渗透、相互作用的。这种对立与统一促进了事物的发展与变化，也构成了《易经》的基本精神。而《易传》所确立的"一阴一阳之谓道"，更是把阴、阳提升为一对可以解释一切现象的最高哲学范畴，并把阴阳变化规律看作统率天地万物及社会人生的一个最为普遍的规律。在《周易》作者看来，阴阳的相互作用是宇宙万物生成变化的根源："刚柔相推，变在其中矣""刚柔相推而生变化"（《系辞下传》），也是化生宇宙万物生命机体的两种根本性力量："天地絪缊，万物化醇；男女构精，万物化生。"（同上）而在阴与阳的内在关系中，协调、统一与和谐是基础，和谐既是宇宙万物的最佳状态又是其基本状态。《周易》认为，阴与阳在本质上是相互和谐的："乾道变化，各正性命。保合太和乃利贞。"（《乾·彖》）乾为刚，坤为柔，双方互相亲附，就会带来欢乐；双方互相对抗，就会带来忧患："乾刚坤柔，比乐师忧。"（《杂卦传》）由此看来，要求对立双方的和谐统一是《周易》的基本原则。

钱大昕云："尝谓六十四卦，三百八十四爻，一言以蔽之，曰中而已矣。"（《潜研堂集·中庸说》）钱氏这里虽有夸大之嫌，但《周易》具有鲜明的尚中观念却是毋庸置疑的。"中"在《周易》中出现126次，《经部》中有13次，有5处把"中行"作为名词，具有行中道之意。有2处用作判词，如"中吉"，处中则吉，明显地表明了尚中思想。《易传》"中"凡113见，其中"中正""正中""中直"23见，"刚中"13见；其在卦爻辞的判断上，亦多因处中位、行中道与否而判断吉凶悔吝，这同样鲜明地反映了尚中的思想倾向。"和"同样是《周易》的重要概念。《易经》虽然不见"和"这一范畴，但关于"和"的思想却是依稀可见。如《同人》《中孚》《咸》等卦，都蕴含"和"的思想倾向。其实，"中"之本义，亦具有"和"的内涵，如《说文》："中，和也。"《易传》中"和"字凡11见，同样表现了崇尚中和的思想。如《系辞下传》："履，和而至……履以和行。"《说卦传》："和顺于道德而理于义。"《乾·文言》："利者，义之和也……利物足以和义。"由此看来，"和"在《周易》体系中是生命的最佳状态和最高品格，体现出宇宙的中和之美。

《周易》确立的阴阳和谐思维对中国美学具有深远的影响。主要表现在如下两个方面。

首先，阴、阳是中国美学的基本范畴。就音乐言，《吕氏春秋》《礼记》《乐记》对阴阳思维都有大量反映。如《礼记·郊特牲》："乐由阳来者也，礼由阴作者也，阴阳和而万物得。"礼乐反映的就是阴阳对立统一规律，中国音乐十二律分为阴阳两类就是明证。就绘画言，中国绘画遵循虚实相生之理，其中的虚为阴，实为阳。在构图上，中国绘画讲求前后、大小、浓淡、远近、疏密、聚散、收放等关系的辩证统一，而所有这些都反映的是阴阳对立转化的关系，属于阴阳之道的感性显现。就艺术风格言，中国古典美学通常将艺术美的形态分为阳刚之美和阴柔之美两大类，而"阳刚、阴柔这一对美学范畴及其观念，实际是由《易传》所提出的。阳刚与壮美相对，阴柔与优美相对，后代称阳刚之美与阴柔之美。这一对美学范畴的提出，在中华古代美学分类学上作出了重要贡献。"① 就艺术作品论，春秋时期的鱼龙纹盘、莲鹤方壶、战国时期的错金银龙凤方案、西汉的长信宫灯、东晋陶渊明的诗赋、唐朝王维和孟浩然的田园诗、宋代柳永和李清照等婉约派的词作、南唐董源和五代巨然等人的南宗山水及宋元写意画、唐代欧阳询及元代赵孟頫的书法，都基本上属于阴柔之美的范畴；而殷周时期的青铜器、秦朝的兵马俑、汉代的马踏匈奴石雕、唐朝高适和岑参等人的边塞诗、宋代苏轼和辛弃疾等豪放派的词作、范宽等人的北宋山水，北魏石刻，以及颜真卿的书法，则基本上属于阳刚之美的范畴。所有这些都充分证明了中国美学中流淌着阴阳思维的血液。不仅如此，《周易》阴阳思维还有阴阳相济的特点，阳刚和阴柔并非孤立存在和独立发展的，而是相互作用和转化的："是故刚柔相摩，八卦相荡"，"刚柔相推而生变化"。（《系辞下传》）反映在中国美学中，突出的表现是阴阳

---

① 王振复著：《周易的美学智慧》，湖南出版社1991年版，第299页。

相和、刚柔相济，这是美的创造的最高理想模式。如刘勰《文心雕龙》："刚柔虽殊，必随时而适用"。(《定势》)"刚柔以立本，变通以趋时。"(《熔裁》)张怀瓘《六体书论》："夫物负阴而抱阳，书亦外柔而内刚。"项穆《书法雅言》："若而书也，修短合度，轻重协衡，阴阳得宜，刚柔互济。"刘熙载《艺概·书概》："书要兼备阴阳二气。""书，阴阳刚柔不可偏陂。"沈宗骞《介舟学画》："寓刚健于婀娜之中，行遒劲于婉媚之内。"魏禧《魏叔子文集》："要为阴阳自然之动，天地之至文，不可以偏废也。"另苏轼的《游金山寺》通过巧妙的艺术手段将惆怅心情和潇洒风度融为一体，且流露出豪迈之气，就极为典型地体现出刚柔相济的风格特征。还有刘熙载《艺概·书概》评论孙过庭的草书"飘逸愈沉著，婀娜愈刚健"，王羲之的书法"不言而四时之气亦备"，从而指出其刚柔相济、峻拔伟丽又潇洒飘逸的独特神韵。所有这些都来自《周易》所开创的阴阳思维。

其次，《周易》中正和谐观念影响下的中和之美在中国各门类艺术中都有极为丰富的表现。尽管"中"与"和"两者存在细微的差别，但其从本质上共同反映了一个由天地人三才所建构的"中和"结构。具体到《周易》本身来说，《易》卦六爻所居位次中，二爻当下卦中位，五爻当上卦中位，两者象征事物守持中道，不偏不倚。阳爻居中，象征"刚中"之德；阴爻居中，象征"柔中"之性。如《同人·彖》云："文明以健，中正而应，君子正也，唯君子为能通天下之志。"《家人·彖》云："女正位乎内，男正位乎外。"两卦六二、九五皆处中正之位，是为吉卦吉爻。《坤·文言》云："君子黄中通理，正位居体，美在其中，而畅于四支，发于事业；美之至也！"因此，在《周易》中，"中和"是尽善尽美的象征，是美的最高境界。《周易》之中蕴含的这一美学观念对后世文学艺术产生了广泛而又深远的影响。在诗文方面，孔子对《诗经》的评价即体现了中和精神，所谓"思无邪"是也。他要求诗歌抒写情志要"乐而不淫，哀而不伤"，后来的《礼记》将之进一步转化为"温柔敦厚"的诗教，同样合乎《周易》的中和精神。而孔子所提出的"文质彬彬"更是直接被后世广泛运用于文学艺术领域，用以代指艺术内容和形式和谐统一的中和之美。另皎然《诗式》提出诗有"四不"（"气高而不怒……力劲而不露……情多而不暗……才赡而不疏……")"二要"("要力全而不苦涩；要气足而不怒张")"四离"("虽期道情，而离深僻；虽用经史，而离书生；虽尚高逸，而离迂远；虽欲飞动，而离轻浮")"六至"("至险而不僻；至奇而不差；至丽而自然；至苦而无迹；至近而意远；至放而不迂")等说法，从而对诗歌的思想情感和艺术风格都提出了适度的要求。在音乐方面，《尚书·尧典》："八音克谐，无相夺伦，神人以和。"《左传·昭公二十年》晏婴："先王之济五味，和五声也……清浊，大小，短长，疾徐，哀乐，刚柔，迟速，高下，出入，周疏，以相济也。"《吕氏春秋·大乐》："凡乐，天地之和，阴阳之调也。"《礼记·乐记》："乐者，天地之和也；礼者，天地之序也。和，故万物谐化；序，故群物皆别。乐由天作，礼以地制。过制则乱，过作则暴；明于天地，然后能兴礼乐也。"并言音乐之谐美时强调"使之阳而不散，阴而不密，刚气不怒，柔气不慑，四畅交于中，而发作于外"。阮籍《乐论》："夫乐者，天地之体，万物之性也。合其体，得其性则和。""昔者圣人之作乐也，将以顺天地之体，成万物之性也。故定天地八方之音，以迎阴阳八风之声；均黄钟中和之律，开群生万物之情气。故律吕协则阴阳和，音声适而万物类。"沈约《宋书·谢灵运传》："夫五色相宣，八音协畅，由乎玄黄律吕，各适物宜。"所有这些论述都意在表明，音乐之美在于天地之和、阴阳之和、生命之和。在书法方面，卫恒《四体书势》要求书法"势和体均"。孙过庭在《书谱》中提出了"违而不犯，和而不同"的原则，强调"志气和平，不激不厉"。项穆《书法雅言》指出："圆而且方，方而复圆，正能含奇，奇不失正，会于中和，斯为美善。中也者，无过不及是也。和也者，无乖无戾是也。"所有这些都意在强调书法艺术的中和原则。总之，"这种《周易》'三极'中和观，是中华艺术美与艺术精神的一种范型……中华传统艺术美与艺术精神的本质不是什么别的，它就是以'中'为人学内容，综合天地之理，以'和'为圆融境界的中和之美。"①

---

① 王振复著：《周易的美学智慧》，湖南出版社1991年版，第347页。

三、隐喻象征

隐喻象征是中国古人的传统思维方法，而《周易》对这种思维方式的形成起到了奠基性的作用。按照我们的理解，隐喻并非仅仅是一种修辞艺术，而更主要的是一种借用已知的事物理解未知事物的思维方式。《周易》即明显体现了这一点，其所采用的基本范畴及论证方式都是隐喻性的，都是借助于自然中具体存在的事物或情状来阐释抽象晦涩的哲学道理，都是在"形而下"的暗示之下传达"形而上"的东西。由此可见，象征与隐喻密切相关，属于广义隐喻学范畴。① 正因如此，我们才将《周易》的这种思维形式统称为隐喻象征思维。

"《周易》的'象'，用今天的概念来表达，就是'象征'。"② 此言不虚。《系辞下传》："《易》者，象也；象也者，像也。"可见，整本《周易》都由"象"组成，六十四卦及三百八十四爻，卦卦有象，爻爻有象，所象征的对象几乎囊括了自然与人事的方方面面。而从某种意义上说，《周易》之"象"在本质上体现的就是一种隐喻思维，甚至可以这么说，"象"这一范畴是中国传统思维隐喻特质的总概括。钱钟书先生云："理赜义玄，说理陈义者取譬于近，假象于实，以为研几探微之津逮……古今说理，比比皆然。"③ 这就是说，自古至今，凡"理赜义玄"，难以用逻辑思辨穷尽的内容，只能"假象于实"，靠隐喻类比来作为"研几探微"的途径。"从语言学角度看，隐喻只是一种修辞手段，但在《周易》中的大量运用，表明它完全成了一种思维方式。"④ 事实确实如此。《周易》各卦，实际上就是对现实世界万事万物的抽象概括和超越升华的结晶，但又以具体形象的卦象符号形式表达出来。《系辞下传》："象

---

① 作为思维方式和文化现象的隐喻，涵盖象征、比兴、寓言等诸多文化现象。对此，我们另有系列文章《隐喻与寓言》《隐喻与比兴》《隐喻与象征》予以讨论。
② 黄寿祺、张善文著：《周易译注》，上海古籍出版社1989年版，第628页。
③ 钱钟书著：《管锥编》，中华书局1986年版，第11—12页。
④ 陈良运著：《周易与中国文学》，百花洲文艺出版社1999年版，第111页。

也者,像此者也。""八卦以象告。"由此可见,"象"源于自然这一"此者"。八卦借助"象"生动形象地说明某种道理,并与自然万象具有不可分割的联系。故《系辞下传》云:"古者包犧氏之王天下也,仰则观象于天,俯则观法于地,观鸟兽之文,与地之宜,近取诸身,远取诸物,于是始作八卦,以通神明之德,以类万物之情。"这就点明了《周易》隐喻象征思维的运作方式:即先以自然物象再以人事意象为隐喻本体,然后再从深层次暗示那些不能说出或不便直说的人生哲理。比如《困》卦是事物处于窘迫、穷困之时的象征。自然物象是下为水,上为泽,水在泽下,是泽水下漏,泽有干涸危险的意象,借此来象征人生遭遇的种种困境。其卦辞云:"困,亨,贞,大人吉,无咎。有言不信。"而爻辞则以"困于株木""困于酒食""困于石""困于金车""困于赤绂""困于葛藟"来喻示人生各种困境及其解脱办法。其中"株木""石""葛藟"是自然物象,其实就是某种具体困境的象征;"酒食""金车""赤绂"则分别代表享受、地位、权力等人事意象。这就意味着:"人类的全部知识和全部文化从根本上说并不是建立在逻辑概念和逻辑思维的基础之上,而是建立在隐喻思维这种'先于逻辑的概念和表达方式'之上。"[①]这种隐喻思维,借用《易传》作者的话来说,就是"观物取象"的方法:"圣人有以见天下之赜,而拟诸其形容,象其物宜,是故谓之象。"正是借助于"观物取象"的方法,《周易》作者构建了其无所不包的隐喻世界,"象"也成为《周易》最为基本的思维和言说方式:"《周易》的创作者们,将'象'纳入六十四卦的大系统中,使所有的'象'受制于这一系统中的时位、相互关系而有着它自己的含蕴,让'象'以自己独特的方式去'顺性命之理,尽变化之道'……错综表现出天人之际、事理变化、吉凶向度的规律。"[②] 作为一种特殊的言说方式,"象"具有"言"所无法相比的优势,《系辞上传》所提出的著名命题"立象以尽意"对此有深刻的阐述:"子曰:'书不尽言,言不尽意。'然则圣人之意其不可见乎?子曰:'圣人立象以尽意,设卦以尽情伪,系辞焉

---

① 甘阳著:《从"理性的批判"到"文化的批判"》,载[德]恩斯特·卡西尔著,于晓等译:《语言与神话》,生活·读书·新知三联书店1988年版,第13页。
② 蒋凡、李笑野著:《周易要义》,光明日报出版社1996年版,第48页。

以尽其言。'"由于"概念总是一般的东西,而任何一般只是个别的一部分、一方面,或本质。任何个别都不能完全进入一般。因此,依靠概念的逻辑语言,不可能充分表现(穷尽)特殊的、个别的事物。"① 而"象"却可以克服这"言不尽意"的困境,能够突破语言的牢笼而直达"意"的本体。

"一切艺术都无法脱离'象'的构成问题,因此《周易》关于'象'的理论也就具有了重要的美学意义。"②《周易》的隐喻象征思维对中国传统美学产生了深远的影响。主要表现在如下三个方面:

首先,就艺术门类来说,《周易》卦爻象是中国绘画、书法艺术的起源。阴阳二爻代表奇数和偶数,阴阳实际上是两位一体,其两相结合代表了宇宙的基本模式。中国传统艺术就其符号形态来看,都是以线体意,是线性艺术,而阴阳爻是线性艺术的萌芽。书法以线来造型,和阴阳爻有渊源。汉字的构造材料都是一画或其变体,这些东西在美学上的意义是在宇宙时空形态下刻画的运动轨迹。汉字的点象征宇宙人生的流动点。因此书法艺术有其深沉意蕴,能使欣赏者从中体会到美的意味。同样,中国绘画艺术也是线条美的体现。宗白华先生将之概括为"从线条中透露出形象姿态"。从中国画注重线条,可以知道中国画的工具——笔墨的重要,"笔墨二字,不但代表绘画和书法的工具,而且代表了一种艺术境界"③。故颜延之认为:"图画非止艺行,成当与易象同体。"(王微《叙画》)这说明《周易》之"象"实为中国书法、绘画艺术的肇始,具有极高的艺术价值。所以李朴园先生才说:"书可以说起源于八卦,画也可以说起源于八卦。"④

其次,就文学创作而言,《周易》开启了一种隐喻创作的历史传统。这一点无论是在叙事传统还是抒情传统中都有极为突出的表现。就前者而言,中国文学中"立象以尽意"的传统即从《周易》开始。例如飞龙在天、枯杨生华、羝羊触藩、困于株木等词语中就包含着丰富的意象。"一个意象可以被转

---

① 叶朗著:《中国美学史大纲》,上海人民出版社1985年版,第70-71页。
② 刘纲纪著:《周易美学》,湖南教育出版社1992年版,第279页。
③ 宗白华著:《美学散步》,上海人民出版社1981年版,第48-49页。
④ 李朴园著:《中国艺术史概论》,上海良友图书印刷公司1931年版,第16页。

换成一个隐喻一次,但如果它作为呈现与再现不断重复,那就变成了一个象征,甚至是一个象征(或者神话)系统的一部分。"① 如《周易》中的爻象"潜龙"可谓意象,它在多次使用后即成为隐逸君子的象征。又如"大江东去"与"晓风残月"本来分别喻指苏轼和柳永的词风,但用得多了,就泛化为豪放与婉约两种词风的代称了。再如"清水芙蓉"与"错彩镂金"本来分别喻指谢灵运和颜延之的诗风,但用得久了,便成为自然天成与人工雕琢两种诗风的象征了。同样,中国古代诗文中的大量事典,其实就是各种各样的隐喻性叙事。如王勃的"杨意不逢,抚凌云而自惜;钟期既遇,奏流水以何惭"(《滕王阁序》)、李商隐的"八骏日行三万里,穆王何事不重来"(《无题》)以及李贺的"羿弯弓属矢,那不中足?令久不得奔,诅教晨光夕昏"(《日出行》)等等,都是如此。再就后者言,中国古代抒情诗远比叙事诗发达,但情感是摸不着看不见的,要使这摸不着看不见的抽象情感化为具体可感的形象表征,最简捷有效的方式就是大量运用隐喻。如就一个"愁"字而论,中国古代诗文就有无数的隐喻方式。如《诗经·邶风·柏舟》:"心之忧矣,如匪浣衣。"李白《秋浦歌》:"白发三千丈,缘愁似个长。"李煜《虞美人》:"问君能有几多愁,恰似一江春水向东流。"秦观《千秋岁》:"春去也,落红万点愁如海。"李清照《武陵春》:"只恐双溪舴艋舟,载不动许多愁。"贺铸《青玉案》:"试问闲愁都几许,一川烟草,满城风絮,梅子黄时雨。"所有这些都充分证明了中国抒情传统就是一个隐喻的传统。

最后,就文学批评而言,《周易》开启了一种诗性言说的文论传统。文学作品是作家生命的结晶,所以作品本身就必然成为有生命的有机体,这就决定了评价文学作品需要借助品评人物的手段。因此,把文学艺术作品比喻为人体,是中国古代文学批评最常见、最普通的批评手段,也决定了中国文论的诸多基本范畴大多具有或隐或显、或直接或间接的生命化、人格化之特征。如:

---

① [美]韦勒克、沃伦著,刘象愚等译:《文学理论》,生活·读书·新知三联书店1984年版,第204页。

> 凡文之不可无者有四：一曰体，二曰志，三曰气，四曰韵……文章之无体，譬之无耳目口鼻，不能成人。文章之无志，譬之虽有耳目口鼻，而不知视听臭味之所能，若土木偶人，形质皆具而无所用之。文章之无气，虽知视听臭味，而血气不充于内，手足不卫于外，若奄奄病人，支离憔悴，生意消削。文章之无韵，譬之壮夫，其躯干枵然，骨强气盛，而神色昏瞀，言动凡浊，则庸俗鄙人而已。有体、有志、有气、有韵，夫是谓成全。（李廌《济南集》卷八《答赵士舞德茂宣义论弘词书》）

> 此盖以诗章与人身体相为比拟，一有所阙，则倚魁不全。体制如人之体干，必须佼壮；格力如人之筋骨，必须劲健；气象如人之仪容，必须庄重；兴趣如人之精神，必须活泼；音节如人之言语，必须清朗。五者既备，然后可以为人；亦惟备五者之长，而后可以为诗。近取诸身，远取诸物，而诗道成焉。（陶明濬《诗说杂记》卷七）

上述两人都把诗文与人体一一对照，阐述了诗文创作的必备要件。除此之外，中国古代文学批评中的诸多术语如气、才、风骨、神韵、形神、肌肤、血气、主脑、首联、颔联、颈联、尾联、肥、瘦、健、壮等，都是一种把文学艺术人化的比喻。上述传统的形成与《周易》所开启的隐喻象征思维无不内在相关。

四、直觉体悟

直觉体悟是《周易》思维体系的又一重要组成部分。直觉体悟在本质上是一种超越一般感性和理性的内心直观方法，是一种不经过逻辑分析而直接洞察事物本质的思维过程。从艺术创造和欣赏的角度来看，"它是一种建立在物感论基础上的、在实践中彻悟真理的思维方式，一种以象为基础、情为中介、理趣为归宿的艺术思维方式。它不同于一般的感性直觉，也不同于抽象思维，而是一种在感物兴怀中达到神超理得的方式，一种在澄怀味象的同时进行澄怀观道的方式，一种融潜显思维为一炉，包涵感性直觉、理性直觉并以妙悟为最佳形态的思维方式。"①

《周易》是圣人穷究天人之理而研探细微征象之书，所以易道的变化只能借助直觉的方式予以体悟。《系辞上传》云：

> 《易》无思也，无为也，寂然不动，感而遂通天下之故。非天下之至神，其孰能与于此？夫《易》，圣人之所以极深而研几也。唯深也，故能通天下之志；唯几也，故能成天下之务；唯神也，故不疾而速，不行而至。

这里所说的"无思无为""感而遂通""不疾而速""不行而至"都属于典型的直觉与体悟范畴。《周易》也正是通过直觉的方式来体悟宇宙万物的本然状态，从而做到"研几入神"。何谓"神"？《系辞上传》云："阴阳不测之谓神。"对此，韩康伯注："神也者，变化之极，妙万物而为言，不可以形诘者也，故曰阴阳不测。"可见，"神"是不可以"形诘"的，而只能以直觉体悟的方式获得。《归妹》卦九二爻辞："眇能视，利幽人之贞。"不用眼睛看也能认识事物的本然，这正是一种直觉体悟思维方式。对于《系辞下传》所提出的著名论题"观象制器"，张立文先生也早已指出其内蕴的直觉情怀："圣人能够创制出不同的工具、兵器，在于他们能够由观象而悟道，由悟道而制器。而这悟道就是一种撇开渐进有序的逻辑思维而直取事物本质的突发性思维活动，也就是直觉。即'盖取诸'某卦的真实含义，是'取诸'某卦所内涵的道而不是某卦的象本身。如此的思维过程并没有多少道理好讲，因为讲'道理'本为逻辑思维所擅长，直觉思维则是建立在突破日常道理的基础之上的。"②结合《周易》来说，直觉体悟的主要特点有三个：一是重

---

① 蒲震元著：《中国艺术意境论》，北京大学出版社1999年版，第205页。
② 张立文著：《和境——易学与中国文化》，人民出版社2005年版，第60页。

"象"。直觉体悟思维重视"象"的作用。《周易》即主要用取象的方法来观象明理。《系辞》《序卦》《杂卦》对此均有说明。如《系辞上传》所提出的"立象以尽意"之命题即说明一切概念、逻辑、语言在"圣人之意"面前都是苍白无力的，只有直觉之"象"才是解脱"言不尽意"困境的唯一出路。因此，"象"在中国传统哲学中具有特殊地位，其含义远远大于语言。从认识真理的角度来说，"象"和语言一样，都只是认识手段，但"象"的特殊作用是不容忽视的。二是重"观"。直觉体悟思维强调发挥人的主观能动性。中国传统思维重视观象致理、格物致知，均在穷物究理，追求进入体悟层次，通过"悟"来把握真理。所谓的"玄览""玄思""妙悟"诸说都是这方面的代表性理论。如《观》卦就是专门谈观察的。从各爻辞不难看出，观察者的出发点、观察对象和方式不同，其结果也就不同。因此主体所处的地位和所采用的观察方式极为重要，甚至能够决定利弊趋向，比如初六爻之"童观"和六二爻之"窥观"，是讲"小人"与"妇人"之"观"，故对"小人"和"妇人"有利；六三爻、九五爻之"观我生"，上九爻之"观其生"，则是讲"君子"之"观"，故对"君子"有利。三是结论简要模糊。中国哲学著作多为语录体，基本概念和范畴以及阐释它们的语言都有很强的模糊性。文字语言普遍表现出很简要精练却含义丰富、结论含混、很难用明确的语言来界定说明的特点。中国传统哲学往往缺乏论证过程，即使有论证过程也无严密逻辑。《周易》《论语》等著作的存在便规定了这一发展方向。如中国传统哲学的核心概念"道""气""理"以及关键性命题"一阴一阳之谓道""形而上者谓之道""天地与我并生，万物与我为一"等，都不能以逻辑的方式予以讲析，而只能以直觉的方式进行体悟。

自《周易》始，直觉体悟成为中华文化特色之一。儒家的"尽心""知性""知天"，道家的"心斋""坐忘""见独""体道"，禅宗的"般若""悟性""立地成佛""不立文字"，等等，都是对《周易》直觉思维的继承和发展。中国传统美学正是在诸家的共同影响下获得长足发展的。首先，在中国古代的理论著作中，借助直觉和体悟来阐发审美感受的内容极其丰富，可谓比比皆是。张彦远《历代名画记》："遍观众画，以顾生画古贤，得其妙理。对之终日不倦，凝神遐想，妙悟自然，物我两忘，离形去智，身固可使如槁木，心固可使如死灰，不亦臻于妙理哉！此固画之道也。""凝神遐想，妙悟自然"乃为画之法。沈括《梦溪笔谈》："书画之妙，当以神会，难可以形器求也。"书画之神妙只能通过"神会"的方式获得。欧阳修《赠无为军李道士》："弹虽在指声在意，听不以耳而以心，心意既得形骸忘，不觉天地白日愁云阴。"其中的"心意既得"就是顿悟之意。杨时《龟山语录》云："学诗不在语言文字，当想其气味，则诗之意得矣。""想其气味"乃是学诗之法。魏庆之《诗人玉屑》："识文章者，当如禅家有悟门。夫法门百千差别，要须自一转语悟入。"欣赏文章如同禅家参禅，需以"悟"为法门。严羽《沧浪诗话》："大抵禅道惟在妙悟，诗道亦在妙悟……惟悟乃为当行，乃为本色。""妙悟"乃为"诗道"之关键。释英上人《呈径山高禅师》："参禅非易事，况复是吟诗，妙处如何说，悟来方得知。"吟诗之妙惟有通过体悟的方式方能得知。还有郭若虚《图画见闻志》卷一《论气韵非师》："如其气韵，必在生知。固不可以巧密得，复不可以岁月到。默契神会，不知其然而然也。"姚鼐《惜抱轩尺牍》卷八："凡诗文事与禅家相似，须由悟入。"刘大櫆《论文偶记》："凡行文……无一定之律而有一定之妙，可以意会，而不可以言传。"章学诚《文史通义》："学术文章，有神妙之境焉……其真知者，以谓中有神妙，可以意会，而不可以言传者也。"上述诸家所论的细节虽然颇有差别，但其基本精神却是一致的，这就是说：面对文艺作品中的美，唯有通过意会和体悟的方式才能感受到其中的奥妙。

其次，在创作上，翻检中国文学艺术史，我们便不难发现，大凡成功的艺术作品，大多是富含直觉与体悟精神的作品。如陶渊明作为玄学文化的实践者，上承《周易》开启的直觉思维，下启山水诗画的实践探索，成为民族直觉思维由雏形到定型化的重要中介人物。他那"采菊东篱下，悠然见南山。山气日夕佳，飞鸟相与还。此中有真意，欲辨已忘言"（《饮酒》之五）的直觉体验和彻悟，正是直觉思维的具体化。王维作为禅宗文化的正宗，总是把直觉思维之体验、彻悟和综合再现能力融汇在宁静悠远的诗画意境中，其"人闲桂花落，夜静春山空。月出惊山鸟，时鸣春涧中"（《鸟鸣涧》）和"空山不见人,但闻人语响。返景入深林,复照青苔上"(《鹿柴》)那宁静悠远的无我之境和返归自然的物化真谛含蓄地流露于其诗画艺术的情感空间,这无疑是直觉思维在艺术实践中的深化和内聚。而一代画宗郑板桥的"江馆清秋,晨起看竹,烟光、日影、露气,皆浮动于疏枝密叶之间,胸中勃勃,遂有画意。其实,胸中之竹,并不是眼中之竹也。因而研墨、展纸、落笔,倏作变相,手中之竹,又不是胸中之竹也"(《郑板桥集·板桥题画·竹》)的画竹之论,可谓直觉思维之于创造过程的精辟概括。以上作品之所以成功,乃在于它们都是"在直觉观照中,人的内心情感与观照的对象进行了交流,使物象在情感的作用下变形,在审美情趣的影响下组合,因此,这种印象便不再是外界事物的客观反映,而是主观性很强的,充分带有观照者情感成分,合符观照者审美要求的新的表象了"[①]。总之,直觉思维,作为主体实践的历史积淀产物,开源于《周易》,动荡于魏晋,内化于唐宋,深化于元明清三代。它不仅作为一种情趣和特质积淀于民族文化心理结构的深层,而且作为一种艺术构思、欣赏和表达的思维原则,凝聚于民族文化的有机体之中。

[①] 葛兆光著:《禅与中国文化》,上海人民出版社 1986 年版,第 160 页。

隐喻思维与诗性文化[*]

——兼论《周易》对中国文化诗性特质的贡献

从思维方式和文化人类学的高度解读中国文化的诗性特质是一个新的视角。中国传统文化在以己度物、想象性类概念以及象形文字等诸多方面都与维柯等人所倡导的诗性智慧若合符契。而起源于远古文化观念的中国古代象征传统在本质上所体现的就是一种诗性精神,《周易》在这方面具有开创性和典范意义。它确立了象征文化的东方传统,奠定了中国思维的基本范型,开创了"立象尽意"的审美传统,发明了"仰观俯察"的创造法则,开启了诗性言说的批评传统。

一

文化人类学家的跨文化研究表明,在人与自然基本上处于混沌状态的原始社会,人们往往习惯于从自身出发,取类、联想和想象自然之物,又通过"观物取象"的方式反过来解释自身形体的构成,这种原始的思维方式被称为隐喻思维,又被称为原始思维、前逻辑思维、神秘思维、野性思维、神话思维等。这些概念虽然表面上各不相同,但实质上是名异而实同。曾经将世界历史区分为神的时代、英雄时代和人的时代等三个时期的意大利文化哲学家詹巴蒂斯塔·维柯(Giovanni Battista Vico)在《新科学》中将这种理解世界

---

[*] 本文原载于《周易研究》2008年第5期,收入本书时有改动。

的方式称为原始的诗性思维,是任何一种文明发展的必经之路。维柯早已指出,被现代人看作"作家们的巧妙发明"的隐喻,其实是原始"诗性民族所必用的表现方式"①。经过二十多年的观察与研究,维柯发现,"人在无知中就把他自己当作权衡世间一切事物的标准……人在不理解时却凭自己来造出事物,而且通过把自己变形成事物,也就变成了那些事物"②。这就决定了人类常常从自我出发,以自己的身体感受为标准来体验和比附外物,以达到认识和把握外物的目的。维柯指出:"人类心灵还另有一个特点:人对辽远的未知的事物,都根据已熟悉的近在手边的事物去进行判断。"③英国哲学家大卫·休谟(David Hume)也说原始人"认为所有存在物都像他们自己一样,于是他们就把自己内心意识到的亲密而熟悉的特质转嫁到所有的对象上……总是把自己的思想、理性和热情有时甚至是把人的肢体和形状赋予这些存在物,以便把它们带到和我们自己的外貌相接近的状态"④。这就与《周易》所谓的"近取诸身"恰好若合符契。针对原始人心目中的人、物关系,法国人类学家列维-布留尔(Lucien Lévy-Brühl)提出了著名的"互渗律"。他指出,原始思维"以不同形式和不同程度包含着那个作为集体表象之一部分的人和物之间的'互渗'……我把这个为'原始'思维所特有的支配这些表象的关联和前关联的原则叫作'互渗律'"⑤。这就是说,原始先民的心智能力还处在一个比较低级的,不能区分思维主、客体的阶段,先民的理性反思能力尚不发达,于是凭借同情式体验、强烈的感受能力和丰富的想象力将自然看作有生命、有灵魂的事物,从而使人与自然在原初的生命关联中泯然为一,因此,人与物之间天然存在着一种"互渗"关系。这种人与自然、主体与客体之间的"互渗",在维柯看来,就必然造成自然万物的生命化趋向:"儿童的特点就在把无

---

① [意]维柯著,朱光潜译:《新科学》,商务印书馆1989年版,第203页。
② [意]维柯著,朱光潜译:《新科学》,商务印书馆1989年版,第201页。
③ [意]维柯著,朱光潜译:《新科学》,商务印书馆1989年版,第99页。
④ 朱狄著:《原始文化研究》,生活·读书·新知三联书店1988年版,第28页。
⑤ [法]列维-布留尔著,丁由译:《原始思维》,商务印书馆1981年版,第69页。

生命的事物拿到手里，戏与他们交谈，仿佛它们就是些有生命的人。"① 这就必然决定了"最初的诗人们就用这种隐喻，让一些物体成为具有生命实质的真事真物，并用以己度物的方式，使它们也有感觉和情欲……值得注意的是在一切语种里大部分涉及无生命的事物的表达方式都是用人体及其各部分以及用人的感觉和情欲的隐喻来形成的……在上述事例中人把自己变成整个世界了"②。恩斯特·卡西尔（Ernst Cassirer）在研究神话思维时说："只要它发现一种它力图用自己的思维方式去理解的有机构成的整体，它就想以人体形象和组织去看待这整体，只有当依照人体去这般'复制'客观时，客观世界才为神话意识所理解。"③ 所以，"最初的诗人们给事物命名，就必须用最具体的感性意象，这种感性意象就是替换（synecdoche，局部代全体或全体代部分）和转喻（metonymy）的来源"④。这说明了运用隐喻、神话和象征是原始人类最基本和必然的认知手段。

法国人类学家列维-斯特劳斯（Claude Lévy-Strauss）指出："未开化人的具体性思维与开化人的抽象性思维不是分属'原始'与'现代'或'初级'与'高级'这两种等级不同的思维方式，而是人类历史上始终存在的两种互相平行发展、各司不同文化职能、互相补充互相渗透的思维方式。"⑤ 布留尔所说的原始思维、斯特劳斯所说的野性思维以及维柯所说的诗性智慧，本来都是指历史上那些早期所谓"蒙昧民族"或现代所谓"未开化民族"的思维方式。但值得注意的是，布留尔称他关于原始思维的想法曾受司马迁《史记》法文译本的启发，并在《原始思维》一书中曾大量引用了到过中国的传教士德·格罗特所著的《中国的宗教制度》中的材料⑥，这就给人的印象是原始思维这一概念可以适用于整个古代中国的思想世界。恩格斯在《家庭、私

---

① [意] 维柯著，朱光潜译：《新科学》，商务印书馆1989年版，第115页。
② [意] 维柯著，朱光潜译：《新科学》，商务印书馆1989年版，第200-201页。
③ [德] 恩斯特·卡西尔著，黄龙保、周振选译，柯礼文校：《神话思维》，中国社会科学出版社1992年版，第102页。
④ [意] 维柯著，朱光潜译：《新科学》，商务印书馆1989年版，第201页。
④ [法] 列维-斯特劳斯著，李幼蒸译：《野性的思维》，商务印书馆1987年版，第5页。
⑥ [法] 列维-布留尔著，丁由译：《原始思维》，商务印书馆1981年版，第498页。

有制和国家的起源》一书中也认为"原始"一词的含义，不是指简陋与落后，而是指氏族血缘关系保留的程度。我国从原始氏族社会到封建阶级社会的过渡没有经过巨大的变革，原始的氏族血缘关系，原始民族生活的风俗习惯和思维方式一直绵延下来，原始思维的认知方式依然支配着中国古人观察问题的方式和方法，支配着人们的社会实践和一切文化活动。在人类文明社会到来之后，隐喻作为原始思维的遗存在我国获得了得天独厚的化育条件。它与"天人合一""物我一体"等传统思维方式相生相长，为中国古人提供了许多富有生命力的物态和意象。意象既是一种文学现象，又是一种文化现象，它在各民族的巫术文化阶段最为发达。在华夏远古文化中也有巫术文化阶段，现存《周易》与出土的大量甲骨卜辞，便是华夏巫术文化曾经极度繁荣的证明。根据文化人类学家的研究，巫术文化是一种以隐喻性思维为核心的诗性文化，因此，在巫术文化阶段，诗、哲学和占卜是三位一体的东西；诗人、哲学家和占卜者是三位一体的人。这一点可以从《周易》中得到证实。李建中指出："'象'是《周易》的主体，也是《周易》的话语方式。"《周易》是哲学著作，却采取了'画'与'诗'的言说方式。卦象和爻象是画，卦辞和爻辞是诗。"[1] 这样说应该是符合实际情况的。可以说，《周易》从"经"到"传"都是诗性的，不仅卦象是诗性的，而且爻辞本身就是一首首的诗。《易》之"象"和《诗》之"兴"内在相通，都需借助"象"来表情达意，两者在本质上都是一种隐喻。[2] 由于整个巫术文化的思维都是隐喻性的，因此整个《周易》从卦象到爻辞都是象征性的表意之象。这种意象传达的是"天下之赜"，所以它有哲理性；它从属于占卜巫术活动，而同时又是诗。《系辞下传》云："古者包犠氏之王天下也，仰则观象于天，俯则观法于地，观鸟兽之文，与地之宜，近取诸身，远取诸物，于是始作八卦，以通神明之德，以类万物之情。"中国古人把乾视为首、坤视为腹、艮视为手、兑视为口、震视为足、巽视为股、坎视为耳、离视为目，就是"近取诸身"；把乾、坤、艮、兑、

---

[1] 李建中著：《古代文论的诗性空间》，湖北人民出版社2005年版，第54、55页。
[2] 参见拙文：《〈易〉之"象"与〈诗〉之"兴"》，《兰州学刊》2006年第12期。

震、巽、坎、离与天、地、山、泽、雷、风、水、火加以类比就是"远取诸物"。所谓"近取诸身,远取诸物"实质上就是中国古人"以己度物"的隐喻思维方式。从根本上说,包括象征、比兴、寓言等表达方式在内的中国文化,是建立在人类原始性的隐喻思维基础之上的。① 中国古代的象征、比兴和寓言等表达方式中,没有一个不是以形象为桥梁,借助"以己度物"的方式表述古人对外在世界的感受和体悟。因为,"诗的最崇高的工作就是赋予感觉和情欲于本无感觉的事物"②。

二

"想象性类概念"是维柯诗性智慧的又一重要内容。就是指以想象的方式来对事物之间的相似性加以类比所形成的共同观念。维柯指出,诗性智慧"是一种感觉到的想象出的玄学……这些原始人没有推理的能力,却浑身是强旺的感觉力和生动的想象力"③。除了想象力旺盛以外,"人类心灵按本性就喜爱一致性"④。可以说,"凡是最初的人民仿佛就是人类的儿童,还没有能力去形成事物的可理解的类概念(class concepts),就自然有必要去创造诗性人物性格,也就是想象的类概念(imaginative class concepts)"⑤,"即把各种不同的人物、事迹或事物总括在一个相当于一般概念的一个具体形象里去的表达方式"⑥。维柯这一理论中有两个关键点需要我们注意:一是原始人类的想象、联想能力;二是早期人类的分类概念,这两者具有内在的紧密关联。无论是想象、联想还是"类"的观念都与隐喻内在相关,因为隐喻、譬喻的方

---

① 参见拙文《隐喻与象征——以〈周易〉为中心的探寻》,《青海师范大学学报》2006年第5期;《隐喻与比兴——以〈诗经〉为中心的探寻》,《河南教育学院学报》2006年第2期;《隐喻与寓言——以先秦诸子为中心的探寻》,《番禺职业技术学院学报》2005年第4期。
② [意]维柯著,朱光潜译:《新科学》,商务印书馆1989年版,第115页。
③ [意]维柯著,朱光潜译:《新科学》,商务印书馆1989年版,第181-182页。
④ [意]维柯著,朱光潜译:《新科学》,商务印书馆1989年版,第119页。
⑤ [意]维柯著,朱光潜译:《新科学》,商务印书馆1989年版,第120页。
⑥ [意]维柯著,朱光潜译:《新科学》,商务印书馆1989年版,第121页。

法在本质上就是"类通"和"比附",有"象"就得有"类",有"类"方可以"喻",而要"类通"、要"比附",就离不开想象、离不开联想的心理过程。而在隐喻表达中,语言符号能指与所指之间的关系体现着"相同"规定与"相异"规定的统一。"相同"规定决定了隐喻存在的可能;"相异"规定决定了隐喻存在的价值。而与建立在"同""异"分离基础上的抽象关系不同,以"同""异"融合为特质的相似关系构成隐喻的基本结构;相似关系是隐喻成为可能的绝对前提。因此,马克斯·布莱克(Max Black)才说:"什么是隐喻中所包含的特征变换函数呢?其答案是:或者是类比,或者是相似。"[1] 事实上,类比的基础也是相似性。因为,所谓类比,就是两个属于不同范畴的知识系统,凭借着彼此在属性或结构上的相似性,由已知系统推论未知系统,并进而获得新的知识的过程。因此,从逻辑上来说,所谓类比就是借助于具有相似性的两种事物而举其一以明另一。这种方法又叫作比喻,因而与隐喻内在关联。从某种意义上说,在语言符号的表征关系中,相似关系就修辞而言即为隐喻,就逻辑而言即为类比。因此,相似性(similarity)既是构成隐喻的必要条件,又是隐喻形成的基础。英国著名人类学家、宗教历史学和民俗学家詹姆斯·乔治·弗雷泽(James George Frazer)在《金枝》中借助原始巫术理论对原始隐喻思维的这一特点进行了阐发:"'顺势巫术'是根据对'相似'的联想而建立的……而接触巫术,我们常发现它需要同时运用顺势或模拟原则才能进行。"[2] 巫术是《易经》时代统治先民社会的基本观念,故弗雷泽对巫术基本法则的阐释,实质上就是对原始思维基本法则的阐释。他认为,只有"相似联想"才是两种巫术能够进行下去的根本法则,甚至从根本上来说,"禁忌是来源于相似律的"[3]。由此可见,原始思维的一大特征就是"相似

---

[1] [美]M.布莱克著:《隐喻》,载高宣扬译,江天骥校,涂纪亮编:《当代美国哲学论著选译》第三集,商务印书馆1991年版,第92页。
[2] [英]詹姆斯·乔治·弗雷泽著,徐育新、汪培基、张泽石译:《金枝》,中国民间文艺出版社1997年版,第20页。
[3] [英]詹姆斯·乔治·弗雷泽著,徐育新、汪培基、张泽石译:《金枝》,中国民间文艺出版社1997年版,第33页。

性联想"。匈牙利现代哲学家、美学家和文艺理论家乔治·卢卡契（Georg Lukacs）亦曾指出："在初始和原本的日常思维中，对客观现实直接反映进行连接和转化的基本的主导形式中最重要的一种方式是类比。"① 他所说的"初始和原本的日常思维"即指原始思维。列维·斯特劳斯也说："它们（指原始人的思维）在诸项之间建立的关系绝大多数情况下，都或者依据邻近性，或者依据相似性"，因而，"二者之间的联系不是因果性的而是譬喻性的"。② "因果性"是现代逻辑思维产生的标志，而"譬喻性"正是原始思维独具的特征。这种想象中的"类"观念在古代中国同样广泛存在。卡西尔曾经指出："在中国人的思想中，我们也遇到这样的观念：所有质的差别和对立都具有某种空间'对应物'，形式不同但却演化得极为精妙和准确。万事万物又是以某种方式分布在各种基本点之中。每一个点都有特殊的颜色、要素、季节、黄道标志、人类身体的一种特定器官、一种特定的基本情绪，等等，它们与每个点都有特殊的从属关系；借助于这种与空间中某个确定位置的共同关系，一些最具有异质性的要素似乎也彼此发生接触。一切物种在空间某处都有它们的'家'，它们绝对的相互异在性因而被一笔勾销：空间性媒介导致它们之间的精神媒介，结果是把一切差异构造成一个宏大整体，一种根本性的、神话式的世界轮廓图。"③ 卡西尔的这一段话说的是汉文化所体现的大的思维方式，传统上称这种思维为类比思维或曰取象比类思维。其通常的运作机制是借助熟悉的具体事物对同类或相近的不熟悉事物进行理解或推理，从而达到对后者的把握与说明。在熟悉事物和不熟悉事物之间起同化和沟通作用的媒介就是这两者表象上的相同或相似，因而其运作过程必然要借助类比、附会、替代等方式予以完成。从思维类型的角度来说，象征、比兴、寓言等隐喻形态都属于类比推理范畴。《周易》观物取象，以阴阳两爻为生命的源头，两爻的组

---

① ［匈］乔治·卢卡契著，徐恒醇译：《审美特性》（第1卷），中国社会科学出版社1986年版，第18页。
② ［法］列维－斯特劳斯著，李幼蒸译：《野性的思维》，商务印书馆1987年版，第121页。
③ ［德］恩斯特·卡西尔著，黄龙保、周振选译，柯礼文校：《神话思维》，中国社会科学出版社1992年版，第99页。

合推演象征事物变化发展的态势，取八卦所代表的八种基本自然事物的象征意义，作为万物归类的依据，已经表现出归纳概括，超越具象寻求普遍规律的抽象思维能力。《周易》"方以类聚，物以群分"（《系辞上传》）"同声相应，同气相求"（《易·乾》）和"近取诸身，远取诸物，于是始作八卦，以通神明之德，以类万物之情。"（《系辞下传》）等说法中的"类""群""同"等术语，表明的即是《易经》时代巫术思维的类比联想。因为八卦正是以"类"构架而推及于万物的，如"乾"用以象征天，在人事则代表父，在动物则代表马，在数字则代表九等，所用的都是类推的思维方法。所以从认识论的角度来说，隐喻在本质上就是一种类比的方法，其所做的工作就是一种原初的分类工作。"其称名也小，其取类也大"（《系辞下传》），这种由小见大、由具体表现一般的原则，与文艺创作的规律内在相通。如司马迁《史记·屈原贾生列传》所云"其文约，其辞微……其称文小而其指极大，举类迩而见义远"，刘勰《文心雕龙》之《总术》篇所云"乘一总万，举要治繁"，《物色》篇所云"以少总多，情貌无遗矣"，以及《宗经》篇所云"辞约而旨丰，事近而喻远"，等等，都是对取象比类思维在审美心理领域的概括描述。《系辞上传》云："君子以类族辨物。""方以类聚，物以群分。"没有这"类族"，没有这"类聚"和"群分"，隐喻就不可能发生。如《荀子·非相》篇即有"以人度人，以情度情，以类度类"之说。《墨子·小取》篇更有深入讨论："论求群言之比，以名举实，以辞抒意，以说出故。以类取，以类予。有诸己不非诸人，无诸己不求诸人。或也者，不尽也。假者，今不然也。效者，为之法也；所效者，所以为之法也。故中效，则是也；不中效，则非也。此效也。辟（通'譬'）也者，举也（通'他'）物以明之也；侔也者，比辞而俱行也；援也者，曰'子然，我奚独不可以然'也；推也者，以其所不取之，同于其所取者，予之也；是犹谓也者同也，吾岂谓也者异也。"其中的"比"（比较）、"类"（类推）、"假"（假托）、"效"（效法）、"辟"（譬喻）、"侔"（齐等）、"援"（援引）、"推"（推论）等术语都是"类通""类取"和"类予"的具体法则，它们在隐喻思维的实际运作中都常被广泛运用，尤其是其中的"以类取，以类予"表明类比在这个时代已经成为一种普遍的思维方式了。而西汉前期淮南王刘安及其门客集体编著的《淮南子》对此更有深入思考。《淮南子·要略》云:"略杂人间之事,总同乎神明之德,假象取耦,以相譬喻……曲说攻论,应感而不匮者也。"这里不仅提出了"譬喻"的概念,而且还揭示出了隐喻的原理,即"假象取耦""揽物引类",这是一种"览取拚掇,浸想宵类"的思维方法和构形方法,是在诗意的冥想中用类比式思维"撮象造型"的方法。《淮南子·精神训》则形象地描述了天与人的全部隐喻和同构关系:"故头之圆也,象天;足之方也,象地;天有四时、五行、九解、三百六十六日,人亦有四支(肢)、五藏、九窍、三百六十六节;天有风雨、寒暑,人亦有取与、喜怒;故胆为云、肺为气、肝为风、肾为雨、脾为雷,以与天地相参也,而心为之主。是故耳目者,日月也;血气者,风雨也。"总之,天(包括整个宇宙)与人是完全对应的同构关系,整个世界与人是互相感应的,所以整个世界也就变成了一个象征的森林。人与天是可以相互说明的,这才是隐喻思维产生的理论基础。不只哲学如此,文学批评中"类"也广泛使用。如王逸云"《离骚》之文,依诗取兴,引类譬喻"(《离骚经序》),孔安国云"兴,引譬连类"(何晏《论语集解》引),郑玄云"比,见今之失,不敢斥言,取比类以言之"(《周礼·大师》注),挚虞云"比者,喻类之言也"(《文章流别论》),刘勰云"观夫兴之托喻,婉而成章,称名也小,取类也大"(《文心雕龙·比兴》),等等很多。所有这些都有力证明了中国古人是习惯于通过"以己度物"的方式创造"想象性类概念"来认知外部世界的。弗莱(Northrop Frye)说:"人类的初级思维不是理性的,而是隐喻式的,即主观世界与客观世界在庞杂的心灵图景中趋向等同。隐喻表述了这种同一性。"[1] 因此,从修辞学意义上看,隐喻与明喻、象征、比兴、类比、寓言等之间存在着极为细微的差别,但作为一种逻辑现象,"在类比、隐喻、比喻、明喻甚至还有模型之间存在着逻辑统一性:它们都从属于同一种论证策略,即以一个领域作为另一个领域的模型或标准"[2]。它们在本质上都有着共同的思维根源。它们无

---

[1] 吴持哲著:《诺思洛普·弗莱论文选集》,中国社会科学出版社1997年版,第172页。
[2] 鲍海定著:《隐喻的要素:中西古代哲学的比较分析》,载艾兰等编:《中国古代思维模式与阴阳五行说探源》,江苏古籍出版社1998年版,第83页。

一例外都是基于主体所感觉和想象到的统一，在本体和喻体、能喻和所喻之间建立起诸如"同一性""相似性"或包括各种形式在内的内在"关联"，从而把隐喻的两极凝聚在一种或隐或显的"同时性"中，以创造、暗示出无限丰富的崭新意义，即所谓的"意义的盈余"。隐喻作为中国传统思维模式中类比的一种形式，具有沟通同类甚至异类的作用。它可以"以义起情、借类达情"，在叙事、说理和抒情的过程中借助具体物象以表达抽象的思想感情，情景交融，生动形象，直观易见，便于使人接受并感悟其中蕴含的道理。它用实在的物象喻指复杂的情感，而又不拘泥于原有的物象，从而蕴含了特有的韵致。

三

语言，特别是文字的发明，乃是人类真正进入文明社会的特有标志。维柯对语言和文字也进行了深入的讨论。他说："思想和语言是按同等的步伐发展的。"[①] 人类历史经历了"神的时代""英雄时代"与"人的时代"这三个发展阶段，与之相应的三种语言则是"家族时代的语言"（无声的语言，如符号和实物）、英雄语言（徽志、类似、比较、意象、隐喻和自然描绘）及"人的语言"（约定俗成的符号）。与思想的情感化相对应的最初的语言都是感性的："一切语种中的词源学的普遍原则：词（或字）都是从物体和物体的特点转运过来表达心灵或精神方面的各种事物。"[②] 在维柯看来，诗性语言是各种语言的源头。原始人作为人类的儿童，他们所具有的是"诗性的智慧"，与此相应，他们运用的是"诗性的词句""诗性的文字"，而他们本身就是用"诗性语言"说话的"诗人"。[③] 维柯在《新科学》中主要讨论了三种语言和文字，其中，"第一种是神的字母，正当的名称是'象形文字'（hieroglyphics）……这

---

① [意]维柯著，朱光潜译：《新科学》，商务印书馆1989年版，第125页。
② [意]维柯著，朱光潜译：《新科学》，商务印书馆1989年版，第126页。
③ [意]维柯著，朱光潜译：《新科学》，商务印书馆1989年版，第182页。

是各民族在起源时都使用的"①。人类最初都是"用诗性文字来思想,用寓言故事来说话,用象形文字来书写"②,因此,"一般的说,隐喻构成全世界各民族语言的庞大总体"③。而随着思维的发展,人类语言更加抽象化和符号化了,"诗性语句是凭情欲和恩爱的感触来造成的,至于哲学的语句却不同,是凭思索和推理来造成的"④。"抽象的语句是哲学家们的作品,因为其中用的是共相。"⑤

维柯这里特别指出的是与诗性智慧对应的文字是诗性的象形文字,这就与中国传统恰相契合。可以说,中国诗性的隐喻文化之所以长盛不衰,实与中国的汉字传统密不可分。汉字的最大特征是形象性,其在本质上就是一种广义的象形文字:"羊角象其曲,鹿角象其歧,象象其长鼻,豕象其竭尾,犬象其修体,虎象其巨口,马象其丰尾长颈,兔象其长耳厥尾,虫象其博首宛身,鱼象其枝尾细鳞,燕象其籲口布翅,龟象其昂首被甲,且也或立或卧,或左或右,或正视或横视,因物赋形,恍若与图画无异。"⑥其从产生到现在都保留有鲜明的"模物写象"之特点。⑦可以说,"汉语言的意义生产和意义表述机制,其基本特征是隐喻化的。字的构成,或象形或指事,其能指总是与具体的物或事紧密相联;而字的释义,或基本型的意象或扩张式的象征,其所指总是隐喻化的。"⑧许慎在《说文解字·叙》中借助神话传说的方式对汉字的起源进行了揭示:"仓颉之初作书,盖依类象形,故谓之文。其后形声相益,即谓之字。字者,言孳乳而浸多也。"⑨无论是"依类象形",还是"形声相益",还是"孳乳而浸多",都与"象"密切相关,因此可以说"象"是汉

---

① [意]维柯著,朱光潜译:《新科学》,商务印书馆1989年版,第498页。
② [意]维柯著,朱光潜译:《新科学》,商务印书馆1989年版,第213页。
③ [意]维柯著,朱光潜译:《新科学》,商务印书馆1989年版,第226页。
④ [意]维柯著,朱光潜译:《新科学》,商务印书馆1989年版,第122页。
⑤ [意]维柯著,朱光潜译:《新科学》,商务印书馆1989年版,第391页。
⑥ 容庚:《甲骨文字之发见及其考释》,1923年载国立北京大学《国学季刊》第一卷第四号。
⑦ 如葛兆光就曾以丁公村出土的陶文和甲骨文为例,说明中国的古代汉字具有形象性特征,并且指出这反映了中国古代先民习惯于具体感知和形象表达的思维状况。具体论述请参阅《七世纪前中国的知识、思想与信仰世界》,复旦大学出版社1998年版,第115–117页。
⑧ 李建中著:《古代文论的诗性空间》,湖北人民出版社2005年版,第111页。
⑨ (汉)许慎著,(宋)徐铉校定:《说文解字》,中华书局1963年版,第314页。

字的本质特性。中国先民在创制符号或文字时所用的原则是从物象出发，观物取象，以物之形象为本，将其心灵化、意象化，先造出象形字，然后在象形字的基础上孳乳出了指事、会意、形声等其他构造方式的字。吴孟复在论述字形和字义的关系时说："象形本于图画，指事本于符号，但指事会意也有图形的意思，如：口中含有一物为'甘'（'含'之本字，指事字），也可以说成象口中含物之形；'有'字以手持肉（会意字），也可以说是象人持肉之形；'企'字从人从止（趾），是会意字，但也可以说是象人跂立之形。故唐兰把象形、指事、会意三者合并成'象形'和'象意'两种；而陈梦家则统称之为'象形'；马叙伦也说：'其实象形、指事、会意皆象形也。'"而形声字，"应该指出，无论形旁或声旁，原也是广义的象形（即象形或指事或会意）字。换言之，即形声字是由两个象形字组成的，一个用来表示意义范围（形旁），一个用来表示声音（有的声中有义）"[1]。由此可见，传统的"四书"造字法都是以象形为本，而象形思维正是隐喻式思维模式。实际上，早在汉代班固就已经对汉字的这一特性有了深刻的洞察。在《汉书·艺文志》中，班固称"指事"为"象事"，称"会意"为"象意"，称"形声"为"象声"，这种做法本身就说明班固对汉字"象"的思维内质持有深刻的认识。班固的"四象"之说可以作为传统汉字的造字法与隐喻性思维关联的一个有力佐证。时至清代，著名文字、音韵、训诂学家段玉裁亦曾针对许慎《说文·叙》中"《书》曰：'予欲观古人之象'，言必遵修旧文，而不穿凿"一语指出："古人之象，即仓颉古文是也。象形、象事、象意、象声，无非象也，故曰'古人之象'。文字起于象形，日、月、星辰、山、龙、华虫、宗彝、藻、火、粉米、黼、黻，皆象其物形，即皆古象形字，古图画与文字，非有二事，帝舜始取仓颉依类象形之文，用诸衣裳以治天下，故知文字之用大矣。伏羲、仓颉观于天地人物之形，而画卦、造书契，帝舜法伏羲、仓颉之象形，以为旗章衣服之饰。大舜之智，犹修旧不敢穿凿，况智不如舜者乎！"（《说文解字注》）段注可谓凿破混沌，深得要领。具体说来，汉字的"六书"之中，作

---

[1] 吴孟复著：《训诂通论》，安徽教育出版社1983年版，第38、39页。

为"字之体"的"指事""象形""形声""会意"都与"象"直接关联。"视而可识,察而可见"表明"指事"字的构造必须具有可视性和接触性;"画成其物,随体诘诎"表明"象形"字的构造必须从具体实物寻找原型;"以事为名,取譬相成"表明"形声"字的构造必须以现成的物象为基础;"比类合宜,以见指㧑"表明"会意"字的构造必须通过意会的方法对客观事物进行分类排列组合。甚至作为"字之用"的"转注"和"假借"也同样与"象"密切相关。"建类一首,同意相受"表明"转注"字的构造与类比内在关联;"本无其字,依声托事"表明"假借"字的构造需要借助声音寄托事物。这种情况就说明了古代汉字造字法反映了古人发现不同类事物之间的相似性而以彼物喻此物的认识事物的规律:"这类关系……是在古人观物'结习'看来,二者原本可以相通联以至于相认同。"① 因此,可以这么说,"象"是所有汉字产生与存在的根基。朱良志对此也有所论述:"整个汉字系统是在象形基础上'孳乳而浸多'的,会意通过一组象形符号的关系构成来显示意念(如信),指事字则是通过在象形符号的基础上强调某一点而显示意念(如刃),而占汉字百分之八十以上的形声字,虽然带有明显音化的倾向,但是仍没有脱离有形可象的总体特征……同时,汉字的象形特征通过多种途径保存下来:第一,类化转移。如'日'在楷书中已不见象形原貌,但并未失去以形传义的功能……第二,抽象提示。汉字字型具有似与不似之特点,初见不象,细研又依稀可辨。第三,意断势联。即随笔势判断其象形原貌,等等。"② 中国文字天然的象形特质就决定了中国文化的隐喻化倾向。而汉字的象形化特质又与中国古人隐喻化的思维取向密不可分。这看起来是一个内在互为反复的命题,可又符合古代中国的实际情况。成中英曾就中国语言与中国思维的关系精辟地指出:"思维与语言是表现原始生活经验的两种方式。中国语言决定了中国思维,而中国思维又反过来决定中国语言;掌握了中国语言就意味着掌握了中国思维,反之亦然。因此要改变中国思维就必须改变中国语言,要改变中

---

① 臧克和著:《说文解字的文化说解》,湖北人民出版社1995年版,第6页。
② 朱良志著:《中国艺术的生命精神》,安徽教育出版社1995年版,第129页。

国语言则必须改变中国思维。"① 由此，通过考察汉字字形，可以大致了解该字的字义，因为摆在你眼前的就是一幅幅"图画"。更重要的是，还可以发掘汉字中隐藏的丰富人文意象。早在 20 世纪初，研究东方文化多年的美国学者芬诺罗萨（Ernest Fransico Fenollosa）已经发现了这一点，他称之为"汉字的隐喻作用"。他说："中国每一字之源流，观此字即知之，虽隔数千载，而其隐喻进展之迹，犹显而易见，且或即存于其字之意义中焉。是故中国字，非若欧字之愈变愈瘪，乃愈积而愈丰，与年并进，用能光芒璀璨，昭映眉宇。凡诸词字，一经其古昔之哲学家、历史家及诗人所用，顿益新义。词字譬诸一星，其新益之义，犹光轮之环于其外，而此新义常为人所记忆，而实行使用。彼中国人生活之神髓，一若芬然与其文字之根蒂相纠结，前型古范，充塞载籍，潮流奇变，纷纭奔赴，德性操行，纲维伦纪，凡此种种，莫不瞬息间电烁于吾心，使所读文字，于其层累之意义外，更增生力，此非音标之文字所能梦见者也……诗化之文字，有若繁音协奏，叠响震曳，有若铜山东崩而洛钟西应，众力辏聚，不期而自然。惟在中文，此诗化之美质，乃臻于极，所以然者，其隐喻昭然可睹也。"② 芬诺罗萨指出："中国文字不独能摄取自然界之诗的实质，另造一隐喻之世界，且以其象形之昭显，用能保持其原来富于创造力之诗素，其气魄之富，栩栩欲活，远非一切音标文字所能及焉……欲知近世文字衰败之遗迹，请一阅字典……盖凡用音标之文字，其蜕变之迹，自身无从表见，则以其文字中之隐喻无从窥察，不如象形文字之隐喻一望而知，故其曩时之真意义恒致遗忘，惟在中国文字，则不容尔尔。"③ 陈钟凡则从汉字构成看出古人有九大习性："一曰注意之习性"，"二曰类推之习性"，"三曰想像之习性"，"四曰象征之习性"，"五曰爱美之习性"，"六曰分析之习性"，

---

① 成中英著：《中国语言与中国传统哲学思维方式》，载张岱年、成中英等著：《中国思维偏向》，中国社会科学出版社 1991 年版，第 197—198 页。
② [美] 芬诺罗萨著：《论用中国文字作诗之工具》，载何九盈：《汉字文化学》，辽宁人民出版社 2000 年版，第 130 页。
③ [美] 芬诺罗萨著：《论用中国文字作诗之工具》，载何九盈：《汉字文化学》，辽宁人民出版社 2000 年版，第 128—129 页。

"七曰实用之习性","八曰竞争之习性","九曰政治之习性。"① 这就从一个侧面说明汉字隐喻功能的丰富性。

从文字发展的角度来看,东西方最初的文字,如维柯所言,都是象形文字,卢梭亦说过:"最初的语言必定是象征性的。"②"原始人类的以己度人和想象性类概念,表明原始思维所依凭的不是抽象的概念而是具体的意象;而这种意象思维的物质性凭证,就是原始语言的形象性和具体性。"③ 文化人类学家对原始语言的诗性特征做过大量的研究,结果发现原始语言具有"绘声绘影"的倾向,"也就是如画地描绘出说话人想要表现的那种东西的倾向";原始语言"描写那种能够感知和描绘的东西",而且"永远是精确地按照事物和行动呈现在眼睛里和耳朵里的那种形式来表现关于他们的观念"。④ 但在后来的发展过程中,由于各自文化传统、思维习惯的不同,西方从象形文字完全演化为表音文字,最终完全抛弃了文字初始时期的象形性特征,完全变成了纯粹表音的符号化文字。汉字则不然,虽然经过甲骨文、金文、籀文、小篆以至于隶书的演变而最终实现了质的飞跃,但无论如何演变,无论如何实现质的飞跃,都没有完全抛弃其中的象形特征,至多也就是一个明显与不明显的区别而已。饶宗颐说:"汉字源于图画,始终一脉相承,没有间断;文字主要还是表意,辅以声符表音,尽管后来字形有繁减多样化的演变,仅是形貌上的小差异,本质毫无改易,绝对不是质变。"⑤ 当列维-布留尔所说的"我们的语言"越来越远离形象,越来越概括、抽象、精确、谨严之时,汉语言则在符号化、抽象化的同时依然保留了"诗性语言"的形象、具体与浓缩、含蕴。"汉语是一种心灵的语言,一种诗的语言,它具有诗意和韵味,这便是为什么即使是古代中国人的一封散文体短信,读起来也像一首诗的缘故。"⑥ 史前

---

① 陈钟凡著:《从文字学上所见初民之习性》,《国学丛刊》1923年第1卷第2期。
② [法]让-雅克·卢梭著,洪涛译:《论语言的起源:兼论旋律与音乐的摹仿》,上海人民出版社2003年版,第18页。
③ 李建中著:《古代文论的诗性空间》,湖北人民出版社2005年版,第23页。
④ [法]列维-布留尔著,丁由译:《原始思维》,商务印书馆1981年版,第139、150页。
⑤ 饶宗颐著:《汉字树》,上海人民出版社2000年版,第182页。
⑥ 辜鸿铭著:《中国人的精神》,海南出版社1996年版,第106页。

时代"象"思维的保存，使汉字在符号化的过程中保留了象形性的根基，这就使中国人在用汉字进行思维的过程中仍然保留有明显的"象"思维和形象中心主义的内在特质，汉语、汉字的象形性根基使它本身充满了隐喻和暗示，其表意的最高境界在于"不落言筌"，以追求"象外之音"和"言外之意"为目的。所以孔狄亚克（Etienne Bonnot de Condillac）才说汉语这种"带有象形文字特色的方块单字""充满着讽喻、比拟和隐喻"[①]；弗莱也认为"表意文字"如汉字即是隐喻，汉字实际上是一种"并置意象"的"隐含隐喻"，因此解读汉字需要某种"隐喻性思维飞跃"。[②] 这与用拼音文字进行思维的西方文化完全不同。"'象性'阐释是汉语诗学的根本特征，是拼音文字难以获得的神韵。"[③] 东西方文字的差异，就从某种意义上揭示了隐喻在东西方不同的命运与发展方向。汉字的图形性、隐喻性功能，能够充分激发人的灵感、潜意识和想象力，并因此而便于产生字外之意、弦外之音，这是以逻辑见长的拼音文字所不能及的："藉隐喻之用，中国文所成就，实能较西方文字为大也。稀薄（译者原注：谓抽象）之观念，中国文字未有不能表达之者也。且中文之表达之也，更活动，更永久，而迥超乎吾人之所能望于音标语根者焉。此种用象形方法孳演之文字，实为理想之世界文字，姑不论中国文字之能合此资格否也。"[④] 汉字作为汉民族思维的工具，受传统思维方式的深刻影响，同时，中华民族在长期使用汉字的过程中，汉字对其思维也有反作用，它在一定程度上对传统思维产生影响。维柯说中国人直到今天还用"诗性方式去思考和表达自己"。[⑤] 正是汉语言的这种诗性特征，才构成了中国文化诗性特质的物质（媒介）或语言形式之根基。

---

① ［法］孔狄亚克著，洪洁求、洪丕柱译：《人类知识起源论》，商务印书馆1989年版，第221页。
② Northrop Frye, Anatomy of Criticism. p.334; The Great Code. p.56.
③ 王岳川著：《文化话语与意义踪迹》，四川人民出版社1997年版，第481页。
④ ［美］芬诺罗萨著：《论用中国文字作诗之工具》，载何九盈：《汉字文化学》，辽宁人民出版社2000年版，第132页。
⑤ ［意］维柯著，朱光潜译：《新科学》，商务印书馆1989年版，第209页。

四

中国文化诗性特质的形成，与作为"群经之首""大道之源"的《周易》，具有密不可分的内在关联。

首先，《周易》确立了象征文化的东方传统。象征（Symbol）是一个极为复杂的概念，被广泛应用于人类社会生活的各个领域。而作为"群经之首"和"大道之源"的《周易》，开创了象征文化的东方传统，成为中国象征文化的源头活水。[①] 从思维方式和文化人类学的角度来看，"象"的源头是中国远古文化观念的凝结与积淀。《考工记》载："土以黄，其象方，天时变。火以圜，山以章；水以龙，鸟兽蛇。杂四时五色之位以章之。"这就证明中国古代尚象意识的发端是极为久远的。处于神话蒙昧时期的古人，笼罩在万物有灵的神秘氛围中，都以"象"为工具，以"象"与"象"之间的神话思维和天人感应来感受和把握周围的世界。郭璞《山海经叙》所谓的"以宇宙之寥廓，群生之纷纭，阴阳之煦蒸，万殊之区分，精气浑淆，自相喷薄，游魂灵怪，触象而构，流形于山川，丽状于木石者，恶可胜言乎"便是对此现象的形象描绘。郭璞认为神话是"游魂灵怪，触象而构"的产物。"游魂灵怪"本无定型，是人类"象物以应怪"，把与之有关的属性附丽于"山川""木石"等有形事物之上。而这是"成其所以变，混之于一象"的结果。由此可见，神话的"触象而构"反映了处于蒙昧期的中国古人的审美意识。如中国古代的风神飞廉是"鹿身，头如雀，有角，而蛇尾豹纹"（洪兴祖《楚辞补注》引晋灼语）；旱神女魃则住在南方，"长二三尺，袒身而目在顶上，走行如风……所见之国大旱、赤地千里"（《艺文类聚》卷一百引《神异经》）。而其中最为典型的是关于宇宙和人类起源的创世神话。如《绎史》卷一引《五历运年纪》云："首生盘古，垂死化身。气成风云，声为雷霆，左眼为日，右眼为

[①] 参见拙文：《隐喻与象征——以〈周易〉为中心的探寻》，《青海师范大学学报》2006年第5期。

月,四肢五体为四极五岳,血液为江河,筋脉为地理,肌肉为田土,发髭为星辰,皮毛为草木,齿骨为金石,精髓为珠玉,汗流为雨泽。身之诸虫,因风所感,化为黎氓。"以上案例都无一例外地说明了中国古人在"仰观俯察"的基础上,借助其无限丰富的想象能力,以"近取诸身,远取诸物"的方式塑造了诸种神灵的形象。而产生于殷周之际的《易经》,承袭远古巫卜之风,保留了远古神话的原始思维方式,并最终形成了以"象"为代表的文化形态与思维特色。① 可以说,"象"构成了《周易》的本质和灵魂;《易》之"道"源于"象";没有"象",就没有《易》。《系辞下传》中的"《易》者,象也;象也者,像也"之论断便说明了这一点。维柯所谓"想象的类概念"（imaginative class concepts）之方法就是通过"象"来体示概念。这与《周易·系辞上传》所说的"圣人有以见天下之赜,而拟诸形容,象其物宜,故谓之象"内在相通。李宗桂指出:"中国传统思维方式中的类比、比喻、象征等思维形式,从本质上看,是同一形态的东西。比喻是类比的表现形式,象征即是隐喻,是一种特殊的比喻。三者都建立在经验的、具象的基础上,都是主体借助一定的物象或原理,以阐明特定的情感意志的一种方法。它们的基本功能在于通过由此及彼的类别联系和意象涵摄,沟通人与人、人与物、人与社会,达到协同效应。它们都是通过具体的形而下的器,阐释主体对形而上的'道'的向往。"② 事实确实如此。《周易》主要是用卦象和爻象来隐喻和象征宇宙和人生中的种种物象和事象。比如八卦之卦象,依次象征天、地、山、泽、雷、风、水、火;又比如乾卦之爻象,依次象征龙的潜、见、惕、跃、飞、亢。《周易》这种符号象征不仅是广泛普遍的,而且是超越自发而进入自觉层面的。从这个意义上讲,黑格尔在其名著《美学》中认为象征起源于东方是对的,但他认为东方的象征只属于不自觉的象征却是错误的或者至

---

① 蒋凡、李笑野两位先生在其合著的《天人之思——〈周易〉文化象征》（四川人民出版社2007年版）一书中,将中国古代神话所体现的象征思维的具体特点概括为三个方面:一是"'近取诸身,远取诸物',由自身而及世界的认知方法";二是"类的集合与推衍";三是"意与象合一的直觉感悟"。并依次论证了其与《周易》象征思维之间的源流关系。
② 李宗桂著:《比喻、象征及对形而上的向往》,载张岱年、成中英等著:《中国思维偏向》,中国社会科学出版社1991年版,第100页。

少说是不全面的。他忽略了作为中国文化始源和代表的《周易》一书，其中的符号象征恰恰是相当自觉的。在《周易》的符号象征中，观念明显占据统治地位，因此读者能够"引而伸之，触类旁通"，从而获得远远超出其对应符号自身的理性内容。其阴阳二爻组成八种卦名，然后又组成六十四种观念符号，并最终获得了"以通神明之德，以类万物之情"的象外之义。这所体现的正是一种观念上由不自觉到自觉的过程。① 由于《周易》的卦、爻之"象"与宇宙及人生的物、事之"象"存在着象征性联系，所以由《周易》所最终定型的这种思维方式，在中华民族发展的历史长河中，早已渗透到诸如语言、文字、音乐、绘画、诗歌、小说、饮食、起居、礼仪、建筑、宗教、符号等等凡是与人类活动相关的一切领域，如政治上的"天人感应"、伦理上的"天人合德"、医学上的"人与天地相应"、宫阙楼阁的"乾坤势道"等等，都是如此。② 因此，《周易》是中国象征文化的核心一环，它奠定了中国文化诗性特质的重要基础。

其次，《周易》奠定了中国思维的基本范型。思维方式作为人类文化现象的深层本质，对人类的文化行为起着稳定的支配作用。与西方文化主客二分、理性逻辑的对象化思维传统不同，天人合一、阴阳和谐、隐喻象征、直觉体悟等非对象化思维构成了中国最为基本的思维传统，决定了中国特有的民族性格和文化传统。而这一思维传统的形成，无疑与《周易》密切相关。③ 成中英极为深邃地指出："《易经》哲学是语言与思维相结合的最完整的系统，《易经》是中国人经验最原初的模型，是中国哲学的原点。从伏羲、神农到夏、商、周，正是中国思维的酝酿阶段，产生了八卦系统，还有附带显示的卜筮

---

① 陈良运指出："《周易》的阴、阳两爻，尚属'不自觉'的象征，八经卦是在'不自觉'与'自觉'之间的过渡形式，而六十四别卦，最有资格称'自觉的象征'……中国是'自觉象征'出现最早的文明古国之一。"（《周易与中国文学》，百花洲文艺出版社1999年版，第46—47页）

② 居阅时、瞿明安等指出："象征，是中国文化中最为普遍但又未被充分重视和理解的文化现象之一……凡与人类活动发生关系的一切事物都包含着象征。象征在中国文化中的普遍存在，以致我们可称其为象征文化。"（《中国象征文化·导论：从现象到本义——象征文化及其研究》，上海人民出版社2001年版，第1页）

③ 参见拙文：《〈周易〉：中国传统美学思维的源头》，《周易研究》2006年第3期。

之用；产生了形象化思维，以及形象化思维所表现的宇宙图像。《易经》既是宇宙发生论，又是宇宙图像论。对宇宙的掌握包含了对人世的掌握。宇宙图像是从低级到高级的，精神活动是宇宙结构的一种内在显示，宇宙内部包含了任何心灵活动。《易经》的经文，先有图像，再有名、辞，再有传。八卦的形成，表明了整体化思想的存在。八卦不是孤立的单独的形象，而是彼此相关的形象，构成整体，建立宇宙图像。《易经》是基于宇宙发生的一种思考，其思想包含了主观的决策，即先把世界看成是混沌未分的世界——太极，再看成混沌中有显隐、静动、刚柔、虚实的差别，再分成四象、五行，变成宇宙发生的图像。当然这是一种自然分析，不是理性分析和概念分析。《易经》是对自然发生的一种分别，表达了一种通变的哲学。但是《易经》的最大特点在于它的未固定性、不确定性，它不是科学思维方式而是宇宙论的思维方式。"[①] 成中英这段论述虽然没有明确指出但却暗含了"中国人经验最原初的模型"和"中国哲学的原点"就来自《易经》所确立的天人合一、阴阳和谐、隐喻象征以及直觉体悟等四大基本民族思维模式，喻示了其对中国文化传统极为深远的影响。

再次，《周易》开创了"立象以尽意"的审美传统。可以说，一部中国艺术史就是"象"思维模式下演绎而成的历史，文学艺术是"象"思维的显现和破译，"立象以尽意"是文学艺术的表现和手段。而这种传统的形成显然与《周易》密不可分。[②] 现存文献中，《周易》是最早明确论述"意"和"象"的关系的，其所提出的"立象以尽意"之命题，成为中国美学"意象"和"意

---

① 成中英著：《中国语言与中国传统哲学思维方式》，载张岱年、成中英等著：《中国思维偏向》，中国社会科学出版社1991年版，第198页。
② 刘纲纪指出："以《周易》的卦象来说，它当然不是艺术作品，但从它既是一个可感知的'象'，同时又包含着、显示着某种'意'来看，与艺术作品有类似之处。正因为这样，《周易》提出的'立象以尽意'的说法，就其认为'象'可'尽意'这一点说，如上所指出并不符合实际情况，也不符合艺术的'象'的特征；但这一说法又第一次明确提出了'意'与'象'的关系问题，并且认为'象'是能够表现'意'的，这就为探讨艺术的本质提供了理论根据，开辟了新的思路。不仅如此，更进一步来看，《周易》对'意'与'象'两者的理解都有切近于艺术之处。"(《〈周易〉美学》(新版)，武汉大学出版社2006年版，第260页)

"境"体系的根源。在《周易》作者看来，作为一种特殊的言说方式，"象"具有"言"所无法比拟的优势："子曰：'书不尽言，言不尽意。'然则圣人之意其不可见乎？子曰：'圣人立象以尽意，设卦以尽情伪，系辞焉以尽其言，变而通之以尽利，鼓之舞之以尽神。'"这就说明，"象"可以克服"言不尽意"的困境，能够突破语言的牢笼而直达"意"的本体。魏晋玄学的兴起，为审美之"象"的深化与发展起到巨大的推动作用。哲学家王弼虽没有独立使用"意象"概念，但他阐述了"言、象、意"三者关系，从而大大发展了"象"的内在意蕴："夫象者，出意者也。言者，明象者也。尽意莫若象，尽象莫若言。言生于象，故可寻言以观象；象生于意，故可寻象以观意。意以象尽，象以言著。故言者所以明象，得象而忘言。象者所以存意，得意而忘象。犹蹄者所以在兔，得兔而忘蹄；筌者所以在鱼，得鱼而忘筌也……是故触类可为其象，合意可为其征。"（《周易略例·明象》）这段话中的"象"即"卦象""爻象"；"意"即与"象"对应的"义理""思想"；"言"即"语言""文字"。王弼所论，既是对《周易》"立象以尽意"的进一步明确和发挥，又是对《庄子》"得意而忘言"的继承和发展①，同时更是创造性地提出了"触类可为其象，合义可为其征"的象征理论。故王弼所论虽是哲学认识论问题，但对审美意识及其理论的深化，却有深远的影响。而在中国传统文化中，真正把"象"从巫术和哲学的领域引入文学领域的是南朝文论大家刘勰。从一定意义上说，刘勰是在美学领域运用"意象"的第一人，他完成了由哲学之"象"向艺术之"象"的转化，是中国美学史上"意象"说的先声。②尽管《周易》"立象以尽意"这一命题的本意并不是针对审美和艺术创造的，但由于其表达了难尽乃至无尽的广泛意蕴以及存在着多种与艺术审美、立意、品味等极为接近和相通的方法和思想，所以其对后世的美学思想、艺术观念和创造方法均产生了极为深远的影响。首先，中国古代诗文中的大量事典，其实

---

① 《庄子·外物》："筌者所以在鱼，得鱼而忘筌。蹄者所以在兔，得兔而忘蹄。言者所以在意，得意而忘言。"
② 参见拙文：《从哲学到艺术——审美之"象"的渊源与流变》，《南阳师范学院学报》2006年第10期。

就是各种各样通过特定意象运行的隐喻性叙事。如王勃的"杨意不逢，抚凌云而自惜；钟期既遇，奏流水以何惭"（《滕王阁序》）、李商隐的"八骏日行三万里，穆王何事不重来"（《无题》）以及李贺的"羿弯弓属矢，那不中足？令久不得奔，讵教晨光夕昏"（《日出行》）等等，都是如此。其次，中国传统书画艺术中更是遍布"立象尽意"的运思模式。如西晋索靖《草书状》云："科斗鸟篆，类物象形，睿哲变通，意巧滋生。"又《四体书势》云："天垂其象，地耀其文。其文乃耀，粲矣其章，因声会意，类物有方。"唐孙过庭《书谱》云："若五乖同萃，思遏手蒙，五合交臻，神融笔畅。畅无不适，蒙无所从，当仁者得意忘言，罕陈其要。"又云："岂知情动形言，取会风骚之意，阳舒阴惨，本乎天地之心。"宋郭若虚《图画见闻志·叙论·叙自古规鉴》云："《易》称：圣人有以见天下之赜，而拟诸其形容，象其物宜，是故谓之象。又曰：象也者，像此者也。尝考前贤画论，首称'象人'，不独神气骨法、衣纹向背为难，盖古人必以圣贤形象、往昔事实，含毫命素，制为图画者，要在指鉴贤愚，发明治乱。"宋黄休复《益州名画录》云："观乎象而忘象，意先自然。"又云："大凡画艺，应物象形，其天机迥高，思与神合，创意立体，妙合化权。"明李日华《与张甥伯始图扇题》云："大都画法以布置意象为第一。"清沈总骞《芥舟学画编·穷源》云："六书之有象形，即画之源也。且画之为言画也，以笔直取百物之形，洒然脱于腕而落于素，不假扭捏，无事修饰，自然形神俱得，意致流动，是谓得画源。若摹写过甚，加意求工，是因刻画而循流，其去源远矣。"清方薰《山静居画论》云："在画时意象经营，先具胸中丘壑，落笔自然神速。"所有这些都充分证明了中国艺术传统自始至终就是在刚柔、变化、虚实、感应、化生、交泰、合一、含蓄、朦胧、意味、无限等"立象以尽意"的审美法则上进行探索和形成的。"意象借象寓理，造化无穷，悦情尽性，妙趣横生，使中国艺术审美理想建立在重神韵、重气韵、重意趣、重玄微、重品味、重性灵、重超越、重妙悟等审美体验和审美超验的文化精神之上。"[①] 而这一传统的形成乃与《周易》密不可分。

---

① 张乾元著：《象外之意——周易意象学与中国书画美学》，中国书店2006年版，第179页。

又次,《周易》发明了"仰观俯察""观物取象"的创造法则。《周易·系辞下传》云:"古者包犧氏之王天下也,仰则观象于天,俯则观法于地,观鸟兽之文,与地之宜,近取诸身,远取诸物,于是始作八卦,以通神明之德,以类万物之情。"这就说明,上古伏羲氏称王天下时,正是通过"观物取象""仰观俯察"的方式获取天地之象,并借助"近取诸身,远取诸物"的方式创造了八卦;又《系辞上传》云:"《易》与天地准,故能弥纶天地之道。仰以观于天文,俯以察于地理,是故知幽明之故。原始反终,故知死生之说。精气为物,游魂为变,是故知鬼神之情状。"这就进一步说明了,《周易》的创作与天地相准拟,通过仰观天上日月星辰之文采,俯察地上山川原野之理致,就能知晓幽隐无形和显明有形的事理。由此可见,"仰观俯察""观物取象"是《周易》时代先民观察自然世界和创造人文世界的基本法则。这里的"观"不是主体带着优越感对客体的观察研究,以抽取客观规律为目的,而是经验直观。其心理前提是人对自然神奇力量的感知和敬仰之情,这使人在面对无限的自然时采取了一种跟随、顺从、仿效的谦虚态度:"是故天生神物,圣人则之;天地变化,圣人效之;天垂象,见吉凶,圣人象之;河出图,洛出书,圣人则之。"(《系辞上传》)"则""效""象"几个动词表现的正是人以一种澄明的心境直面自然的姿态。"我们和外物的接触是一个'事件',是具体事物从整体现象中的涌现,是活动的,不是静止的,是一种'发生',在'发生'之'际',不是概念和意义可以包孕的。"[①]人与自然以"事件"而非对象的方式相遇,以体验的方式彼此进入,由经验直观而获得蕴含着生命之真的"象",这正是《周易》"仰观俯察""观物取象"的深层含义。这一法则为后世中国传统所继承和发展。书法家王羲之云:"仰观宇宙之大,俯察品类之盛,所以游目骋怀,足以极视听之娱,信可乐也。"(《兰亭集序》)美学家宗白华亦云:"俯仰往还,远近取与,是中国哲人的观照法,也是诗人的观照法。"[②]上述论断就指出了中国古人"仰观俯察"的创造传统。历代艺术家莫不

[①] 叶维廉著:《中国诗学》,生活·读书·新知三联书店1992年版,第22页。
[②] 宗白华著:《美学散步》,上海人民出版社1981年版,第111页。

以"仰观俯察""观物取象"作为艺术的基本观照和创造法则。如就诗文言，曹丕《杂诗二首》其一："俯视清水波，仰看明月光。"曹植《朔风诗》："俯降千仞，仰登天阻。"王羲之《兰亭诗》其三："仰望碧天际，俯磐绿水滨。"嵇康《四言赠兄秀才入军诗十八首》其十四："俯仰自得，游心太玄。"清叶燮《原诗·内篇》："文章者，所以表天地万物之情状也。"就书法言，如东汉许慎《说文解字·叙》云："古者庖牺氏之王天下也，仰则观象于天，俯则观法于地，观鸟兽之文与地之宜，近取诸身，远取诸物，于是始作《易》八卦，以垂宪象。及神农氏结绳为治，而统其事，庶业其繁，饰伪萌生。黄帝之史仓颉，见鸟兽蹄迒之迹，知分理之相别异也，初造书契……仓颉之初作书，盖依类象形，故谓之文。其后形声相益，即谓之字。"后魏江式《论书表》云："庖牺氏作，而八卦列其画。轩辕氏兴，而灵龟彰其彩。古史仓颉，览二象之文，观鸟兽之迹，别创文字，以代结绳。"晋成公绥《隶书体》云："皇颉作文，因物构思，观彼鸟迹，遂成文字……仰而望之，郁若宵雾朝升，游烟连云；俯而察之，漂若清风厉水，漪澜成文。"唐虞世南《书旨述》云："古者画卦立象，造字设教，爰置形象，肇乎仓史，仰观俯察，鸟迹垂文。"唐孙过庭《书谱》云："易曰：'观乎天文，以察时变。观乎人文，以化成天下。'况书之为妙，近取诸身，假令运用未周，尚亏工于秘奥；而波澜之际，已浚发于灵台。"唐张怀瓘《书断》上云："夫卦象所以阴骘其理，文字所以宣载其能。卦则浑天地之窈冥，秘鬼神之变化。文能以发挥其道，幽赞其功，是知卦象者，文字之祖，万物之根。"又《书断·古文》云："颉首四目，通于神明，仰观奎星圆曲之势，俯察龟文鸟迹之象，博采众美，合而为字，是曰古文。"唐李阳冰《上李大夫论古篆书》云："缅想圣达立卦造书之意，乃复仰观俯察六合之际焉……可谓通三才之品汇，备万物之情状者矣。"南宋郝经《移诸生论书法书》云："自包牺氏画八卦，造书契，皇颉制字，取天地法象之端，人物器皿之状，鸟兽草木之文，日月星辰之章，烟云雨露之态而为之，初无工拙之意于其间也。世变日下，渐趋简易，故变古文为篆，变大篆为小篆，又变小篆为隶，为楷，为八分，为行，为草，为真行，为行草，为章草，为正草。废刀用笔，废竹用帛，废帛用纸，皆与世变而下也。"就绘画言，东晋顾恺之

《魏晋胜流画赞》云:"俯仰中,一点一画皆相与成其艳姿。且尊卑贵贱之形,觉然易了,难可远过之也。"五代荆浩《笔法记》云:"画者画也,度物象而取其真。"唐张彦远《历代名画记·叙画之源流》云:"颉有四目,仰观垂象。因俪鸟龟之迹,遂定书字之形。造化不能藏其秘,故天雨粟;灵怪不能遁其形,故鬼夜哭。是时也,书画同体而未分,象制肇创而犹略。无以传其意,故有书,无以见其形,故有画,天地圣人之意也。"宋韩拙《山水纯全集·序》云:"夫画者,肇自伏羲氏画卦象之后,以通天地之德,以类万物之情。嗣于黄帝时,有史皇、仓颉生焉:史皇状鱼龙龟鸟之迹,仓颉因而为字,相继更始而图画典籍萌矣。书本画也,画先而书次之。"明宋濂《画原》云:"史皇与仓颉皆古圣人也。仓颉造书,史皇制画,书与画非异道也,其初一致也……于是上而日月风霆雨露霜雪之形,下而河海山岳草木鸟兽之著,中而人事离合物理盈虚之分,神而变之,化而宜之,固已达民而尽物情。然而非书则无以纪载,非画则无以彰施,斯二者其亦殊途而同归乎?"以上内容,都从不同方面证明了"仰观俯察"是中国古人的传统做法,而这无疑与《周易》所开创的"观物取象"传统密不可分。

最后,《周易》开启了诗性言说的批评传统。作品是艺术家生命的结晶,所以作品本身就必然成为富有生命的有机体,这就决定了评价艺术作品需要借助品评人物的手段。因此,把艺术作品比喻为人体,是中国古代最常见、最普通的批评手段,也决定了中国文论的诸多基本范畴大多具有或隐或显或直接或间接的生命化、人格化之特征。传统批评中的这种现象,曾被钱钟书称为"人化文评":"盖吾人观物,有二结习:一、以无生者作有生看(animism),二、以非人作人看(anthromorphism)。鉴画衡文,道一以贯。"[1]二者均为原始思维之要素,或者说是原始人类在处理主客关系时的主要思维方式,前者是"万物有生"或"万物有灵",后者是"万物同形"或"万物同情"。这就反映了古人"把他自己当作权衡一切事物的标准"[2]的思维倾向。

---

[1] 钱钟书著:《管锥编》,中华书局1986年版,第1357页。
[2] [意]维柯著,朱光潜译:《新科学》,商务印书馆1989年版,第201页。

维科称这种"以己度物"式的描述为"诗性的隐喻"。他将原始人与文明人的思维方式分别称为"想象性玄学"（诗性玄学）和"理性玄学"，并认为前者"凭不了解一切事物而变成了一切事物"，后者"通过理解一切事物来变成一切事物"，二者可谓殊途而同归，造成如此现象的根本原因就在于后者之于前者，在扬弃认识论之"谬误"的同时，承续了思维方式的"正确"。① 钱氏《谈艺录》云："余尝作文论中国文评特色，谓其能近取诸身，以文拟人；以文拟人，斯形神一贯，文质相宜矣。"② 其在《中国固有的文学批评的一个特点》中更是具体阐述了这一现象："这个特点就是：把文章通盘的人化或生命化（Anomism）。《易·系辞》云：'近取诸身……以通神明之德，以类万物之情'，可以移作解释；我们把文章看成我们自己同类的活人。《文心雕龙·风骨篇》云：'辞之待骨，如体之树骸，情之含风，犹形之包气……瘠义肥词'；又《附会篇》云：'以情志为神明，事义为骨髓，辞采为肌肤，宫商为声气……义脉不流，偏枯文体'；《颜氏家训·文章篇》云：'文章常以理致为心肾，气调为筋骨，事义为皮肤'；宋濂《文原·下篇》云：'四瑕贼文之形，八冥伤文之膏髓，九蠹死文之心'；魏文帝《典论》云：'孔融体气高妙'；钟嵘《诗品》云：'陈思骨气奇高，体被文质'——这种例子那里举得尽呢？我们自己喜欢乱谈诗文的人，做到批评，还会用什么'气'、'骨'、'力'、'魄'、'神'、'脉'、'髓'、'文心'、'句眼'等名词。翁方纲精思卓识，正式拈出'肌理'，为我们的文评，更添上一个新颖的生命化名词。古人只知道文章有皮肤，翁方纲偏体验出皮肤上还有文章。"③ 由此可见，借助这种"生命化名词"可以达到能喻与所喻浑然天成的境界。如据刘向《说苑·杂言》记载，子贡问孔子为什么君子喜欢临水。孔子的回答是："夫水者，君子比德焉。遍予而无私，似德；所及者生，似仁；其流卑下，句倨皆循其理，似义；浅者流行，深者不测，似智；其赴百仞之当不疑，似勇；绵弱而微达，似察；受恶不让，似

---

① ［意］维柯著，朱光潜译：《新科学》，商务印书馆1989年版，第201页。
② 钱钟书著：《谈艺录》，中华书局1984年版，第40页。
③ 钱钟书：《中国固有的文学批评的一个特点》，载《钱钟书散文》，浙江文艺出版社1997年版，第391-392页。

色;蒙不清以入,鲜洁以出,似善化;至量必平,似正;盈不求概,似度;其万折必东,似意。"这一段话表明在华夏民族的基本观念中,"水"是一个可以无限隐喻类比的生命化"原型",以水比德、以水喻道、以水论政、以水谈兵等以自然之水隐喻社会人事的做法是中国古人基本的思维习惯和修辞倾向。① 中国古代这种诗性言说的习惯在唐代大书法家孙过庭的《书谱》中就有极为生动、形象和全面的体现:"观夫悬针垂露之异,奔雷坠石之奇,鸿飞兽骇之姿,鸾舞蛇惊之态,绝岸颓峰之势,临危据槁之形,或重若崩云,或轻如蝉翼,导之则泉注,顿之则山安,纤纤乎似初月之出天涯,落落乎犹众星之列河汉,同自然之妙有,非力运之能成,信可谓智巧兼优,心手双畅。"书法家居然能够运用如诗如画的笔法,借助于对汉字的书写描绘,表现出自然和人类生活的千种姿态、万般情思,尤其难能可贵的是居然能够将深邃的民族精神内蕴其中,实在令人叹为观止! 又如宋李廌《济南集》卷八《答赵士舞德茂宣义论弘词书》云:"凡文之不可无者有四:一曰体,二曰志,三曰气,四曰韵……文章之无体,譬之无耳目口鼻,不能成人。文章之无志,譬之虽有耳目口鼻,而不知视听臭味之所能,若土木偶人,形质皆具而无所用之。文章之无气,虽知视听臭味,而血气不充于内,手足不卫于外,若奄奄病人,支离憔悴,生意消削。文章之无韵,譬之壮夫,其躯干枵然,骨强气盛,而神色昏懵,言动凡浊,则庸俗鄙人而已。有体、有志、有气、有韵,夫是谓之成全。"清陶明睿《诗说杂记》卷七云:"此盖以诗章与人身体相为比拟,一有所阙,则倚魁不全。体制如人之体干,必须佼壮;格力如人之筋骨,必须劲健;气象如人之仪容,必须庄重;兴趣如人之精神,必须活泼;音节如人之语言,必须清朗。五者既备,然后可以为人;亦惟备五者之长,而后可以为诗。近取诸身,远取诸物,而诗道成焉。"上述两人都把诗文与人体一一对照,阐述了诗文创作的必备要件。再如南宋吴沆《环溪诗话》云:"故诗有肌肤,有血脉,有骨骼,有精神。无肌肤则不全,无血脉则不通,无骨骼则不健,无精神则不美。四者备,然后成诗。"南宋姜夔《白石道人诗说》

---

① 参阅拙文:《水:中国古代的根隐喻》,《中州学刊》2006 年第 5 期。

云:"大凡诗,自有气象、体面、血脉、韵度。气象欲其浑厚,其失也俗。体面欲其宏大,其失也狂。血脉欲其贯穿,其失也露。韵度欲其飘逸,其失也轻。"元杨载《师法家数》云:"凡作诗,气象欲其浑厚,体面欲其宏阔,血脉欲其贯串,风度欲其飘逸,音韵欲其铿锵。若雕刻伤气,敷衍露骨,此涵养之未至也,当益以学。"明谢榛《四溟诗话》云:"《余师录》曰:'文不可无者有四:曰体,曰志,曰气,曰韵。'作诗亦然。体贵正大,志贵高远,气贵雄浑,韵贵隽永。"清归庄《玉山诗集序》云:"余尝论诗,气、格、声、华,四者缺一不可。譬之于人,气犹人之气,人所赖以生者也,一肢不贯,则成死肌,全体不贯,形神离矣;格如人五官四体,有定位,不可易,易位则非人矣;声如人之音吐及珩璜琚瑀之节;华如人之威仪及衣裳冠履之饰。近世作诗者日多,诗之为途益杂。声或鸟言鬼啸;华或雕题文身;按其格,有颐隐于脐,肩高于项,首下足上如倒悬者;视其气,有尫羸欲绝,有结轖臃肿,不仁如行尸者。使人而如此,得谓之人乎哉!今读诸君之诗,大抵皆气达而格正,声华亦琅琅烨烨,盖魁然肤革充盈,容貌端整,杂佩锵鸣,衣冠甚伟之丈夫也。"而"语言是思想的形式或载体,因而也是文学思想和文学理论的形式或载体。中国古代文论理论形态的人化和理论范畴的经验归纳性质,向下落实为言说方式的诗意性和审美性。而古文论这种诗意的、审美的言说是全方位的:言说主体不是理论家而是文学家(诗人),言说文本不是论说体而是诗赋体,言说风格不是逻辑的思辨的而是美文的诗意的"[①]。如杜甫以"龙文虎脊"隐喻词采奇丽、以"鲸鱼碧海"隐喻笔力劲健;韩愈以"举瓢酌天浆"隐喻诗风高洁、以"刺手拔鲸牙"隐喻语言雄怪,等等。除此之外,中国古代文学批评中的诸多术语如气、才、风骨、神韵、形神、肌肤、血气、主脑、首联、颔联、颈联、尾联、肥、瘦、健、壮等,都是一种把文学艺术人化的隐喻。上述批评传统的形成与《周易》所开启的诗性文化传统内在相关。

综合以上讨论,我们不难发现,以诗性为内在品格的隐喻思维是中国古人的基本思维取向;古代中国的隐喻并不仅仅只是一种修辞现象,更是一种

[①] 李建中著:《古代文论的诗性空间》,湖北人民出版社2005年版,第25页。

普遍的思维倾向；这种思维倾向就决定了中国文化的生命化、人格化倾向，也决定了中国古人的想象性类观念，同时还决定了中国文字的象形化特质。中国古人不仅习惯于用隐喻、类比的方式去思考，而且擅长于用隐喻化、象征化、寓言化的方式去言说，这并不是一种刻意追求、苦心经营的结果，而完全是一种内在的需要和自发的过程。"隐喻，不论是僵硬的还是生气勃勃的，它们的广泛使用是人类发现新经验和熟悉的事实之间的相似性这种深刻天赋的有力见证，这样新的东西由于被归结到已确立起来的特征下而得到掌握。不管怎样，人们的确倾向于使用熟悉的关系系统作为在智慧上借以同化起初陌生的经验领域的模型。在绝大多数经验情形中，这不总是一个有意识的故意的过程。"[1]而在这一东方传统的形成过程中，作为"大道之源"和"群经之首"的《周易》具有开创性和极为典范的意义，值得我们高度重视和深入研究，以便能够深入把握中国诗性文化的内在根性和形成机制。

---

[1] ［美］欧内斯特·内格尔著，徐向东译：《科学的结构——科学说明的逻辑问题》，上海译文出版社2002年版，第128页。

儒家仁学的普世情怀与和谐世界的当代建构[*]

所谓儒家仁学的普世情怀，乃是指产生并存在于中国古代的儒家仁学思想具有穿越历史、跨越国界而对当今世界乃至现实宇宙产生永恒性和普遍性影响的生命关怀意识。所谓和谐世界，乃是指在政治上平等民主、经济上互利合作、文化上交流共进，通过国与国之间的友好合作，共同应对全球性的安全挑战，实现世界的持久和平与共同发展。正因为儒家仁学虽然是一个历史的、区域性的存在，但却具有极大的穿越时空的普世情怀，所以其对我们当今世界的和平实现、和谐交往具有重大的启发意义和借鉴价值。

一

从某种意义上来说，儒家学说就是一种关于"仁"的学说。在儒家看来，"仁"是人之为人的根本所在。《中庸》里边就有"仁者人也"的说法，意思是人所具有的各种美德属于"仁"，换句话说，"仁"所涵盖的美德是"仁"的外延。反过来说，"人者仁也"，"仁"又是属于"人"的范畴。"仁"与"人"，如影随形，互相依存，"道不远人，人之为道而远人，不可以为道"（《中庸》右第十二章），"道"即"仁道"，"人"必须有"仁"，"人"若无"仁"，则不成其为人。道不远人，道不离人，"人而不仁，如礼何？人而不仁，如乐何？"（《论语·八佾》）由此可见，礼乐社会的存在，其内在依据

---

* 本文原载于《兰州学刊》2010年第1期，收入本书时有改动。

就是"仁",礼乐无非是"仁"的外在体现而已。据统计,《论语》一书共有21469个字,而其中"仁"字的使用就高达109次之多,这就意味着,每一百多个字当中就会出现一个"仁"字,密度之大、频率之高,实属罕见。由此可见,"仁"在孔子乃至儒家学说中占据何等重要的地位。那么,究竟什么是"仁"呢?或者说"仁"的本质规定性究竟是什么呢?儒家那里有一个通俗而又流行的说法,就是"爱人"。这也就是说做人就要具有关爱别人的同情之心。事实确实如此,单从"仁"这个字也可以看出,二人为仁,光你自己关起门来说自己"仁"是没用的,必须把你的仁厚之心诉诸现实行动,体现在实际的关爱别人上,这样才能说你是"仁"的。那么,"仁者爱人"中的"人"涵盖的范围如何,也即是说孔子所说的"爱人"之"人"都包括哪些人呢?按照我们的理解,孔子这里所说的"爱人",就是爱一切人,包括父母、兄弟、亲戚、朋友乃至所有人。因为孔子在别的场合明确说过"泛爱众"的主张。其中的"泛"和"众"两字就揭示了孔子仁学的普世情怀,无论是在位的"大人"、无位的"庶人",还是"国人""野人",以及各类人等,都属于被爱的对象,都要以人道的方式相对待。不过我们这样理解,可能会有人提出异议,因为儒家不是又明确说"爱有等差"了吗?这样不是和"泛爱众"自相矛盾吗?我们说,这两者并不矛盾。因为儒家虽然讲"爱有差等",但并不因此而否定普遍爱心存在的可能性及其意义,反倒强调从对亲人的偏爱("爱有差等")走向对普通人的普遍关爱("泛爱众")既是可能的又是合理的。其所以可能和合理,是因为人之为人从本质上来讲是可以做到将心比心、推己及人的。这就是儒家所说的"忠恕之道""可谓仁之方也"(《论语·雍也》)。由此可见,在孔子看来,通向"仁"的关键通道就是"忠恕之道"。所谓"忠恕之道",就是"己所不欲,勿施于人"(《论语·颜渊》),"己欲立而立人,己欲达而达人"(《论语·雍也》)。孔子云:"克己复礼为仁,一日克己复礼,天下归仁焉。"(《论语·颜渊》)在这里,"礼"与"仁"是互补的关系。"礼"在先秦儒家思想当中具有很重的分量,荀子把"礼"作为最高的道德准则:"人无礼则不生,事无礼则不成,国家无礼则不宁。"(《荀子·修身》)《论语·学而》云:"有子曰:'礼之用,和为贵,先王之道斯为美,小大由之,有所不行,知和而和,不以礼节之,亦不可行也。'"从孔子的整个思想体系看,应该理解为"克己复礼"的目的,就是成为"仁",这个"礼",就是人与人、个人与集体、个人与社会的关系规范。在这里,"仁"与"礼"是相生相随的,"仁"是"礼"得以实施的根基,"礼"的整合作用又使"仁"得以实现。根据这个逻辑,我们不难看出,"爱人"是"仁"的根本含义,也是人的最高德性,以"仁"去对待他人,自然会有"忠恕"之道。"忠恕"只是实现仁德的方法,人本身才是目的。由此可见,从亲情之爱可以合理地推及普遍爱心。之所以能够这样类推,儒家亚圣孟子从人的类本质角度给了一个回答:"凡同类者举相似也"(《孟子·告子上》),这就是说,只要是人,就是同类,就必然有相似的心理和行为,所谓人同此心,心同此理。而荀子说得就更为清楚而具体了:"圣人者,以己度者也。故以人度人,以情度情,以类度类。"(《荀子·非相》)孟子说:"权,然后知轻重;度,然后知长短。物皆然,心为甚。"(《孟子·梁惠王上》)孟子又说:"古之人所以大过人者,无他焉,善推其所为而已矣。"(同上)孟、荀以为:东西要比较比较、掂量掂量才知道长短和轻重,而人心呢,则更应这样;古圣先贤之所以远远地超过了一般的人,就是因为他们能从美好的心灵出发,把他们良好的所作所为推及其他事物:"仁者以其所爱及其所不爱,不仁者以其所不爱及其所爱。"(《孟子·尽心下》)仁爱为怀不仅要推己及人——"老吾老以及人之老;幼吾幼以及人之幼"(《孟子·梁惠王上》),而且要推己及物:"亲亲而仁民,仁民而爱物"(《孟子·尽心上》)。这种对生命的普遍尊重是一种善待生命、仁爱生命的崇高而博大之道德精神。具体到"仁者爱人"的层面来说,就必然有这样一个道理:"爱人者,人恒爱之。"(《孟子·离娄下》)儒家始终强调应该将对别人的关爱视为自爱的合理推及:"老吾老以及人之老;幼吾幼以及人之幼。"(《孟子·梁惠王上》)像这样"善推其所为"(同上),在儒家看来,是普遍适用的。孔子云:"君子务本,本立而道生,孝悌也者,其为仁之本与!"(《论语·学而》)在儒家看来,对父母和兄弟之爱乃是为仁之本。这是基础,是前提,只有首先做到"入则孝,出则悌,谨而信",才有可能做到"泛爱众",做到"老吾老以及人之老;幼吾幼以及人之幼",将仁爱的情怀推至万民，推至四海。在儒家看来，"仁者爱人"首先应落实于人所处的家庭关系之中，落实于人如何对待生养自己的父母兄长的行为态度上。孔子云："君子笃于亲，则民兴于仁。"（《论语·泰伯》）为什么说"笃于亲"与"兴于仁"有必然的联系？因为"仁"的精神重在推己及人。如果连生养自己的父母及兄弟都不能给予"孝""悌"，那么，人是难于培养起仁德的，民众也就难于"兴于仁"。人既爱自己的亲人，就自然可以联想到有必要爱别人的父母，否则，人人都会因不关爱别人的父母而失去了别人对自己父母的关爱，使得自己的爱父母流于空谈，没有实际的社会意义。所以，正如孟子所说，譬如从爱父母可以推及必爱祖国，因为祖国是父母之邦；从爱自己（狭义）可以推及必爱朋友，因为朋友与我志同道合。《礼记·礼运》云："故圣人耐以天下为一家，以中国为一人者，非意之也，必知其情，辟于其义，明于其利，达于其患，然后能为之。""以天下为一家，以中国为一人"，必是人己合一，人群合一，而共生共长、共盛共荣。正因如此，其后的马王堆帛书《五行》篇这样解释"仁"的内涵："爱父，其继爱人，仁也。"又云："爱父，其杀爱人，仁也。言爱父而后及人也。"郭店楚简《五行》亦云："爱父，其攸爱人，仁也。"是说，由爱自己的父母出发，进而推及爱所有的人，这就符合"仁"的要求。《五行》反映的是战国时期儒家的思想，所谓"爱父，其继爱人"，显然是沿袭孔子关于"立爱自亲始"（《礼记·祭义》）的主张。由此可见，仁爱虽然始于亲，却不终于亲，这是儒家的仁爱观念能够获得广泛认同的关键所在。"爱有差等"并不是严格意义上的等级关系，而只是远近关系；亲疏之别是有的，但等级贵贱之高下是没有的。由近及远，"老吾老以及人之老；幼吾幼以及人之幼"，这是人类生活中的一个基本事实，是人类情感发展的自然过程。由此而产生的价值原则，与近代以来的平等原则并不必然构成矛盾，倒是能够结合起来，使人类之爱出于真诚。其历史层面的内容，当然会随历史的变化而变化，但它所开启的人类同情心、"真诚恻怛"之心这一基本精神，却具有超越历史的永久价值。正因如此，当孔子的学生子贡问孔子："如有博施于民而能济众，何如？可谓仁乎？"孔子回答说："何事于仁？必也圣乎！"（《论语·雍也》）在孔子看来，一个人如果能对百姓广施恩惠，周济大众，使民众生活丰裕，这就是"仁"，而且达到"圣"的境界了。

儒家仁学不仅主张"爱人"，而且主张"爱物"，仁德不仅要施于人类，而且要施于万物，只有这样，仁德才是没有"遮蔽"的，才是"周遍"的。孔子和孟子都把对待人的道德情感扩大到对待万物，或者将自然万物纳入"仁"的范围，用仁爱之心将人与万物联成了一个整体。这就是"仁民而爱物"（《孟子·尽心上》）的精神实质。"仁民而爱物"在最广大的范围内表现了儒家仁学的道德诉求。这就是说，儒家不仅承认人是有内在价值的，而且承认自然界的生命之物也是有内在价值的，人的情感不仅与"同类"之人是相通的，而且与"异类"之物也是相通的。孟子继承孔子"泛爱众而亲仁"（《论语·学而》）的思想，提出"仁民而爱物"的伦理学命题："君子之于万物也，爱之而弗仁。于民也，仁之而弗亲。亲亲而仁民，仁民而爱物"（《孟子·尽心上》）。这里将亲、仁、爱区分开来，是说明仁的不同层次，并不是将三者对立起来。狭义言之，仁与亲、爱有别；广义言之，仁包含亲与爱。这种由近及远、由人及物的仁爱学说，既有差异性原则，又有极大的普遍性。它既表明了人的优先性，而又不限于人间性。它虽然从亲亲关系开始，却又超出了亲亲关系，扩展到人类以至自然界的生命之物。儒家有关思想极其丰富，可以说形成了一以贯之的传统。汉代以降，仁爱思想又得到进一步丰富。《淮南子·泰族训》："所谓仁者，爱人也；所谓知者，知人也……仁莫大于爱人，知莫大于知人。"贾谊《新书·礼》："失爱不仁过爱不义。"又《新书·修政语上》："德莫高于博爱人，而政莫高于博利人。"董仲舒《春秋繁露·仁义法》："质于爱民以下，至于鸟兽昆虫莫不爱，不爱，奚足谓仁！"《周礼·大司徒》："仁者，仁爱之及物也。"扬雄《太玄·玄摛》："周爱天下之物，无有偏私，故谓之仁。"班固《白虎通义·情性》："仁者，不忍也，施生爱人也。"都是对这一传统的表述。韩愈更是将"仁"解释为"博爱"，说"博爱之谓仁"（《原道》），认为墨家的"兼爱"就是孔子的"泛爱众"。朱熹《朱子语类》卷六："百行万善总于五常，五常又总于仁。"即"仁"不仅是有关人际关系的行为规范，还要扩大到禽兽、昆虫、草木、瓦砾等自然万物。二程云："仁者，以天地万物为一体，莫非己也。认得为己，何所不至？若不有诸己，自不与己相干，如手足不仁，气已不贯，皆不属己。"(《河南程氏遗书》卷四）又云："若夫至仁，则天地为一身，而天地之间，品物万形为四肢百体。夫人岂有视四肢百体而不爱者哉……医书有以手足风顽谓之四体不仁，为其疾痛不以累其心故也。夫手足在我，而疾痛不与知焉，非不仁而何？"(《河南程氏遗书》卷四）二程这里借用了医书中将四肢麻木称为不仁的说法，以说明天地间的品形万物并非于人无关痛痒的外在之物，而是与人同为一体，血肉相连，休戚相关，因而人必须如爱护自己的四肢般爱护万物。这样一来，"爱物"便落在了实处。张载把仁爱范围扩大于爱人亦爱物，认为只有爱人也爱物才算完全达到"仁"的境界。他说："以爱己之心爱人则尽仁。"(《正蒙·中正》）又说："民，吾同胞；物，吾与也。"(《正蒙·乾称》）。又说："性者，万物之一源，非我有之得私也。唯大人为能尽其道，是故立必俱立，知必周知，爱必兼爱，成不独成。"(《正蒙·诚明》）朱熹认为，"仁"是"爱"的根本，"爱"是"仁"的具体表现。他说："仁是根，爱是苗"(《朱子语类》卷二十），"仁之发处自是爱"(《朱子语类》卷九十五），"仁者，爱之理；爱者，仁之事。仁者，爱之体；爱者，仁之用"(《朱子语类》卷二十）。从而将仁、爱统一为一体。王阳明说："夫人者，天地之心。天地万物，本吾一体者也，生民之困苦荼毒，孰非疾痛之切于吾身者乎？"(《传习录》中）人既是"天地之心"，则天地间万物之危难痛苦无不通达此心，"是故见孺子之入井，而必有怵惕恻隐之心焉，是其仁之与孺子而为一体也；孺子犹同类者也，见鸟兽之哀鸣觳觫，而必有不忍之心焉，是其仁之与鸟兽而为一体也；鸟兽犹有知觉者也，见草木之摧折而必有悯恤之心焉，是其仁之与草木而为一体也；草木犹有生意者也，见瓦石之毁坏而必有顾惜之心焉，是其仁之与瓦石而为一体也"(《大学问》）。由此可见，孟子的"爱物"还是笼统言之，到了宋明时期，仁爱的对象已被扩大到真正的"万物"，甚至到了没有生命的"瓦石"。时至清代，戴震云："仁者，生生之德也。民之质矣，日用饮食，无非人道所以生生者。一人遂其生，推之而与天下共遂其生，仁也。"(《孟子字义疏证》卷下）王夫之云："由吾同胞之必友爱，交与之必信睦，则于民必仁；于物必爱之理，亦生心而不容已矣。"(《张子正蒙注》）所有这些，表达的都是孔子说的"仁者爱人"(《论语·阳货》)之基本精神。

二

正因儒家仁学具有普世情怀,所以其尽管是一个历史的存在,却对和谐世界的当代建构具有极为重要的借鉴价值。"和谐"是中国传统文化的核心理念和根本精神,即《中庸》所说的"致中和,天地位焉,万物育焉"和《周礼》所说的"以和邦国,以统百官,以谐万民"。其中人与自然的和谐发展是整个社会和谐的重要基础,这是基于人类社会可持续发展的永恒使命所内含的一种必然要求。而这方面的思想在儒家仁学系统中有极为丰富的论述。儒家认为,"天地生万物",人与万物都是自然的产儿,故"天地变化,圣人效之",从而主张"仁民爱物",由己及人、由人及物,把"仁爱"精神扩展至宇宙万物。朱熹说:"仁者,与天地万物为一体。"(《朱子语类》卷三十二)在华夏文化中占据主导地位的天人合一理论,即把人和自然看成一个整体,高度重视人与自然的和谐。作为群经之首的《周易》虽然没有明确提出这一命题,但其思想却贯穿整个易学体系,八卦的基本模式便体现了天人合一的思维取向。《系辞下传》云:"古者包牺氏之王天下也,仰则观象于天,俯则观法于地,观鸟兽之文与地之宜,近取诸身,远取诸物,于是始作八卦,以通神明之德,以类万物之情。"由此可见,八卦创立的根本原则就是天人合一,天人之道是《周易》最为推崇的易道,天与人的统一与和谐也是《周易》所追求的根本目标。故《乾·文言》云:"夫大人者,与天地合其德,与日月合其明,与四时合其序,与鬼神合其吉凶。先天下而天弗违,后天而奉天时。"后世诸子百家观点尽管有异,但其基本原则是天人合一,天人合一是各家学派共同的理论基础。时至汉代,董仲舒提出"天人感应"论,从"天人相类"的基点出发,得出"以类合之,天人一也"(《春秋繁露·阴阳义》)的结论。两宋时期,天人合一理论走向成熟。张载在《正蒙》中首次明确提出"天人合一"的概念,并提出了"民,吾同胞;物,吾与也"(《正蒙·乾称》)的命题。由此可见,中国文化的主导便是传统意义上的天人合一。中国传统文化中的天人合一理论对构建生态学意义上的和谐世界具有重大启发意义。首先，它强调人类社会与自然万物的统一与和谐。《礼记·郊特牲》云："天地合，而后万物兴焉。"《易·序卦传》云："有天地然后有万物，有万物然后有男女……"传统儒家把天地看作生命的来源，认为万物产生于天地，人类则产生于万物，人和天地万物有不可分割的内在联系。因此，人与自然万物本为一体统贯、和谐一致，既在本体上、存在上统一，又在生命上、价值上统一，是一个有机的、和谐的统一体，所以人类没有任何理由不去珍爱自然万物。这种深刻的生态伦理，对我们今人无疑具有重大启发意义。现代科学研究表明，有生命的和一切具有持续发展能力的事物，都是始终处在循环往复、新陈代谢的动态平衡之中的。人类本身就生活在地球的大气圈、水圈、岩石圈之间的生物圈之中。人体作为一个开放系统，其生命就在于同外界环境进行持续不断的物质、能量和信息的交换。其中的任何一种循环和平衡遭受破坏，都会危及人类的生存。这就要求我们以传统思想和文化中天人一体的整体意识与和谐观念为旨归，按照可持续发展战略的要求，正确处理和协调人类与自然的关系。因此，古代传统中以天人合一为主要表征的宇宙和谐思想与生态伦理观，经过发掘、整理，以及进行适应现代社会生活的诠释，必将成为现在和未来人类的生态伦理观的理论来源和精神支柱。其次，它强调发展经济与保护生态的统一与协调。人与自然的和谐为和谐世界提供了理想的生存空间。我们现在以科学发展观统领全局，谋求可持续发展，而生态伦理的建构是可持续发展的必然，是未来人类社会发展的需要。近代以来，在人定胜天、征服自然诸种观念的影响下，人类通过工业革命和科学技术对自然进行疯狂改造与索取，实现了由农业文明向工业文明、由前现代社会向现代社会的转型，生活处境也随之发生了巨大的变化。但与此同时，也带来了一系列始料未及的严重问题：物种灭绝、环境污染、人口爆炸、城市膨胀、耕地减少、能源危机……所有这些都以惊人的速度和规模呈现在我们面前。这不仅给社会的发展带来了巨大的损失，而且使人类的生存面临着严重的危机。更为可怕的是，这种危机在时间意义上要继续下去，在空间意义上要扩展全球。面临着生存困境的人类，不得不深刻反思传统发展模式，积极寻求新的发展途径。而天人合一观念承认自然有其独立的内在价值和客观规律，从而启示现代人自觉放弃"人类中心主义"的错误主张，放弃人类作为自然界立法者、主宰者的观念，将人类看作自然界的一部分，并且承认自己在认识、利用自然方面的局限性，从而充分尊重自然界其他生命的平等身份和基本权利，以良好的道德意识来规范自己的行为，以开放、兼容的心态来接纳自然。只有这样，才不至于受到自然的惩罚，造成人的生存意义的丧失和精神家园的失落。事实上，对自然环境的尊重与保护，古人多有陈述。《论语·述而》有"钓而不纲，弋不射宿"的记载。《礼记》在《月令》《王制》等篇中都有渔猎砍伐都须有一定季节，并且不得捕杀幼兽、孵卵之鸟、怀胎母兽，不得砍伐未成材之木，不得颠覆鸟巢等保护自然资源的规定。《孟子·梁惠王上》有"不违农时，谷不可胜食也；数罟不入洿池，鱼鳖不可胜食也；斧斤以时入山林，材木不可胜用也"的言论。《荀子·王制》更有集中的论述："圣王之制也，草木荣华滋硕之时，则斧斤不入山林，不夭其生，不绝其长也；鼋鼍鱼鳖鳅鳝孕别之时，罔罟毒药不入泽，不夭其生，不绝其长也；春耕夏耘，秋收冬藏，四者不失时，故五谷不绝而百姓有余食也；洿池渊沼川泽，谨其时禁，故鱼鳖优多而百姓有余用也。斩伐养长不失其时，故山林不童而百姓有余材也。"《吕氏春秋·应同》则从反面论述了生态保护的重要性："覆巢毁卵，则凤凰不至，刳兽食胎，则麒麟不来。干泽涸渔，则龟龙不往。"曾子则直接引入"孝"德的观念明确说："树木以时伐焉，禽兽以时杀焉。夫子曰：断一树，杀一兽，不以其时，非孝也。'"（《礼记·祭义》）由此可见，儒家仁学一向把生命万物当作道德关怀的一般对象，把仁爱生命当作道德原则的基本内容，仁爱为怀、仁义至上不仅要推己及人，也要推己及物，不仅达之于民，也要达之于物，从而仁爱生命，关怀万物，这才算是真正的"仁爱"，真正的"仁义"。故宋儒程颢《识仁》开篇即云："学者须先识仁，仁者浑然与物同体。"（《宋元学案·明道学案》）孟子曰"万物备于我矣"（《孟子·尽心上》），又曰"上下与天地同流"（同上）。《礼记》则曰"赞天地化育"以及"与天地参矣"（《礼记·中庸》）。由此可见，早在两千多年前，人们就开始关心生命，提倡保护动物，反对人类竭泽而渔式地向自然界索取，从而把发展经济和保护生态资源合二为一了。这正与现代人类新的生存观念若合符契。天人合一作为人类文化的深层价值观念，作为人类在认识、改造自然过程中的哲学观念范型，要求我们在处理人与自然的关系时，把对周围自然、环境本性的把握建立在对生态平衡规律认识的基础上，强调人与自然的和谐、协调、非技术性和非工具性的关系，从而建立起人的完整本质和需要同自然之多维价值的全面联系。

人与人之间关系的和谐是和谐世界的核心内容。这也是中国传统文化极为关注的重要内容。孟子云："天时不如地利，地利不如人和。"（《孟子·公孙丑下》）这就凸现了"人和"的极端重要性。再从"和为贵"（《论语·学而》）、"矜而不争"（《论语·卫灵公》）、"德莫大于和"（《春秋繁露·循天之道》）诸言论中，我们更是不难看到"和"在儒家哲学中的突出地位。那么，"和"是什么呢？《国语·郑语》载："夫和实生物，同则不继。以他平他谓之和，故能丰长而物归之；若以同裨同，尽乃弃矣。"可见，"和"与"同"是相互对立的范畴，它是一个包含差异性和多样性的存在，是差异性和多样性基础上的平衡、协调与统一。孔子在倡导"和为贵"的同时，在史伯和晏婴论述的基础上，进一步区分了"和"与"同"的不同含义，并将二者提升为衡量君子与小人的标准："君子和而不同，小人同而不和。"（《论语·子路》）张载的名著《正蒙》更进一步揭示了"和"的对立统一性："太和所谓道，中涵浮沉、升降、动静、相感之性，是生絪缊、相荡、胜负、屈伸之始。""和"的真实内涵就启示我们明白：社会作为一个整体，需要各方面的协调有序方能健康地运行和发展，而最主要的还是在于人际关系的协调和谐。早在战国时期，荀子就说过："力不若牛，走不若马，而牛马为用，何也？曰：人能群，彼不能群也。人何以能群？曰：分。分何以能行？曰：义。故义以分则和，和则一，一则多力，多力则强，强则胜物……故人生不能无群，群而无分则争，争则乱，乱则离散，离则弱，弱则不能胜物。"（《荀子·王制》）这就是说，个人要想生存，就离不开社会，而社会要想生存，就离不开内部人际关系的和谐。所以，善于处理人与人之间的关系，乃是达到社会协调有序的关键。对此，传统儒家提出了一个具有全局性的概念"仁"，作为待人接物主要是处理人际关系的纲领。"仁"学作为儒家伦理的道德精髓,突出表现了对"人"的发现和对"人"的反思,是现代和谐世界人文意识建构和道德建设的丰富精神资源。具体说来,从"仁"的基本观念出发,儒家所提出的如下几个关键性命题都可以转化为现代社会道德体系的主要组成部分。一是"仁者爱人"。这一基本命题是对"仁"原有意义的确认与继承,体现了"仁"本身所蕴含的一种个体对社会的本能的仁爱之心,"爱人"是人的一种本性,其行为是这一本性的外化,其精神实质在人们的交往实践行为中得以实现。可以说,"仁者爱人"是孔子伦理学思想体系的核心命题之一。它既是氏族血亲之爱自然情感的遗留,又是维系社会人际关系普遍存在的道德义务和责任。它强调的是个体对他人和社会自觉地履行道德上的责任和义务。传统儒家的这一伦理学命题对于解决现代社会中的道德冷漠、爱心缺失、责任观念淡薄和无政府主义等伦理难题都具有直接的启示作用。二是"推己及人"。从"仁者爱人"出发,儒家所提出的两个更为具体和富有操作性的命题是"夫仁者,己欲立而立人,己欲达而达人"(《论语·雍也》)和"己所不欲,勿施于人"(《论语·卫灵公》)。这两个命题表现出传统儒家要求在人际关系的处理上,应有自觉"推己及人"的精神和意识。可以说,"推己及人"是一切社会公德的基础。要维护正常的社会秩序,就必须遵守社会公德。文明愈发展,社会公德就愈重要。而社会公德要得到遵守,最基本的就是要有"推己及人"的思想,要学会换位思考。儒家伦理"推己及人"的传统思想能够有效地帮助现代人树立诚实、友善、宽容、守信的做人原则,建立融洽和谐的人际关系。倘若每个现代人都能够遵循此道,能够以将心比心、设身处地的态度彼此关心、宽容、谅解,每干一件事都能想一想我这样做会对别人有什么影响,想一想别人是不是也有这种要求,就会形成一种充满关怀和尊重的社会公德,而这种公德既是现代社会及其行为者得以生存和发展的基础,又十分有助于解决众多的社会现实问题。三是"克己复礼"。要想以"推己及人"的态度做到"仁者爱人",就必须有"克己复礼"的精神,这也是"仁"的另一内在要求。说明白点,就是要做到"仁",还需要个体对自我的欲望进行控制,一切按照"礼"的规范来为人处世。这就是孔子所说的"克己复礼"。这就是说,克制自己，使自己的语言行动符合"礼"，这就是"仁"。而要做到"仁"，不在别人，全在自己。传统儒家"克己复礼"的精神对现代社会道德建设具有积极的启示作用。现代工业革命和科学发展给人类带来了高度发达的物质文明，但随之而来的群体道德极端缺失、个人欲望无限膨胀等非正常化的社会现象也日益严重。因此，重构道德价值体系已成为全球社会亟须应对的共同课题。而传统儒家所提倡的"克己复礼"在这方面必将发挥重要的积极作用。

人是社会发展的主体，人自身的和谐是社会和谐发展的根本前提，也就是说社会和谐离不开个体的和谐，个体身心的和谐是社会和谐的基础。而个体身心的和谐主要是指处理好身心关系，处理好物质欲望与道德理性之间的关系。然而，在现代工业化、商品化、市场化社会中，无止境地追求物质享受和感官刺激，导致人们过分迷恋于对物的占有和崇拜。而这种物欲化的倾向又会使人的道德退化、人格异化。于是，消解理想、蔑视道德、远离崇高、排斥正义、摈弃精神境界、逃避社会责任成为时尚，纵欲主义、拜金主义、享乐主义、极端功利主义和极端个人主义大行其道，个人身心失调、情感扭曲、精神空虚、人格分裂，并由此而引起焦虑、孤独等，使酗酒、吸毒、赌博、凶杀、自杀、精神失常等现象不断增加。在科学日益昌明、社会财富日益增多的今天，这一社会痼疾似乎有日益猖獗而不可遏止之势。而在这种身心失调而导致人格分裂的危机中，若能取法传统儒家以品德修养为主的修身之道，对于达致和谐的人生，并进而促成和谐世界的形成必将大有助益。孟子云："天下之本在国，国之本在家，家之本在身。"（《孟子·离娄上》）故《大学》谓："身修而后家齐，家齐而后国治，国治而后天下平。自天子以至于庶人，壹是皆以修身为本。"儒学传统中这一被传统社会奉为经典准则的"以修身为本"的理论，其实也适用于现代社会。能否建设起一个和谐文明的社会，根本上在于每个社会成员的素质状况。只有每个社会成员都具有较高的文化水平和道德水平，整个社会才能达到文明和谐之境。因而每个社会成员的和谐人生乃是组成和谐社会的基础。而传统儒家认为，若要创建和谐人生，首先必须正确处理如下两个关系：一是"义"与"利"的关系。程颢认为：" 天下之事，唯义利而已。"（《河南程氏遗书》卷十一）朱熹也认为："义利之说，乃儒者第一义。"（《与延平李先生书》）事实上，"义"与"利"的关系问题不只是儒家的第一要义，也是整个人类社会从古至今都始终存在的重大伦理问题。对"义"与"利"的区别及其相互关系，原始儒家早有深入论述。孔子在《论语·卫灵公》中说："君子义以为质，礼以行之，孙以出之，信以成之。"即真正的君子乃是用"义"作为立身处世的根本，用"礼"来实行，用"信"来完成的。又在《论语·阳货》中说："君子义以为上。君子有勇而无义为乱，小人有勇而无义为盗。"即"义"是立身之本，是行为的最高标准。无论是君子还是小人，有勇而无义都是断断不可的。在这种情况下，"利"的考虑就必须以"义"为前提。孔子说："今之成人者何必然，见利思义，见危授命，久要不忘平生之言，亦可以为成人矣。"（《论语·宪问》）又说："君子有九思：视思明，听思聪，色思温，貌思恭，言思忠，事思敬，疑思问，忿思难，见得思义。"（《论语·季氏》）所谓"见利思义""见得思义"，就是看见"利"的时候，要去考虑该不该得，这就叫"见利不亏其义"（《礼记·儒行》）。而对于不义之财，孔子坚持"不义而富且贵，于我如浮云"（《论语·述而》）的信念。他还说："富与贵，是人之所欲也，不以其道得之，不处也。贫与贱，是人之所恶也，不以其道得之，不去也。"（《论语·里仁》）这里的"义"与"道"都是指合于道德之善，那就是"义而后取"（《论语·宪问》）、"先事而后得"（《论语·颜渊》），只有合于道德、属于劳动所得的，才是合于"义"的。而在道义气节和利益得失发生冲突时，孔子特别强调要把"仁义"放在首位，做到重"义"轻"利"："君子喻于义，小人喻于利。"（《论语·里仁》）在人的自然生命与道德尊严发生冲突时，亚圣孟子甚至发出了"舍生而取义"（《孟子·告子上》）的呐喊。荀子则提倡"义利兼顾"："义与利者，人之所两有也。虽尧舜不能去民之利欲，然而能使其欲利不克其好义也；虽桀纣亦不能去民之好义，然而能使其好义不胜其欲利也。"（《荀子·大略》）"义"和"利"都是人本身应该拥有的，但问题是"先义而后利者荣，先利而后义者辱"（《荀子·荣辱》）。在这种情况下，他主张"以义制利"，认为"义胜利者为治世；利克义者为乱世"（《荀子·大略》）。

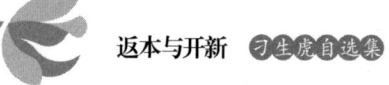

《大学》则在指出"德者本也,财者末也"的同时进一步讲"国不以利为利,以义为利也"的思想,这是"义以导利""义以生利"思想的运用。儒家重"义"亦重"利",主张"义"与"利"的有机统一。这在理论上表现为倡导"见利思义""义然后取",反对"见利忘义""不义而富且贵"。因为"义"是使功利趋向于合理的规定,从"义"出发,也就是从合理的功利出发;一切有关"义""利"关系的论辩,最终无不落脚于所谋取的功利是否合理这样一个为人之道的问题上。因此,崇德重义作为儒家伦理内在生命的逻辑要求和必然归宿,促进了中国传统文化中重气节、讲操守、负责任的人伦关系的形成,因而具有超越时空的生命力。在当今和谐世界的建设中,应该积极弘扬这种优良传统。二是"理"与"欲"的关系。传统儒家肯定人的正当欲求。孔子云:"富与贵,是人之所欲也。"(《论语·里仁》)"富而可求,虽执鞭之士,吾亦为之。"(《论语·述而》)追求富贵乃是人之常情,也是人的正当愿望,就是孔子自己也会这样做。但与此同时孔子又强调"欲而不贪"(《论语·尧曰》),反对放纵欲念。他说:"君子有三戒,少之时,血气未定,戒之在色;及其壮也,血气方刚,戒之在斗;及其老也,血气既衰,戒之在得。"(《论语·季氏》朱熹亦云:"仁义根于人心之固有,天理之公也;利心生于物我之相形,人欲之私也。循天理,则不求利而自无不利;殉人欲,则求利未得而害已随之。"(《四书集注·孟子》) 这就是说,人们在追求个人欲望上,要掌握中和的原则,要保持平衡谦和的心态。不能贪得无厌、过犹不及。无论是"纵欲"还是"禁欲",都是违背人的自然本性、伤害身心健康的做法。而传统儒家有鉴于此,主张把人的欲望控制在合理的限度之内,既不"纵欲"又不"禁欲",而是"寡欲"与"以理节欲"。传统儒家这种"以理节欲"、抑制利欲的伦理观念,对于治理现代社会中各种纵欲主义、享乐主义倾向,无疑是治世良方。在当今和谐世界的建设中,应该积极弘扬这种优良传统。

整个世界的和谐乃是全人类为之而奋斗的目标。现在的世界并不太平,国际争端、地区冲突、恐怖袭击此起彼伏,绵延不绝。而儒家仁学的理想就是"天下大同"。《礼记》中"以天下为一家,以中国为一人",说的就是以超越一国一族的"天下观",构筑一个和谐有序的世界。提倡"以德服人"的王道，反对"以力服人"的霸道。儒家提倡"远人不服，则修文德以来之"（《论语·季氏》)，即以文德感化外邦，诚所谓"仁者无敌"。儒家主张以和平的、公正的、文明的手段来解决国际争端，这才是真正的世界主义。中国传统文化中的各家各派都有自己向往的和谐社会模式。道家以"小国寡民"为梦想，主张无欲、无为、无争；墨家以"爱无差等"为梦想，倡导兼爱非攻、尚同尚贤；法家以"富国强兵"为梦想，倡法治，图实效；佛家以"善地净土"为梦想，强调同体共生、乐善好施。但最具代表性的，还是儒家描述的"大同社会"。"大同社会"代表了中国古代理想和谐社会的最高境界，与柏拉图的"理想国"同期，比欧洲最早的空想社会主义"乌托邦"早了两千年。《礼记·礼运》说："大道之行也，天下为公。选贤与能，讲信修睦，故人不独亲其亲，不独子其子，使老有所终，壮有所用，幼有所长，鳏寡孤独废疾者，皆有所养。男有分，女有归。货恶其弃于地也，不必藏于己；力恶其不出于身也，不必为己。是故谋闭而不兴，盗窃乱贼而不作，故外户而不闭，是谓大同。"其中的"大同"，东汉郑玄解释说："同，犹和也，平也。"所以"大同"也就是"大和"与"太平"，也就是和谐社会与太平盛世。经数千年来各种思想的融合，儒家仁学所提出的和谐共生理想，已成为以"和"为核心，兼顾多元、和谐有序、包容开放的一套哲学伦理体系，对当今和谐世界的建构具有重大启发意义和借鉴价值。

庄子对中国"象喻"文学的贡献*

"象喻"是一种借助具体形象喻说抽象情理的思维和言说方式。①其在中国本土源远流长,乃至成为中国文学尤其是先秦文学的主要运思方法,所谓"穷理析义,须资象喻"②。可以说,中国文化是诗性的"象喻"文化,中国文学亦是诗性的"象喻"文学,先秦文学更是中国"象喻"文学的源头活水。③而作为中国文学重要组成部分的庄子其人其书,对中国"象喻"文学的形成与发展,更是做出了不容忽视的贡献。

一、对"象喻"理论的初步自觉和总结

在中国"象喻"文化史上,虽然在庄子之前已经不乏"象喻"的创制和使用者,但却从未有一个完整的"象喻"概念产生。只有庄子学派,才对这一问题有了初步的自觉,并总结出一个较为完整系统的"象喻"概念:

---

* 本文原载于《青海社会科学》2012年第1期,收入本书时有改动。
① "象喻"在本质上属于隐喻范畴,是偏重于以形象喻抽象的特殊类型的隐喻。而隐喻不仅是一种语言和修辞现象,而且是一种思维和文化现象。任何一个隐喻,都直接表现为一定的语言修辞,却间接暗示出更为深刻的心理活动和实践方式,而任何心理现象和实践行为都是文化现象的深层次展示。这种理解前提下的隐喻,不仅包括传统修辞学范畴内的明喻、暗喻、借喻、曲喻等诸多辞格,而且涵盖中国传统文学与文化中的象征、比兴、寓言等诸多现象。(参见拙文:《隐喻:修辞·思维·文化》,《语文知识》2011年第2期)基于此种理解,本文将根据行文习惯酌情使用"象喻"和"隐喻"这两个术语。
② 钱钟书著:《管锥编》,中华书局1986年版,第12页。
③ 参见拙文:《"象喻":先秦文学运思之法》,《中国社会科学报》2011年3月1日8版。

>寓言十九，重言十七，卮言日出，和以天倪。寓言十九，藉外论之……重言十七，所以已言也，是为耆艾……卮言日出，和以天倪，因以曼衍，所以穷年。(《寓言》)
>
>以天下为沉浊，不可与庄语，以卮言为曼衍，以重言为真，以寓言为广。(《天下》)

这就是说，在庄子看来，所谓"寓言"，即寄寓之言，其本质在于借助外在虚构的形象故事来暗示作者想要表达的抽象之理；所谓"重言"，即借重之言，其本质上还是"寓言"，只不过是一种借助历史名人或当下权威人士之名所虚构的寓言故事而已；所谓"卮言"，即自然流吐之言，其重在表明庄子的一种言说态度，就是顺其自然，言于所当言，止于所当止。故庄子所说的"寓言""重言""卮言"等"三言"都是"道言"，都是一种文化学意义上的"象喻"。[①]正是借助于"象喻"的方式，庄子告诉读者，他所说的不能按字面意义去理解，因为它们本身是杜撰的；然而"三言"的非字面真实，又使它们具有内在意蕴的真实。文化人类学家维柯明确指出，"隐喻就是一个具体而微的寓言故事"[②]，而由"三言"所构成的《庄子》文本，正表现为一个又一个的寓言故事；庄子言说方式的最大特色即通过寓言说话，借他人之口舌浇自我胸中之块垒。"依今天的理解来看，《庄子》中所说的寓言、重言都是我们今天所说的寓言，那么所谓卮言就是这些寓言作品中点明寓意的话语；前者就是拉·封丹说的'身体'部分，后者就是'灵魂'部分，它们有机地结合，构成寓言作品的完美整体。"[③]从庄子文本中便可看出庄子运用"象喻"的良苦用心：消解具体指称与明确对象，不作是非对错的确定判断，转而采用暗示的方法告诉读者，他所讲的不能够直接说，而需用"象喻"的策略去"诗意的说"，因为"说出是破坏，暗示才是

---

① 参见拙文：《庄子的语言哲学及表意方式》，《东吴哲学学报》第十二期（2005年8月）。
② ［意］维柯著，朱光潜译：《新科学》，商务印书馆1989年版，第200页。
③ 白本松著：《先秦寓言史》，河南大学出版社2001年版，第112页。

创造"①。正是"象喻"言说的存在，形成了《庄子》文本的多义性和模糊性，为读者留下了广阔的想象空间和再创造的可能。而"最初的诗人们就用这种隐喻，让一些物体成为具有生命实质的真事真物，并用以己度物的方式，使它们也有感觉和情欲，这样就用它们来造成一些寓言故事"②。那么反过来说，"寓言可以被看作是一个精心构思、结构完整一致、被扩大化了的隐喻"③。因此，庄子在《寓言》篇和《天下》篇中的这两段论述就是古代中国首次从概念界定和剖析的层面上对广义"象喻"的理论阐述。在不长的两段话中，庄子学派对"三言"的内涵和功用等重要问题进行了相对系统的阐述。这不能不说是中国"象喻"理论史上的一次重大突破，对后世产生了深远的影响。

概括说来，庄子对"象喻"成因和功能的揭示主要涉及如下四个方面：

一是应对严酷社会现实和政治修辞学的需要。春秋战国时代既是一个经济大发展、文化大繁荣的时代，同时又是一个诸侯战争频仍、国内政治严酷、人命朝不保夕的时代。在这种社会大环境下，人人自危已经成为当时的普遍现象，老子"战战兢兢，如履薄冰"和庄子"有说则可，无说则死"的说法便是明证。我们都知道，相对于同期其他诸子来说，庄子的生命意识更为强烈，庄子的处世哲学更为独特。这样，外在的严酷环境和内在的独特思想就必然决定了庄子不愿意开门见山、直截了当地表达自己对社会现实和国家政治的观点和言论，这可说是人的自我保全本能使然。因此，摒弃直说（庄子称之为"谠言"），采用曲说（庄子称之为"寓言""重言""卮言"），迂回曲折地表达自己的思想就成为庄子学派的折中方案。"象喻"就这样在《庄子》一书中产生了。孔颖达所谓的"比，见今之失，不敢斥言，取比类以言之"便是此意。拿现代修辞学和隐喻理论的话来说，庄子"象喻"的产生就是基于政治修辞学的需要，这与古代中国的"春秋笔法""微言大义"的传统内在相通。除了内外政治的严酷之外，在庄子看来，其所处时代的另一个社会弊

---

① 马拉美语。转引自姚一苇：《艺术的奥秘》第六章《论象征》，台湾开明书店1983年版，第119页。

② ［意］维柯著，朱光潜译：《新科学》，商务印书馆1989年版，第200页。

③ 林骧华著：《西方文学批评术语词典》，上海社会科学院出版社1989年版，第483页。

端就是当时人们的思想极为混乱，士人往往各执一端、自以为是，"与己同则应，不与己同则反。同于己为是之，异于己为非之"，这就是庄子所说的"天下大乱，贤圣不明，道德不一。天下多得一察焉以自好"，从而导致大道"暗而不明，郁而不发"的实际情况。因此也就不能用通常的话语表述自己的思想，这就是庄子所说的"以天下为沉浊，不可与庄语"。其中的"庄语"，就是"从正面讲道理给人听的，这里指道德的教训，或者是思想的辨析"①。战国时代，百家并起，物论纷纭，莫衷一是。面对这样的局面，庄子认为，是非的标准是相对的，各家唯知有己，以其所是而相非的执着是可笑的，毫无意义的。对这些已经陷入知识障、世故障而尚不自知的人，从正面论"道"的语言是不会起作用的，所谓"瞽者无以与乎文章之观，聋者无以与乎钟鼓之声。岂唯形骸有聋盲哉？夫知亦有之"（《逍遥游》）。所以庄子要用"三言"，从侧面论述自己的"道"，用讲故事的方法，荒唐、调侃、夸张的语言，来讲述"道"的神奇与惑众的可笑。他不像其他热衷于仁义之端、形名之辩的诸子，他不会以庄语正言来参加辩论，逼你接受他的理论，你不接受，就当他没说过好了——他本来也不是说给你这种人听的；而你接受了的话，他也不是从正面把概念灌输给你的，他也没有落入语障言筌。这里的"沉浊"应包含两层意思，一是社会现实的黑暗严酷，二是人们思想的混乱不堪；这里的"庄语"就是直言正论。不可直言正论，就只有"微言间出""迂回曲说"了。

二是克服"言""道"困境的需要和独特的表意功能。"从知识传播的角度看，隐喻是把隐性知识转化为显性知识的必由之路。"②庄子"象喻"的重要价值正在于此。在庄子那里，所谓的显性知识就是可以言传身教的普通知识；所谓的隐性知识就是"得之于手而应于心，口不能言，有数存焉于其间"（《天道》）的特殊知识。而具有"成心"的"名言"对"大道"是一种偏离和戕害。"言""道"之间的紧张和冲突就造成了言说困境的产生。但哲学的本

---

① 徐复观著：《中国艺术精神》，春风文艺出版社1987年版，第102页。
② 季广茂著：《隐喻理论与文学传统》，北京师范大学出版社2002年版，第53页。

质又是必须"说'不可说'"的。那么，我们究竟怎样做才能克服言说困境、完成哲学使命呢？庄子的回答是，既然作为言说对象的"道"是不可改变的，那就只有从言说主体和媒介两个方面寻求答案了。庄子努力探寻的结果是，言说主体要去除"成心"、怀有"道心"，与之相应的是，作为媒介的言说方式要从"成心之言"转化为"道心之言"，也就是说要从"思维的说"转变为"诗意的说"。所谓"诗意的说"就是"道言"，就是"三言"，归根结底就是"象喻"。因此，"象喻"是克服"言道死结"、走向哲学坦途的理想工具。庄子是这样说的，并且也是这样做的。他正是借助于"象喻"这种独特的表意方式，创造了一个又一个生动活泼而又充满智慧的寓言形象，向我们"显示"了"道"的境界和内涵。

三是增强说服力和止息争辩的需要。这两点庄子说得很直接也很清楚。庄子云："寓言十九，藉外论之。亲父不为其子媒，亲父誉之，不若非其父者也。"自己夸自己的儿子别人不相信，只有别人来夸才行。社会现实就是这样，生活于这个社会中的每个人都有这种心理，这是客观存在的事实，无法改变。所以庄子只有借助外在的人和事来说自己想说的话，以便别人更容易接受。而庄子所说的"寓言"恰恰就具有这样的功能，它恰恰能够消除听话人的疑虑，更好地达到传"道"的效果。庄子"寓言"的这一功能实际上就是隐喻的亲和功能，通过"寓言"的运用和创制能够使听话人由此而产生"自己人"或"非我族类"的认同感，从而增强论说的说服力。庄子又说："重言十七，所以已言也。""已言"即止息争辩，所以"重言"的基本功能就是让大家都不要再吵来吵去了。为什么它有这个能耐？浅层来说，是因为这种"言"能够增强说服力；深层来说，是因为这种"言"是"道言"，有一个"道"字在里边，洋溢着"道"的精神。

四是审美修辞和认知策略的需要。"就语言表达形态而论，隐喻具有修辞与认知两大功能：前者的目的在于'踵事增华'，而认知隐喻则属于'强为之言'的言说和思维策略。"[1] 无论是修辞功能还是认知功能，在《庄子》书中

---

[1] 张沛著：《隐喻的生命》，北京大学出版社2004年版，第14页。

都有明显的体现。就修辞而言，一般还可划分为政治修辞和审美修辞两种类型。统治的黑暗、社会的混乱和思想的指向决定了政治修辞成为《庄子》一书的题中应有之义；"以谬悠之说，荒唐之言，无端崖之辞"的抒写方式决定了审美修辞也成为《庄子》一书的必然表现色彩。就认知而言，正如高辛勇先生所言："'比喻'是最有效、最基本的认知运作，它让我们在打比喻（方）时灵光一闪之间对事物达到一种新的洞识，从已知进入到未知、将不知变成可知。"① 人类对客观对象的认识，必须借助于已知之物，由已知喻未知，以此言彼，由异悟同，以简单代复杂，以具体拟抽象，这个过程就是"象喻"的价值所在。惠施早已发现了"象喻"的这一价值："固以其所知谕其所不知，而使人知之。"（《说苑·善说》）荀子同样有清晰的表述："分别以喻之，譬称以明之。"（《荀子·非相》）而庄子的语言哲学以及表意方式更是有力折射出"象喻"的这一认知价值。庄子给我们指明了方向，只有借助"象喻"，方能克服语言困境，完成哲学使命。

二、对"象喻"形态的大胆突破和创新

庄子是一个富有创造能力的哲人，他对"象喻"形态进行了深入而又细致的探讨和研究，并实现了重大突破和多方创新。概括起来说，中国古代"象喻"主要有三大系统：一是以《周易》为代表的象征传统，二是以《诗经》为代表的比兴传统，三是以先秦诸子为代表的寓言传统。② 庄子应该属于寓言这一系统。而从历时发展的角度来看，中国古代"象喻"实践大致经历了一个由修辞型"象喻"到故事型"象喻"的成长过程，这一发展变化过程，若从主流的角度来看，实际上就是由比喻修辞到寓言故事的转变过程。而在这一过程中，庄子学派做出了不容忽视的贡献。

---

① ［加］高辛勇讲演：《修辞学与文学阅读》，北京大学出版社1997年版，第15页。
② 参见拙文：《隐喻与象征——以〈周易〉为中心的探寻》，《青海师范大学学报》2006年第5期；《隐喻与比兴——以〈诗经〉为中心的探寻》，《河南教学院学报》2006年第2期；《隐喻与寓言——以先秦诸子为中心的探寻》，《番禺职业技术学院学报》2005年第4期。

具体说来，正如上文所论，庄子首次对"寓言"这种"象喻"样式进行了讨论，对其内涵、成因以及功能等问题进行了或直接或间接、或明或暗的讨论，表现出相当程度的理论自觉意识。庄子关于寓言的这些理论，奠定了我国古代寓言文学的理论基础，同时也显示出他对寓言的本质、特点等已经怀有相当清醒的认识。理论上的自觉，使庄子的寓言创作实践也带有明显的自觉性特点，使庄子在创作实践上"以寓言为广"，自觉地借助"谬悠之说，荒唐之言，无端崖之辞"创作出大量寓言来表达他的思想。我们说，虽然在《庄子》以前已经不同程度地表现出由修辞型"象喻"向寓言型"象喻"转变的趋势，但在庄子学派这里却表现出前所未有的飞跃和提升。钱钟书先生指出："拟象比喻，亦有相抵互消之法，请征之《庄子》。罗璧《识遗》卷七尝叹：'文章一事数喻为难，独庄子百变不穷'，因举证为验。夫以词章之法科《庄子》，未始不可，然于庄子之用心未始有得也。说理明道而一意数喻者，所以防读者之囿于一喻而生执着也。星繁则月失明，连林则独树不奇，应接多则心眼活；纷至沓来，争妍竞秀，见异斯迁，因物以付，庶几过而勿留，运而无所积，流行而不滞，通多方而不守一隅矣。"① 事实确实是这样的。庄子是运用"象喻"的高手，在他手里，"象喻"不仅数量众多，而且类型多样、变化多端。与其以前的典籍相比，还没有任何一本书能够做到像《庄子》这样集中创制如此数量众多、应用广泛的"象喻"现象。不仅修辞型"象喻"众多，更重要的是寓言型"象喻"在《庄子》这里得到空前的发展和壮大。学术界虽然对《庄子》一书中具体有多少篇寓言故事存在分歧，但基本上认为起码在200篇以上。这一数量是《庄子》以前的典籍所无法比拟的。《庄子》一书不仅寓言数量众多，而且作为寓言载体的对象之多也是其他典籍所无法相比的。我们在前面已经提到，《庄子》借以寄托寓意的对象涉及人、神、动植物、空气、灰尘等等自然界和人类社会所能涉及的一切领域。再从深层来看，我们可以将庄子寓言与其他诸子寓言进行一些比较，以看出其差异之处，而这差异之处也正折射出庄子寓言型"象喻"的创新之处。

---

① 钱钟书著：《管锥编》，中华书局1986年版，第13–14页。

一是庄子寓言具有很强的独立性。可以说，在《庄子》中，寓言就是文章本身，去掉寓言就没有文章。而不像其他先秦诸子那样寓言只是在正常论证过程中作为一个例证或比喻来使用的，去掉寓言对文章主干并无本质的影响。先师白本松先生对此有一个极为精辟的论断："在别家的文章中，寓言往往是'事实论证'的例子，带有明显的比喻的性质，这是寓言的本色。而在《庄子》中，寓言本身往往就是文章主体，删除寓言即无文章；文章的中心思想往往隐藏在寓言背后，作者并不明确揭示，需要读者反复体会才能理解。因此，《庄子》寓言往往不是比喻，而是象征。寓言是哲理的载体，思想是寓言故事的灵魂，二者水乳交融，密不可分；也就是说，没有《庄子》的寓言，也就没有《庄子》的哲学，反过来也是一样。"[①] 这一论断就从本质上揭示了庄子寓言的高明之处。例如《应帝王》的主题是论述帝王如何治理天下。其基本观点是只要能够做到"无为名尸，无为谋府，无为事任，无为知主"，天下就自然获得大治。为了证明这个道理，庄子一连虚构了六个寓言故事：一是蒲衣子用"一以己为马，一以己为牛"的上古帝王泰氏达到物我合一而不入是非之境，来教诲啮缺王倪"四问而四不知"的处世妙道；二是狂接舆用高飞深藏而避害的鸟鼠，告诫肩吾为人要顺世自然；三是无名人以"出六极之外而游乎无何有之乡"的行径，启迪天根认识"顺应自然"而天下大治之理；四是老子以"游于无有"的虚无之道，开导阳子居认清"明王之治"的实质；五是神巫季咸抱持"有为"之方而败于壶子，最终落得一个逃之夭夭的下场；六是南海北海两帝以"有为"之心而凿死友人中央之帝，虽有良好初衷却最终以失败而告终。这六则寓言故事中，前四则先从正面论证了只有"无为"方可治理天下的思想；后两则又从反面论证了"有为"政治的危害，从而有力地反证了"无为而治"的正确性和必要性。这六个故事基本上构成了这篇文章的全部，如果去掉这些寓言，文章将不复存在。另如《至乐》《秋水》《逍遥游》《知北游》《田子方》《说剑》《盗跖》等众多篇章无不表现为寓言就

---

① 白本松、王利锁著：《逍遥之祖——〈庄子〉与中国文化》，河南大学出版社1995年版，第63–64页。

是文章本身、没有寓言就没有文章的特点。而其他诸子寓言却不是如此。其寓言并不在文章中占据核心地位,并不构成文章的主体,而只是作为论证过程中为了增强说服力而列举的一个例子或者所打的一个比方而已。因此,寓言在先秦其他诸子著作中只是处于从属和附庸的地位,而到了庄子手里,则获得了前所未有的独立地位。

二是庄子寓言具有很强的创造性。这一点可以从两个方面来看。一是在先秦诸子中,《论语》《孟子》《荀子》《韩非子》等书中的寓言大多是直接根据现实政治斗争的需要而创制的,其中的寓言只是作为服务于整体论证过程的论据而出现,因此,这些著作中的寓言可以认为是比较纯粹的政治寓言。而庄子则不然,其著述中除了政治寓言之外,还出现了大量超越政治斗争的揭示宇宙万物普遍规律的寓言,比如《逍遥游》中的"宋人资章甫而适诸越""不龟手之药"、《达生》中的"津人操舟""佝偻者承蜩""梓庆削木为镰"、《秋水》中的"夔与蚿""惠子相梁"等众多寓言都是作者运用个别事件表达普遍意义的成功案例。因此,庄子寓言是对当时政治寓言的超越,体现出明显的创造性。二是其他诸子的寓言往往来源于现实社会生活,取材于历史传说和民间故事,往往是对历史传说和民间故事的进一步加工和改造,因而其只是对现实生活的描摹和重塑,继承性远远大于创造性。而庄子则不然,其大量寓言的创制是对历史传说和民间故事的超越,往往是运用自己超凡的想象力虚构一个又一个在现实世界中不可能真实存在的虚幻世界,具有极其强烈的浪漫精神和虚构意识。如大鹏寓言、神人寓言等便是这方面的典型代表。因此,相对于其他诸子寓言来说,庄子寓言的创造色彩十分突出。

三是庄子寓言具有很强的虚构性。与其他诸子之寓言创作重在写实和具有明显的现实化色彩不同,庄子在寓言创作中往往自觉运用各种虚构手段进行形象塑造,从而具有极高的文学价值。比如作为法家代表著作的《韩非子》,其中的寓言就大多直接取材于历史故事,如"唇亡齿寒""宋襄公打败仗"就是历史,而"子罕不受玉""真假宝鼎"等也是历史小故事。通过比较《韩非子》和《左传》中有关"唇亡齿寒"的文字内容,就不难发现《韩非子·喻老》篇的这则寓言简直就是《左传》所记载历史的转载。由此可见，以历史故事取材是韩非寓言取材的最为突出的特点。而与之形成鲜明对比的是，《庄子》书中的寓言取材却是大量借助想象和虚构而完成的。比如在庄子的笔下，禽鸟会说话："蜩与学鸠笑之曰：'我决起而飞，枪榆枋，时则不至而控于地而已矣，奚以之九万里而南为？'"（《逍遥游》）髑髅能与人交谈，髑髅"深矉蹙额曰：'吾安能弃南面王乐而复为人间之劳乎'？"（《至乐》）青蛙会骄傲，满足井底之乐，河水会"欣然自喜""旋其面目，望洋向若而叹"（《秋水》），等等很多。不仅如此，就是对于极其生活化的对象，庄子也会与众不同地采用虚构和夸张的手段予以表现。如通过比较《孟子·公孙丑上》中"揠苗助长"和《庄子·徐无鬼》中"运斤成风"这两则寓言故事，我们便不难发现，尽管这两则寓言都带有明显的生活化痕迹，但出自孟子之手的"揠苗助长"和出自庄子之手的"运斤成风"所呈现出来的风格却是截然不同的。前者基本上就是对现实生活事件的真实记录，而后者却极尽夸张和虚构之能事，把现实生活中根本就不可能真正存在的虚构内容描绘得栩栩如生，如同读者自己身边的真人真事一样逼真，实在令人拍案叫绝。诸如此类的例子在《庄子》书中广泛存在，可谓俯拾皆是。由此可见，先秦时代自觉运用多种虚构手段塑造形象、组织文章的做法是从庄子开始的。也正因如此，庄子远较其余诸家更具文学气质，可谓"晚周诸子之作，莫能先也"[①]。

四是庄子寓言具有很强的群落性。从结构方式上来看，庄子寓言并不像其他诸子寓言那样往往只是一个个简单的独立个体，而是往往表现为大寓言中再套小寓言，从而形成大大小小、类型多样的寓言群落。《庄子》除《刻意》《善性》和《天下》三篇没有寓言外，其余30篇都有数量不等的寓言，其中数量最多的是《让王》篇，组织了15则寓言。《骈拇》《马蹄》等5篇各有1则，其他二十几篇都是寓言较均等地分布于各篇之中。在寓言的组织形式上，庄子往往围绕着某一中心而组织多个寓言，将200多则寓言分门别类地组织在各篇之中。例如《人间世》中"颜阖将傅卫灵公大子"就是一个极

[①] 鲁迅著：《汉文学史纲要》，载《鲁迅全集》第八卷，人民文学出版社1957年版，第271页。

为典型的寓言群落。具体说来,"颜阖将傅卫灵公大子"本身就是一个寓言故事,而在这一寓言故事里面,还有三个相对独立的寓言故事,即"螳臂当车""养虎者"以及"爱马者"等。后面这三个小寓言故事都是作为前一个大寓言故事的例子而被引出的,其内部是一种并列关系,共同与大寓言之间构成一种从属关系。又如《德充符》篇中,作者为了说明道德完美则可以化丑为美、化缺为全的道理,接连写了"王骀""申徒嘉""叔山无趾""哀骀它"以及"闉跂支离无脤与瓮㼜大瘿"等五个寓言。其他诸如《大宗师》中"孔子西游于卫"中套进了"已陈刍狗""丑女效颦"等小寓言,《天运》中"孔子见老聃"中套进了"相濡以沫"的小寓言,《外物》中"庄子贷粟于监河侯"中套进了"鲋鱼求斗升之水"的小寓言,等等。庄子寓言在结构上对其他诸子寓言的超越具有重大意义。其他人的寓言都是镶嵌在一个个确定语境中的论据,因此它们的意旨也是确定的和明显的,其所产生的作用只是给论辩和游说增添一些生动性和形象性而已。而庄子则不然,其"寓言十九",大寓言中套小寓言的结果就是庄子文章不仅更加摇曳生姿,更重要的是虚化了说话语境,使言说的确定性大打折扣,言说的内容更加丰富多彩,从而大大增加了庄子文章的内涵和张力。

五是庄子寓言具有很强的象征性。鲍海定先生说:"中国哲学家使用的隐喻是约定性的和高度组织化的。"[1] 这就说明中国古代"象喻"大多表现为"象征化的隐喻"。象征作为一种表达方式,是一种间接而非直接、暗示性而非明确性的陈述,其往往是主体为了表达一个抽象的思想和意义而有意识地选择某种事物和意象进行表述的结果。所以,与隐喻相比,象征具有更为明确的自觉意识。而寓言,黑格尔在《美学》中把它归入"比喻的艺术形式:自觉的象征",因此,可以把它看作一种象征型艺术,而且是一种自觉的象征型艺术。[2] 黑格尔的论断十分适合庄子寓言。庄子的寓言,其实就是一种象征,是庄子刻意经营的结果,是庄子基于表达自己抽象理念而有意选择和营构的结

---

[1] 鲍海定著,张海晏译:《隐喻的要素:中西古代哲学的比较分析》,载艾兰等主编:《中国古代思维模式与阴阳五行说探源》,江苏古籍出版社1998年版,第79页。

[2] [德]黑格尔著,朱光潜译:《美学》(第二卷),商务印书馆1979年版,第31—32页。

果。《养生主》中,庄子为了表达养生之道在于"依乎天理""因其固然"的抽象哲理,而专门虚构了一个"庖丁解牛"的寓言故事;《人间世》与《德充符》中,庄子为了表达精神美重于外貌美的道理,而特意塑造了诸如"支离疏""王骀""申徒嘉""叔山无趾""哀骀它""闉跂支离无脤""瓮㼜大瘿"等一系列形残神全却深受平民乃至君王喜爱和尊重的寓言形象。所有这些,都共同说明了一点,即庄子寓言已经不仅仅像其他诸子寓言那样,只限于修辞层面上的比喻,而是已经上升为文学和文化层面上的象征了。

六是庄子寓言型"象喻"对后世产生了深远的影响,对中国"象喻"文化传统的延续和发展做出了巨大的贡献。庄子寓言在源远流长的中国文化中具有极为强大的生命力,甚至在今天,其仍然活跃在国人的思想和语言之中。这方面的一个重要表现就是,在先秦诸子之中,只有庄子的寓言幻化为成语流传至今的最为多见。如《逍遥游》中的"鹏程万里""扶摇直上""大有径庭""不近人情""姑射神人""冰肌玉骨""绰约多姿""吸风饮露""鹪鹩腹枝""饮河鼹鼠""巢林一枝""鼠腹蜗肠""材大难用""跳梁小丑""越俎代庖""广漠之野""不夭斤斧",《齐物论》中的"朝三暮四""庄周梦蝶",《养生主》中的"庖丁解牛""目无全牛""切中肯綮""批郤导窾""游刃有余""新发于硎""官止神行""踌躇满志",《人间世》中的"溢美之言""螳臂当车",《大宗师》中的"相濡以沫""呴湿濡沫""相呴相济",《应帝王》中的"浑沌七窍""七窍生烟",《天地》中的"抱瓮灌园",《天道》中的"轮扁斫轮""得心应手",《胠箧》中的"唇亡齿寒",《秋水》中的"望洋兴叹""井蛙之见""夏虫语冰""贻笑大方""大方之家""井底之蛙""邯郸学步""曳尾涂中""濠梁之鱼",《刻意》中的"吐故纳新",《至乐》中的"鼓盆之戚""斧钺之诛",《达生》中的"屏气凝神""呆若木鸡""纪渻木鸡""鬼斧神工""薪尽火传",《田子方》中的"亦步亦趋""宋画吴冶",《天运》中的"东施效颦",《列御寇》中的"探骊得珠""屠龙之技""吮痈舐痔",《徐无鬼》中的"运斤成风""空谷足音",《山木》中的"君子之交""螳螂捕蝉,黄雀在后",《知北游》中的"每况愈下",《则阳》中的"鸡鸣狗吠""触蛮相争""蜗角虚名""卤莽灭裂",《外物》中的"庄周贷粟""斗升之水""涸辙之鲋",《让王》中的"随珠弹雀",《渔父》中的"畏影避迹",以及《盗跖》中的"摇唇鼓舌""以强凌弱",等等,都是由极为著名的寓言故事在长期的流传过程中缩减而成的固定成语,并具有永恒的生命力。这些词语典故一经在古代诗词中使用,便形成了意境幽远、典雅古朴的中国风格。如关于"浑沌凿七窍而亡"这个典故,金人元好问有诗云:"凿开混沌露元气,散布兜罗弥梵天。"(《陀罗峰二首》之一)关于"不龟手之药"这个典故,宋人黄庭坚有诗云:"收得千金不龟药,短裙漂絖暮江寒。"(《戏答史应之三首》之二)关于"运斤成风"这个典故,唐人杜甫有诗云:"脱略磻溪钓,操持郢匠斤。"(《奉赠鲜于京兆二十韵》)关于"目无全牛"这个典故,唐人李白有诗云:"长桑晚洞视,五藏无全牛。"(《送方士赵叟之东平》)这些寓言故事为丰富和发展中华民族的语言艺术做出了巨大的贡献。此为其一。

不仅如此,《庄子》一书中有不少篇章本身就可以说是寓言小说或说是寓言戏剧。"在《庄子》的寓言中,有一些篇幅较长的作品,已经突破了寓言形式的束缚,进入了我们今天称之为小说的领域中,它们实际上是中国最早的寓言小说……这些寓言不仅有明确的主题,有中心人物、次要人物,有比较完整的故事情节,并且人物也不像其他寓言人物那样只是作为某种概念化身而已,而是具有独特的内心世界和外在性格的活生生的艺术形象,所以这些寓言在表现形式上与后世的寓言小说是非常接近的,二者并无明显区别。"① 比如《盗跖》这篇寓言写盗跖与孔子的对话,孔子规劝盗跖,反被盗跖严加指斥,称为"巧伪"之人。盗跖用大量古来事例证明儒家圣君、贤士、忠臣的观念都是与事实不相符合的,儒家的主张是行不通的,就连孔子自己也"不容身于天下",因为他"不耕而食,不织而衣,摇唇鼓舌,擅生是非"。从文体角度来看,这篇寓言故事完整,结构严密,情节曲折有致,人物形象鲜明生动,矛盾冲突复杂而尖锐,富有故事性和戏剧性。整个故事经历一个完整的发生、发展、高潮、结束的过程。描写方法涉及肖像描写、心理描写、行动描写、对话描写、正面描写和侧面描写等多种手法。人物塑造个性鲜明、栩栩

---

① 白本松著:《先秦寓言史》,河南大学出版社2001年版,第180页。

如生。因此,无论从哪方面来说,《盗跖》都堪称一部极为成熟的寓言小说。又如"郑有神巫曰季咸"(《应帝王》)这则寓言,人物、情节、时间、地点十分完整,故事经历发生、发展、高潮到结局等完整的过程,同样是一篇极为典型的寓言小说。《庄子》一书中诸如此类的寓言小说还有《在宥》篇中的"云将与鸿蒙"、《天地》篇中的"子贡南游于楚"、《秋水》篇中的"河伯与海若"、《至乐》篇中的"庄子之楚见空髑髅"、《知北游》篇中的"知北游于玄水之上"、《让王》篇中的"楚昭王失国"、《列御寇》篇中的"列御寇之齐"、《庚桑楚》篇中的"南荣趎见老聃"等等。所有这一切都充分证明了庄子具有明确的寓言创作意识,也在相当程度上说明了庄子已是一位较为成熟的寓言小说家。王焕镳先生曾经指出:"寓言影响后世最大的是小说。寓言故事本身就富于小说意味。它的现实主义和夸大性的手法,具体而微的故事情节,刻画生动的人物形象,富有生命力的语言和精彩的对话,都可以启发后世小说的产生或作为扩展小说的蓝本。"[①]事实确实如此,《庄子》中的寓言小说对后世文学尤其是小说和戏剧的创作产生了极为深远的影响。庄子寓言以它那浪漫主义色彩和与现实精神相结合的创作方法,以及有情节、有人物、有对话、有描述的艺术形式,启迪了后世戏曲小说的创作。如"鼓盆而歌"(《至乐》)的寓言演化成后来的戏曲《庄子试妻》《大劈棺》,"庄周梦蝶"(《齐物论》)的寓言被元人关汉卿演绎成《三勘蝴蝶梦》的剧本,等等很多,兹不赘述。

---

① 王焕镳著:《先秦寓言研究》,中华书局1959年版,第81页。

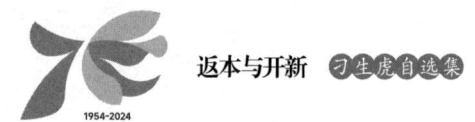

先秦儒道生死学三题[*]

就其现实形态而言，个体生命的存在具体展开为一个生命从开始到终结的过程，这一本体论事实上使生与死成为无法回避的问题。这就决定了旨在寻求解脱人类生存困境、超越生存有限性途径的哲学，其所关注的核心问题便是个体生命的存在，即生与死的问题。死亡成为一切哲学研究的起源和中心问题，所谓"哲学是死亡的练习"（柏拉图《斐多篇》）"从事哲学即是学习死亡"（雅斯贝尔斯《生存哲学》）"如果没有死亡的问题，恐怕哲学也就不成其为哲学了"（叔本华《爱与生的烦恼》），甚至德国历史学家斯宾格勒发出"所有高级的思想，正是起源于对死亡所作的沉思冥索，每一种宗教、每一种科学、每一种哲学，都是从此处出发的"[①]这样的断语。

代表中国传统文化源头和主干的儒、道两家对生与死都进行过极为广泛而又深入的思考，其生死学是对生命存在进行理性思考的结晶，是儒道诸子通过自身的生命体验为后人留下的安身立命之道，其中蕴含着极为丰富而又深邃的生命智慧。因此，探讨儒、道生死学的历史境遇与理论内涵，对于现代人全面了解中国传统生死文化，开展生命教育，建立科学生死观具有重大而又深远的意义。

---

[*] 本文原载于《诸子学刊》第八辑（2013年4月），收入本书时有改动。
[①]［德］斯宾格勒著，陈晓林译：《西方的没落》，黑龙江教育出版社1988年版，第119页。

一、历史境遇

公元前 770 年，周平王东迁，定都洛邑。自此之后，"周室衰微，诸侯强并弱"（《史记·周本纪》）。"礼乐征伐自天子出"（《论语·季氏》）的共识不复存在，转而形成"政由方伯"（《史记·周本纪》）的社会现实。在天下共主名存实亡的情况下，各国诸侯相继称王尊霸。如魏惠王与齐威王先是互尊为王，秦惠文王又继而称王，接着齐湣王与秦昭王又共约称帝。与此相应的是，兼并战争也成为这一时代的突出现象。据鲁史《春秋》记载，春秋二百四十二年间，发生在各国之间的战争有 483 次，而以强凌弱、以众暴寡的朝聘盟会有 450 次，两者合计 933 次。司马迁曰："《春秋》之中，弑君三十六，亡国五十二，诸侯奔走不得保其社稷者不可胜数。"（《史记·太史公自序》）仅以鲁史《春秋》的统计来算，平均每年要发生两次战争，几乎每年要签订两个不平等条约。与春秋时期相比，战国时代的兼并战争更加频繁也更为惨烈。如公元前 354 年，魏攻赵，围邯郸，次年魏攻陷邯郸，而齐又大胜魏于桂陵；公元前 343 年，魏攻韩，齐击魏救韩；公元前 333 年前后，秦屡次攻魏；公元前 318 年，魏发起合纵攻秦；公元前 316 年至公元前 315 年，秦灭蜀并屡侵赵地；公元前 315 年，齐取燕；公元前 314 年，秦败韩军；公元前 312 年秦楚大战；公元前 308 年，秦再次侵占韩城；公元前 301 年，齐率韩、魏攻楚；公元前 296 年，齐发起合纵攻秦；公元前 286 年，齐灭宋；公元前 284 年，燕联合三晋等国败齐……而陈汉章《上古史》云："综计战国二百四十八年中，魏赵用兵四十八，魏韩用兵四十九，魏秦七，魏楚二。魏伐宋郑中山各二，伐翟燕齐各一。韩秦用兵二十一，韩伐齐郑各三，伐宋二，救鲁一。赵秦用兵二十，伐燕一。燕伐齐赵各一。齐伐魏九，伐鲁燕各三，伐赵燕各一。楚救赵伐郑各二，攻鲁三，伐燕齐秦各一。秦伐楚九，伐燕伐齐各三，伐蜀三。五国伐秦二，三国击秦二，五国击秦一。四国击楚一，三国击楚二,三国救赵一。"① 由此不难想象,战国时代是一个战争频仍的时代。频繁而又规模庞大的战争无疑造成了巨大的人员伤亡。仅以战国末年为例,公元前317年,秦军大败韩、赵、魏、燕、齐五国联军,斩杀8万余人;公元前293年,秦大败韩、魏联军于伊阙,斩首24万余人;公元前260年,秦、赵长平之战,赵军饥饿46日,杀人而食,秦大将白起大败赵军,斩杀赵兵40余万人,从而成为战国历史上最大也是最为残忍的一场战争。由此可见,这是一个"争地以战,杀人盈野;争城以战,杀人盈城"(《孟子·离娄上》)的暴烈时代。

除了诸侯国之间连年征战,互相兼并,杀人如麻,流血漂橹之外,诸侯国内部的黑暗统治、权力争斗和民生涂炭也成为这一时代的鲜明特征。暴君为满足一己之私,对人民课以重税,"无定时、无定数、无定物"的"最恶的税"②,导致普通百姓虽然"解冻而耕,暴背而耨",却"无积粟之实"(《战国策·秦策四》)。孟子对此现象曾有深刻的认识和激烈的批判:"庖有肥肉,厩有肥马,民有饥色,野有饿莩,此率兽而食人也。"(《孟子·梁惠王上》)不仅如此,滥用刑典,使用酷刑重罚也是统治者的癖好,各种典籍对此多有记载。《左传·哀公十六年》载:"白公奔山而缢,其徒微之。生拘石乞而问白公之死焉,对曰:'余知其死所,而长者使余勿言。'曰:'不言而烹。'乞曰:'此事克则为卿,不克则烹,固其所也。何害?'乃烹石乞。"《庄子·胠箧》载:"龙逢斩,比干剖,苌弘胣,子胥靡。"《吕氏春秋·至忠》载:"文挚因出辞以重怒王,王叱而起,疾乃遂已。王大怒不说,将生烹文挚。太子与王后急争之而不能得,果以鼎生烹文挚。爨之三日三夜,颜色不变。"《史记·刺客列传》载:"赵襄子最怨智伯,漆其头以为饮器。"《盐铁论·非鞅》云:"商鞅以重刑峭法为秦国基,故二世而夺。刑既严峻矣,又作为相坐之法,造诽谤,增肉刑,百姓斋栗,不知所措手足也。"所有这些都说明那真是一个极为严酷的时代。孟子对此多有批判:"今夫天下之人牧,未有不嗜杀人者也。"(《孟子·梁惠王上》)

---

① 陈汉章著:《上古史》,民国线装铅印本,第125页。
② 吕思勉著:《吕著中国通史》,华东师范大学出版社1992年版,第126页。

生活在战火纷飞和严酷统治下的这一时代的人们，其生存状况是极其恶劣的。先秦典籍对此多有记载，如《墨子·非乐》的描述是："饥者不得食，寒者不得衣，乱者不得治。"百姓"身有陷乎饥寒冻馁之忧"（《墨子·非命》）。《管子·治国》的描述是："凡农者，月不足而岁有余者也，而上征暴急无时，则民倍贷以给上之征矣。耕耨者有时，而泽不必足，则民倍贷以取庸矣。秋籴以五，春粜以束，是又倍贷也。故以上之征而倍取于民者四。关市之租，府库之征，粟什一，厮舆之事，此四时亦当一倍贷矣。夫以一民养四主，故逃徙者刑，而上不能止者，粟少而民无积也。"《庄子》的描述是："今世殊死者相枕也，桁杨者相推也，刑戮者相望也。"（《庄子·在宥》）"福轻乎羽，莫之知载；祸重乎地，莫之知避。"（《庄子·人间世》）《战国策·秦策四》的描述是："韩、魏父子兄弟接踵而死于秦者百世矣。本国残，社稷坏，宗庙隳，刳腹折颐，首身分离，暴骨草泽，头颅僵仆，相望于境。父子老弱系虏，相随于路。鬼神狐祥无所食，百姓不聊生，族类离散，流亡为臣妾满海内矣。"

总之，原始儒道诸子就是生活在这样一个血与火的年代里，社会的动荡不安、国家的严酷统治以及百姓的艰辛生活，使其深切体会到个体生命的无常与社会现实的无奈。这就促使儒道诸子把对个体生命的自我保全、精神自由的不懈追求和生命价值的理性体认作为自己思考的中心问题。因此，特殊的历史境遇促使原始儒道两家不仅均具有极其强烈的生命意识，而且均对生死问题进行了深入而又系统的哲学化思考，从而形成了既有区别又有联系的生死学理论体系。可以说，先秦儒道生死学是特定时代的产物，是在动荡变化的社会中进行理性沉思的结果。

二、理论向度

中国哲学是生命哲学，尊重生命、敬畏生命是中国哲学的基本出发点。作为六经之首和三玄之冠的《周易》，即已开创了中国哲学的生命传统。《周易》的基本精神就是生命精神，生命的存在与超越是《周易》的基本问题，其将整个宇宙看成一个生生不息、大化流行的生命世界，所谓"生生之谓易"

（《易·系辞传》），"天地之大德曰生"（同上）。《周易》以生生之理，将宇宙的生命与人类的生命打成一片。人类生命与宇宙生命互相贯通，交感和谐而融为一体。正如《庄子·天下》所云："易以道阴阳。"阴、阳既是宇宙生命运动中的两种基本要素，同时其相互作用又构成宇宙运动的内在动力。而《易传》所确立的"一阴一阳之谓道"，更是把阴阳变化规律看作统率天地万物及社会人生的一个最为普遍的规律。在《周易》作者看来，阴阳的相互作用是宇宙万物生成变化的根源："刚柔相推，变在其中矣"，"刚柔相推而生变化"（《系辞下传》）。它们也是化生宇宙万物生命机体的两种根本性力量："天地絪缊，万物化醇；男女构精，万物化生。"（同上）清戴震云："一阴一阳，盖言天地之化不已也，道也。一阴一阳，其生生乎，其生生而条理乎？以是见天地之顺，故曰'一阴一阳之谓道'。生生，仁也，未有生生而不条理者。条理之秩然，礼至著也；条理之截然，义至著也；以是见天地之常。三者咸得，天下之懿德也，人物之常也；故曰'继之者善也'，言乎人物之生，其善则与天地继承不隔者也。"（《原善》上）这就道出了《周易》生命哲学的关键。"生生"体现了阴阳，而未有生生不条理者，这一宇宙及人类生命的大流，总是处于宇宙自然及人类社会的发展规律中，从而决定了自然宇宙与人类社会共同遵循的生命之道。

儒家发展了易学生命哲学，认为人是天地之杰，万物之灵。孔子曾明言："天地之性，人为贵。"（《孝经·圣治章》）荀子对此进行过比较论证："水火有气而无生，草木有生而无知，禽兽有知而无义，人有气、有生、有知，亦且有义，故最为天下贵也。"（《荀子·王制》）汉儒董仲舒更认为人和天地合成宇宙万物之根本："天地人，万物之本也……三者相为手足，合以成体，不可一无也。"（《春秋繁露·立元神》）宋儒周敦颐、朱熹、邵雍等同样肯定人在宇宙中的崇高地位。由此出发，儒家学者都十分珍重人的生命存在。孔子的"始作俑者，其无后乎"（《孟子·梁惠王上》）和"伤人乎？不问马"（《论语·乡党》），便足以表明他对人的生命存在的敬重。在生与死之间，孔子重视人生，珍惜生命："未知生，焉知死？"（《论语·先进》）《孝经·开宗明义》更明确指出："身体发肤，受之父母，不敢毁伤，孝之始也。"可见，生命是最为宝贵的，我们没有任何理由不珍惜它。因此，孟子愤然指责"庖有肥肉，厩有肥马，民有饥色，野有饿莩"的现象为"率兽而食人"（《孟子·梁惠王上》）。儒家生命意识和人生态度源于天地宇宙。在儒家看来，人是宇宙家族的一员，而"天地之大德曰生"，"生生之谓易"（《易·系辞传》），宇宙精神就是生命创造精神。又"唯天下之至诚，为能尽其性。能尽其性，则能尽人之性。能尽人之性，则能尽物之性。能尽物之性，则可以赞天地之化育。可以赞天地之化育，则可以与天地参矣"（《礼记·中庸》）。人类理性所设想的"天道"，是宇宙万物、人类生命的本原，亦是一切价值之源。一旦人能充分拥有自己的生命理性，也就能全面发展其本性，从而能回应天地的生命精神，提升人的精神境界，在实际行动中实现人生的意义和价值。

正是基于对人的生命的尊重、关爱和珍惜的理念，儒家注重养生，主张通过修身养性，达到益寿延年之目的。《尚书·洪范》早就把长寿作为人生五大幸福之首，而把不得善终作为人生六大不幸之一。而《周易》认为，宇宙万事万物是变化的，而变化的根本原因在于阴阳的相互作用，而最为重要的是阴阳和谐，这就是所谓的"《易》以道阴阳"（《庄子·天下》），"一阴一阳之谓道"（《易·系辞传》）。从养生学的角度看，《周易》的阴阳和谐原理强调阴阳的相合、相交、相推，所谓"天以阴阳而化生万物，人以阴阳而营养一身"。《周易》的这一养生智慧实际上成为后来整个中国古代养生学的理论基础。《周礼·保氏》云："养国子以道，乃教之六艺：一曰五礼，二曰六乐，三曰五射，四曰五驭，五曰六书，六曰九数。"从养生学角度来讲，儒家所倡导的六艺大体可以分为两类：一是强身健体的修身法门，如"礼""射""御"；二是怡心、调神的修性法门，如"乐""书""数"。"礼"作为六艺之首，有着一套非常严格而烦琐的仪式程序，需要充沛的体力和旺盛的精力，所以履行礼仪的过程也是锻炼身体的过程。"射"即射箭活动，不仅可以强壮身体，而且能够延缓衰老、抵御疾病。"御"即驾驭车马的技术。它一方面需要过硬的技巧，另一方面也需要强健的体魄，因此"御"是一项很好的健身运动项目。"乐"即音乐，一方面可以通神，另一方面则可以通向每个人的心灵深处，所谓"神人以和"（《尚书·尧典》）。因此，音乐不仅与教育融为一体，而且成为一种重要的养生形式。"书"即书法，其不仅是手指的运动，而且涉及身体的各个部位，包括呼吸韵律、五脏感通等诸多方面。因此，书法练习的过程其实也是人体养生的过程，好的书法可以促进审美素质的提高以及精神境界的升华。"数"即演算法，是一种数学活动，可以提高人的智力水准，同样能够起到怡心调神的养生作用。

除"六艺"之外，孔子还提出"三戒"的理论："少之时，血气未定，戒之在色；及其壮也，血气方刚，戒之在斗；及其老也，血气既衰，戒之在得。"（《论语·季氏》）这里，孔子根据不同年龄段人们的不同特点，提出了修身养性的不同要求。它将人生分为三个阶段：少之时（少年时代）、及其壮（壮年时代）、及其老（老年时代）。不同的年龄阶段有着各自不同的养生戒律，需要以正确的态度面对生活，不可以伤害身体，更不能危及生命，这是人们进行道德修养、达到君子的理想人格所必须要做到的，也是实现这一目标的身体基础和前提。

除了一般性的养生看法之外，孔子还有关于饮食起居的许多具体论述。如《论语·乡党》云："食不厌精，脍不厌细。食饐而餲，鱼馁而肉败，不食。色恶，不食。臭恶，不食。失饪，不食。不时，不食。割不正，不食。不得其酱，不食。肉虽多，不使胜食气。惟酒无量，不及乱。沽酒市脯不食。不撤姜食，不多食。祭于公，不宿肉。祭肉不出三日。出三日，不食之矣。"孔子这段话可归纳为"二不厌，三适度，十不食"，涉及日常生活饮食的多个方面：一是在食物的选择上，拿来烹调的原材料一定要新鲜干净，鱼肉、蔬菜放置时间久了就不能采用。二是在饮食的制作上，烹调不当的食物不能吃，刀法不对的食物不能吃，作料使用不当或者不加使用的食物不能吃。三是在饮食的规范上，饮食要有规律，不分时间和场合的饮食不利于身体健康。饮酒要尽兴，但不可酗酒而乱性。还有买的酒肉不可多吃，超过三天的祭肉亦不能吃。由此可见，孔子在日常饮食方面有着极其严格的规定。

继孔子之后，儒家亚圣孟子提出了"养吾浩然之气"的理念："我知言，我善养吾浩然之气……其为气也，至大至刚；以直养而无害，则塞于天地之间。其为气也，配义与道；无是，馁也。是集义所生者，非义袭而取之也。

行有不慊于心，则馁矣。"(《孟子·公孙丑上》)这里孟子秉承"以德增寿"的理念，倡导的是一种重道德、讲仁义的儒家养气法。其所说的"浩然之气"兼具天地自然和人格精神的双重意蕴。"养吾浩然之气"的方法，一是"配义与道，无是，馁也"，也就是说一切都要从儒家的所谓道义出发，理直气壮，从而使个体保持一种旺盛的精神状况；二是"行有不慊于心，则馁矣"，意思是说养"气"必须培养良好的心理状态，心地要光明坦荡，不能邪念存心。

儒家第三代宗师荀子亦有极为丰富而又成熟的养生思想。荀子云："以治气养生，则后彭祖；以修身自强，则配尧禹。"(《荀子·修身》)这就是说，若休养身体，则寿命能接近彭祖；若修养道德，则必能和尧舜相比拟。"治气养生"和"修身自强"是荀子养生理论的核心精神，其主要表现在"养备而动时"以养其身和"美善相乐"以养其心两个方面。在荀子这里，"形具而神生"是养生的基础，"养备而动时"是养生的动力，"制天命而用之"是养生的法则，"宜与时通"是养生的目标，"治气养心"是养心的根本，"志意得广"是养心的灵魂，"养善相乐"是养心的境界。[①] 限于篇幅，兹不赘述。

与儒家相比，道家学者有更明确的重生贵生意识。老子云："宠辱若惊，贵大患若身……吾所以有大患者，为吾有身，及吾无身，吾有何患！故贵以身为天下，若可寄天下；爱以身为天下，若可托天下。"(《老子》十三章)这就是说，以珍贵自身的思想治理天下的人，就可以寄托天下；以爱惜自身的思想治理天下的人，就可以委托天下。由此，老子从"名与身孰亲？身与货孰多？得与亡孰病？"(《老子》四十四章)的贵生思想出发，极力主张"见素抱朴"(《老子》十九章)、"去甚、去奢、去泰"(《老子》二十九章)，要求"知足不辱，知止不殆"(《老子》四十四章)、"致虚极，守静笃"(《老子》十六章)，以求能够"长生久视"(《老子》五十九章)。庄子更是认为个体生命本身的价值高于一切："夫天下至重也，而不以害其身，又况他物乎！"(《庄子·让王》)由此出发，他极力反对"丧己于物""失性于俗"

---

① 袁学军：《略论荀子的康乐养生观》，《山西师大体育学院学报》2008年第4期。

（《庄子·缮性》），反对"以人灭天""以故灭命""以得殉名"（《庄子·秋水》），而主张"法天贵真，不拘于俗"（《庄子·渔父》）、"为善无近名，为恶无近刑，缘督以为经"（《庄子·养生主》），以求"可以保身，可以全生，可以养亲，可以尽年"（同上）。由此可见，在庄子眼里，作为人自我的"己"应当优先于物的存在；同样，作为人内在规定性的"性"也应当优先于名利等世俗的价值。这样说来，一旦将自我消解于外物之中或使人的内在规定性失落于名利之中，便意味着"人"与"物"、"性"与"俗"的颠倒。正因如此，在不同的场合庄子强烈谴责了名利对个体生命的戕害："伯夷死名于首阳之下，盗跖死利于东陵之上。二人者，所死不同，其于残生伤性均也。奚必伯夷之是而盗跖之非乎？"（《庄子·骈拇》）"天下尽殉也：彼其所殉仁义也，则俗谓之君子；其所殉货财也，则俗谓之小人。其殉一也，则有君子焉，有小人焉。若其残生损性，则盗跖亦伯夷已，又恶取君子小人于其间哉！"（同上）"小人殉财，君子殉名，其所以变其情、易其性则异矣；乃至于弃其所为而殉其所不为则一也。"（《庄子·盗跖》）无论是为名而死还是为利而死，在本质上都是一样的，其行为本身都是对个体生命的自我戕害，都是庄子所坚决反对的。这里，"通过反对以外在之物或外在之名取代内在之'我'，庄子既突出了自我的不可替代性，也相应地强调了自我或个人独特的存在价值"①。为此，庄子提出了一整套系统的养生理论，即所谓的"卫生之经"（《庄子·庚桑楚》）。道家杨朱学派更是明确提出"贵生""重生"（《吕氏春秋·仲春纪》）的口号，认为行动是否以"贵生"为原则，是评价得失其情的标准，也是生死存亡的根本："由贵生动则得其情矣，不由贵生动则失其情矣。此二者，死生存亡之本也。"（《吕氏春秋·仲春纪·情欲》）稷下道家同样强调"无以物乱官"（《管子·心术下》），认识到"和乃生，不和不生"，所以要拥有"察和之道"（《管子·内业》）。所有这些都说明道家诸子极为重生、贵生。

道家贵生论的进一步落实，便是其养生论的提出。"东周以降，养生之论日盛，非道家所特有，但超越了却病延年之说而上升为一种生命哲学的养生论则

---

① 杨国荣著：《庄子的思想世界》，北京大学出版社2006年版，第169页。

为道家所独具。"① 老子明确说道："五色令人目盲；五音令人耳聋；五味令人口爽；驰骋畋猎令人心发狂，难得之货令人行妨。是以圣人为腹不为目，故去彼取此。"（《老子》十二章）这就是说，在老子看来，人的欲望会对人的身体造成伤害，因为欲望多了，人心就无法虚静，既然无法虚静，也就难于升华生命境界。这样一来，悟道养生便是空谈了。因此需要去除对于外界的各种欲望，善于"知足"："知足不辱，知止不殆，可以长久。"（《老子》四十四章）"祸莫大于不知足；咎莫大于欲得。故知足之足，常足矣。"（《老子》四十六章）保持知足的心态就能避免灾祸和过失，从而获得长生，过上"甘其食，美其服，安其居，乐其俗"（《老子》八十章）的快意人生。

在庄子的价值体系中，最高的价值就是明了天人之辨，并在此基础上尽其天年："知天之所为，知人之所为者，至矣！知天之所为者，天而生也；知人之所为者，以其知之所知以养其知之所不知，终其天年而不中道夭者，是知之盛也。"（《庄子·大宗师》）所谓"终其天年而不中道夭者"，是指生命的自然延续没有因为受到外在因素的戕害而夭折。在庄子这里，最高的"知"不是对自然规律的探索或对万物之理的剖析，而是在通晓天人关系基础上的长寿之法，这就不难看出庄子对生命存在的重视。

在此认识的基础上，庄子提出了一套长生久视之方："至道之精，窈窈冥冥；至道之极，昏昏默默。无视无听，抱神以静，形将自正。必静必清，无劳女形，无摇女精，乃可以长生。目无所见，耳无所闻，心无所知，女神将守形，形乃长生。慎女内，闭女外，多知为败……故余将去女，入无穷之门，以游无极之野。吾与日月参光，吾与天地为常。当我，缗乎！远我，昏乎！人其尽死，而我独存乎！"（《庄子·在宥》）在此基础上，庄子对养形和养神的关系也予以深入的讨论。具体说来，庄子主张以养神为主，形神兼备。他说："纯素之道，唯神是守，守而勿失，与神为一。"（《庄子·刻意》）而"有生必先无离形"（《庄子·达生》），"养形必先之以物"（同上）。但有物也未必能养形："物有余而形不养者有之矣。"（同上）有形也未必有生："形不离而生

---

① 朱哲著：《先秦道家哲学研究》，上海人民出版社2000年版，第176页。

亡者有之矣。"（同上）故"养形果不足以存生"（同上），真正的养形应注意物养尺度，因为"人之所取畏者，衽席之上，饮食之间"（同上）。这就是庄子所反复强调的道理："达生之情者，不务生之所无以为；达命之情者，不务知之所无奈何。养形必先之以物，物有余而形不养者有之矣。有生必先无离形，形不离而生亡者有之矣。生之来不能却，其去不能止。悲夫！世之人以为养形足以存生，而养形果不足以存生，则世奚足为哉！"（同上）形体之存在固然有赖于外物之给养，生命之存在固然有赖于形体之存在。但是，如果一味驰逐物境，厚养其形，则必然会导致其形速亡的后果；即使形体暂时能够存在下去，其生命实际上也已不复存在，只不过是行尸走肉而已。

与养形相比，庄子更注意养神，因为神为形之主，无神则形不活，生命也就不复存在："执道者德全，德全者形全，形全者神全。神全者，圣人之道也。"（《庄子·天地》）而庄子认为，养神之道就在于虚静无为："纯粹而不杂，静一而不变，淡而无为，动而天行，此养神之道也！"（《庄子·刻意》）所以庄子反复强调"抱神以静"，认为养神贵在"虚静"："虚静恬淡寂寞无为者，万物之本也。"（《庄子·天道》）而"静则无为，无为也则任事者责矣，无为则俞俞，俞俞者忧患不能处，年寿长矣"（同上）。而要做到虚静无为，最重要的是节欲。《庄子·庚桑楚》云："富、贵、显、严、名、利六者，勃志也；容、动、色、理、气、意六者，谬心也；恶、欲、喜、怒、哀、乐六者，累德也；去、就、取、与、知、能六者，塞道也。此四六者不荡胸中则正，正则静，静则明，明则虚，虚则无为而无不为也。"庄子这里列举了24种不利于人"志""心""德""道"的欲望。在他看来，如果对这些欲望有所节制，就可以使心灵平正宁静，达到虚而无为。《庄子·至乐》云："夫天下之所尊者，富、贵、寿、善也；所乐者，身安、厚味、美服、好色、音声也；所下者，贫、贱、夭、恶也；所苦者，身不得安逸，口不得厚味，形不得美服，目不得好色，耳不得音声。若不得者，则大忧以惧，其为形也亦愚哉！"在庄子看来，人有各种欲望，若是因实现不了而担忧、害怕，那么这对于保养身体是不利的，而节制人的内外欲望，达到心境平和，保养身体和精力，便可长寿而不会衰老。由此可见，庄子的养生之道极为重视心、物、形、神俱养,如由"及物"到"外物"就是由"物养"进到"心养";由"保身""养形"到"心斋""坐忘"就是由"形养"进到"神养"。"心养"并非舍弃"物养",而是不止于"物养",超越"物养";"养神"也并非舍弃"养形","养神"是"养形"的深入和提高。只有心、物、形、神俱养,不偏于一端,才能守住本性之真,合于自然之道,从而"尽其天年"①。

对于这种形神兼养而以神养为主的修养方法,庄子有一段集中的论述:"南荣趎蹴然正坐曰:'若趎之年者已长矣,将恶乎托业以及此言邪?'庚桑子曰:'全汝形,抱汝生,无使汝思虑营营。若此三年,则可以及此言矣。'……老子曰:'卫生之经,能抱一乎?能勿失乎?能无卜筮而知吉凶乎?能止乎?能已乎?能舍诸人而求诸己乎?能翛然乎?能侗然乎?能儿子乎?儿子终日嗥而嗌不嗄,和之至也;终日握而手不掜,共其德也;终日视而目不瞚,偏不在外也。行不知所之,居不知所为,与物委蛇,而同其波。是卫生之经已。'"(《庄子·庚桑楚》)由此可以看出,卫护生命的道理就在于顺应自然,心性虚静,精神专注,混沌自在,无拘无束。个人若能保持这样的精神状态,就能使形体和精神无所不适,免于伤害。

《文子·下德》云:"治身,太上养神,其次养形,神清意平,百节皆宁,养生之本也。肥肌肤,充腹肠,供嗜欲,养生之末也。"养生有本末之分,养生之本在于保养精神,嗜欲之求只是养生之末。养神的最好方法,就是节制嗜欲。《文子·符言》云:"治身养性者,节寝处,适饮食,和喜怒,便动静,内在己者得,而邪气无由入。""原天命,治心术,理好憎,适情性,即治道通矣。原天命即不惑祸福;治心术即不妄喜怒;理好憎即不贪无用;适情性即欲不过节;不惑祸福即动静顺理;不妄喜怒即赏罚不阿;不贪无用即不以欲害性;欲不过节即养生知足。"对于健康来讲,无论是饮食起居等物质享受,还是喜怒哀乐等情感表现,都需要适可而止,如果过分了,就会导致疾病。由此可见,在道家诸子眼里,节制嗜欲是一项极其重要的养生原则。

儒家认为,人的生命是一个由生到死的必然过程,这既是自然之理,又

---

① 朱哲著:《先秦道家哲学研究》,上海人民出版社2000年版,第176页。

是必然之路，不可违抗。孔子认为生由"命"定，死亦由"命"定。在他看来，不仅富有德行的伯牛患上恶疾是"命"的作用："亡之，命矣夫！斯人也而有斯疾也！"（《论语·雍也》）而且连人有无兄弟和富贵及生死之事，都为"命"所定："死生由命，富贵在天。君子群而无失，与人恭而有礼。四海之内，皆兄弟也。君子何患乎无兄弟也？"（《论语·颜渊》）"命"为必然性，故不可抗；"天"为自然性，故不可违。因此，生死是自然的，亦是必然的，是不可抗拒、无法违背的。荀子也深刻认识到"生，人之始也；死，人之终也"，所以"终始俱善，人道毕矣"。由此出发，而要求"君子敬始而慎终"（《荀子·礼论》）。他说："生，人之始也；死，人之终也。终始俱善，人道毕矣。故君子敬始而慎终。终始如一，是君子之道、礼义之文也。夫厚其生而薄其死，是敬其有知而慢其无知也，是奸人之道而倍叛之心也……使生死终始若一，一足以为人愿，是先王之道、忠臣孝子之极也。""丧礼者，以生者饰死者也，大象其生以送其死也。故如死如生，如亡如存，终始一也……故丧礼者，无它焉，明死生之义，送以哀敬而终周藏也……事生，饰始也；送死，饰终也。终始具而孝子之事毕、圣人之道备矣。"（同上）生与死都是人的大事，不可或缺，故要同等看待，善始善终，如此终始俱善，才是尽人道，备圣道。这是孝子之事，亦是天地之道。汉代扬雄更是明确指出，生死的终始变化，为"自然之道"、必然之理："有生者必有死，有始者必有终，自然之道也。"（《法言·君子》）王充也说："有血脉之类，无有不生，生无不死。以其生，故知其死也。天地不生，故不死；阴阳不生，故不死。死者，生之效；生者，死之验也。夫有始者必有终，有终者必有始。唯无始无终者，乃长生不死。"（《论衡·道虚》）宋代二程亦认为，生则有死，如同始则有终，为"生生之理自然不息"变化的必然结果："生生之理自然不息。如复言七日来复，其间元不断续，阳已复生，物极必反，其理须如此。有生便有死，有始便有终。"（《河南程氏遗书》卷十五）明代刘基同样肯定有生必有死既是自然的、合理的，又是必然的、不可违抗的："夫天地之生物也，有生则必有死。自天地开辟以至于今几千万年，生生无穷，而六合不加广也，若使有生而无死，则尽天才之间不足以容人矣。故人不可以不死者，势也。"（《诚意伯文集》卷四《郁离子·神仙》）李颙同样肯定生死一理，生始死终，自然之道，古今同理，其云："生之必有死，犹昼之必有夜，圣愚同然，古今一揆。"（《二曲集》卷三十四《论语上·泰伯》）又云："生死一理，知生则知死矣。气变而有形，形变而有生。生者，造物之所始；死者，造物之所终。故生之必有死，犹昼之必有夜，自古及今，无一获免。"（《二曲集》卷三十六《论语下·先进》）人明白了生死一理，生始死终的自然之道，即认识到"知终方肯善始，知始方肯善生；知死期不可豫定，则必兢兢思所以自治"（同上）的道理，就可以"善始善生"，"善终而善死"。正因如此，李贽通过对生与死的必然性的认识，提出可以不必悲伤于死亡，重要的是关注今生，把握今生："生之必有死也，犹昼之必有夜也。死之不可复生，犹逝之不可复返也。人莫不欲生，然卒不能使之久生；人莫不伤逝，然卒不能止之使勿逝。既不能使之久生，则生可以不欲矣。既不能使之勿逝，则逝可以无伤矣。故吾直谓死不必伤，唯有生乃可伤耳。勿伤逝，愿伤生也！"（《焚书》卷四《伤逝》）由此可见，在儒家看来，生之有死，乃自然之道、必然之理，个体的人只有认清这个道理，"原始反终"，"知死生之说"（《周易·系辞上传》），才能深刻体察到"存，吾顺事；没，吾宁也"（《正蒙·乾称》）的必然规律，最终做到"乐天知命，故不忧"（《周易·系辞上传》）。

道家同样深刻认识到生死必然这一现象。老子用天地万物变化的普遍规律来观照人生死的必然性："故飘风不终朝，骤雨不终日……天地尚不能久，而况于人乎？"（《老子》二十三章）由此，生死必然各有定分："生之徒十有三，死之徒十有三。"（《老子》五十章）庄子更是深刻感受到生命的短暂性和死亡的必然性："人生天地之间，若白驹之过郤，忽然而已"（《庄子·知北游》）、"死生为昼夜"（《庄子·至乐》）；"生之来不能却，其去不能止"（《庄子·达生》）。在他看来，个体的人，作为"号物之数谓之万，人处一焉"（《庄子·秋水》）的自然万物的一分子，是始终处于"万化而未始有极也"（《庄子·大宗师》）的"始卒若环，莫得其伦"（《庄子·寓言》）的客观规律之中，是"无所逃于天地之间"（《庄子·人间世》）的。而个人的生死现象乃由"命"所定："死生，命也；其有夜旦之常，天也。人之有所不得

与，皆物之情也。"（《庄子·大宗师》）庄子所说的"命"，既有命令必须服从之意，又有命运、命中注定之意。对于这种客观存在能决定个体生死大限的必然性因素，庄子却并不能深刻把握其存在的内涵和发生的机制："不知吾所以然而然，命也"（《庄子·达生》）；"求其为之者而不得也，然而至此极者，命也夫"（《庄子·大宗师》）；"死生存亡，穷达贫富，贤与不肖毁誉，饥渴寒暑，是事之变，命之行也。日夜相代乎前，而知不能规乎其始者也"（《庄子·德充符》）。于是，对于庄子来说，这种必然性只能是外在于个体生命的必然性："吾命其在外者也。"（《庄子·山木》）正因为这样，个体生命是无法改变它的："褚小者不可以怀大，绠短者不可以汲深。夫若是者，以为命有所成而形有所适，夫不可损益。"（《庄子·至乐》）既然"命"作为必然性，意味着人生的际遇定然如此而不可改变，既无力抗拒也无法逃避，个人所能做的只能是改变对命运的态度，安于现实，听任命运安排，随顺事物变化，"知其不可奈何而安之若命"（《庄子·人间世》）。这里，庄子将生死的必然性叫作"命"，并主张对之采取"安时而处顺"（《庄子·大宗师》）的态度，表现了庄子的超越精神。

儒家哲学是伦理哲学。其以"仁"为立足点，重视的是"礼"和"义"，强调的是道德，关注的是个体对群体、对社会的责任和义务。这就导致其亦从伦理道德的角度来讨论生死问题，用道德规范来评价生与死的价值。在儒家看来，生命固然是宝贵的，但还有比生命更为宝贵的东西，那就是仁义或道义。"仁"是孔子伦理哲学的基本范畴。在他看来，在君子诸德（如仁、义、礼、智、信）中，"仁"是首德，是基础，君子之为君子，就在于他首先有仁德，因为"君子去仁，恶乎成名"（《论语·里仁》），"人而不仁，如礼何？人而不仁，如乐何？"（《论语·八佾》）又因为"仁者，爱人"（《论语·颜渊》），"仁"的原则、爱人的原则是人道的基本原则，也是孔子生死哲学中"一以贯之"的"道"，所以孔子说："士不可以不弘毅，任重而道远。仁以为己任，不亦重乎？死而后已，不亦远乎？"（《论语·泰伯》）君子当以"仁"为己任，当为践"仁"而"死而后已"。因此，孔子强调"志士仁人，无求生以害仁，有杀身以成仁"（《论语·卫灵公》）。认为仁者不仅当"不违仁"，不仅当"当仁不让于师"，而且当能"成仁"，能够在"害仁"与"成仁"之间作出生死的抉择。因此，在孔子看来，只要能够得"道"，践"仁"，即使死也是值得的："朝闻道，夕死可矣。"（《论语·里仁》）孟子则进一步将孔子的"仁"发展为"义"，强调"舍生取义"："生亦我所欲也，义亦我所欲也。二者不可得兼，舍生而取义者也。"（《孟子·告子上》）荀子则对此进行了深入论证："人之所欲，生甚矣；人之所恶，死甚矣；然而人有从生成死者，非不欲生而欲死也，不可以生而可以死也。"（《荀子·正名》）可见，儒家完全把个体生死与伦理道理融为一体，要求生时为道义而努力奋斗，死时为道义而英勇献身，其生死哲学的伦理色彩极为明显。

　　道家哲学是自然哲学。其以自然主义的道论为逻辑起点，建立起自己的生死学。他们侧重于从人与自然的关系来探讨生与死的问题。老子说："人法地，地法天，天法道，道法自然。"（《老子》二十五章）无论是个体的人，自然的天地，还是玄虚的"道"，都应以自然为其基本原则。同样，生与死的变化也是自然之"道"在个体生命中的体现，非人力所能改变，个人应以顺其自然的态度来对待生死，而绝不能人为地求生避死。老子说："生之徒十有三；死之徒十有三；人之生，动之于死地，亦十有三。夫何故？以其生生之厚。"（《老子》五十章）个体生命中，生死各占三份，但有些人为了求生却往往步入死地，结果使死的因素又增加了三份。之所以这样，就因为其求生欲望太强，违背自然之性过分益生，反而害生、损生。因此老子说："天长地久。天地之所以能长且久者，以其不自生，故能长生。"（《老子》七章）庄子继承和发展了老子的相关思想，在"通天下一气耳"的自然观基础上，建立起自己极富超越精神的生死观。在他看来，个体生命的一切都来自天地自然："舜曰：'吾身非吾有也，孰有之哉？'曰：'是天地之委形也；生非汝有，是天地之委和也；性命非汝有，是天地之委顺也；子孙非汝有，是天地之委蜕也。'"（《庄子·知北游》）而人的生死本质上是"气"的聚散变化："人之生，气之聚也；聚则为生，散则为死。"（同上）生之有死乃自然之道，亦为必然之理："死生，命也；其有夜旦之常，天也。""死生存亡，穷达贫富，贤与不肖毁誉，饥渴寒暑，是事之变，命之行也，日夜相代乎前，而知不能规乎其

始者也。"(《庄子·德充符》)这是不可改变的:"性不可易,命不可变,时不可止,道不可壅。苟得于道,无自而不可;失焉者,无自而可。"(《庄子·天运》)因此,个人应以安命即顺其自然的态度来对待生死:"且夫得者,时也,失者,顺也;安时而处顺,哀乐不能入也。"(《庄子·大宗师》)有生必有死,这是固然之理,本然之性,不可违抗。人只能对之采取不执即安命态度,顺其自然,做到"安时而处顺":"浸假而化予之左臂以为鸡,予因以求时夜;浸假而化予之右臂以为弹,予因以求鸮炙;浸假而化予之尻以为轮,以神为马,予因以乘之,岂更驾哉!"(同上)只有这样,才能实现对死亡恐惧的克服,达到"逍遥无待"的精神境界——"归精神乎无始,而甘冥乎无何有之乡"(《庄子·列御寇》)。如果作为自然万物之一的人不认命,刻意彰显自我的优先性,那就会被大化认定为不祥之物:"夫大块载我以形,劳我以生,佚我以老,息我以死。故善吾生者,乃所以善吾死也。今大冶铸金,金踊跃曰:'我且必为镆铘!'大冶必以为不祥之金。今一犯人之形而曰:'人耳!人耳!'夫造化者必以为不祥之人。今一以天地为大炉,以造化为大冶,恶乎往而不可哉!"(《庄子·大宗师》)在《德充符》篇中,庄子借助与惠子有关人有情无情的一番对话再次表明了生死自然这一思想:"惠子曰:'人而无情,何以谓之人?'庄子曰:'道与之貌,天与之形,恶得不谓之人?'惠子曰:'既谓之人,恶得无情?'庄子曰:'是非吾所谓情也。吾所谓无情者,言人之不以好恶内伤其身,常因自然而不益生也。'惠子曰:'不益生,何以有其身?'庄子曰:'道与之貌,天与之形,无以好恶内伤其身。今子外乎子之神,劳乎子之精,倚树而吟,据槁梧而瞑,天选子之形,子以坚白鸣。'"人之无情仍是"因自然",无伤身心,无所用心而顺乎天理。这就是说,在庄子看来,生命的产生和存在都是天道自然的产物,自己的一切都源于自然,来自自然,故对待自然的正确态度就是去顺应它而不是违逆它。明白了这个道理,也就能够对生死抱有平常的心态:"生而不悦,死而不祸。"(《庄子·秋水》)由此可见,道家完全把个体生命与自然现象融合为一,认为生死乃自然发生过程,个人应以顺其自然的态度来面对之。其生死观的自然价值色彩极为明显。"这种理解并不意味着道家要将人性降低为物性,或是将人的本质降低为自然本能，只是表明他们是着重从生命的本源性、本然性以及人的生命与万物生命的有机联系中去考察人的生命本质和本性，表明他们考察人的生命本质和本性的参照系不是社会而是宇宙，其价值尺度不是人文而是自然。因为'自然'在道家那里是一个既排除了人文也超越了本能、既无善恶属性也无情欲色彩的范畴，是道家对生命本质和本性做终极意义上的理性观照的结晶。"①

儒家认为，人和万物都是由"气"之聚散变化而生的，生为气之聚，死为气之散。荀子首先意识到这一点："天地合而万物生，阴阳接而变化起。"（《荀子·礼论》）邵雍认为，人的生死变化都是阴阳二气存在变化的结果："阴对阳为二，然阳来则生，阳去则死，天地万物生死主于阳，则归之于一也。"（《观物外篇》）二程认为"万物之始皆气化"（《河南程氏遗书》卷五），因此，"物生者，气聚也；物死者，气散也"（《河南程氏粹言》卷二）。可见，人的生死乃由气的聚散而定。朱熹亦有"气聚则生，气散则死"（《朱子语类》卷三）的思想。王夫之更以理势合一的思想来说明人的生死是气之聚散的必然结果："气之聚散，物之死生，出而来，入而往，皆理势之自然，不能已止者也。"（《张子正蒙注·太和篇》）

道家对生死气化的现象更有深刻且独到的认识。老子认为，人和自然万物的生死变化都由来自"道"的阴阳二气所决定："道生一，一生二，二生三，三生万物，万物负阴而抱阳，冲气以为和。"（《老子》四十二章）庄子更进一步发展了老子的相关思想，认为从本质上说，天地万物通于一气，"通天下一气耳"（《庄子·知北游》），人的生死不过是气在流行变化中的离散聚合罢了："人之生，气之聚也；聚则为生，散则为死。"（同上）万物的生灭变化归根结底都是一"气"之所为，"气"的聚散就决定了人的生死变化，因此，生与死在"气"上得到了统一。《庄子·至乐》中，道家借助"庄子妻死"的寓言更为系统深入地阐述了生命的演化过程："庄子妻死，惠子吊之，庄子则方箕踞鼓盆而歌。惠子曰：'与人居、长子、老、身死，不哭亦足矣，又鼓盆而歌，不亦甚乎！'庄子曰：'不然。是其始死也，我独何能无概然！察其始而本无

---

① 李霞著：《生死智慧——道家生命观研究》，人民出版社2004年版，第62-63页。

生,非徒无生也而本无形,非徒无形也而本无气。杂乎芒芴之间,变而有气,气变而有形,形变而有生,今又变而之死,是相与为春秋冬夏四时行也。人且偃然寝于巨室,而我噭噭然随而哭之,自以为不通乎命,故止也。'"在这里,庄子将生死问题放在宇宙万物形成的宏阔视野中予以考察,详细描述了生命形态由"无"到"有"再复归于"无"的循环过程。在他看来,宇宙产生之初是没有生命、没有形体也没有"气"的,经过演变转化产生了所谓的"气","气"再经过演变转化产生了所谓的形体,形体再经过演变转化产生了生命。生命再经过演变转化就再次复归于"气"。由此可以看出,无论是生命的产生还是死亡,在庄子看来,都是"气"变化的结果,都是"气"从一种形态到另一种形态的转变。"气"一变而为形体,二变而有生命的产生,三变而使生命走向死亡。因此,生命现象就是气化现象,人的生死流转不过是自然之"气"随着春夏秋冬四季变化而已。而随着"气"的聚散,人的生死也在不断交替变化:"方生方死,方死方生。"由于生死都根源于"气",都是一"气"之所为,所以生死无非假借的产物:"生者,假借也。假之而生生者,尘垢也。死生为昼夜。"(《庄子·至乐》)"假于异物,托于同体。"(《庄子·大宗师》)死亡也并非生命绝对意义上的终结。"庄子通过'气'的聚散变化来揭示人类生命的生死机制,打通了人类生命现象与宇宙万物万象之间的关系,认为人类同宇宙万物一样,均是一气所化的产物。从认识的深度来说,这是透过现象看到了生命的本质,去除了先前天命观念加在生命现象上的种种神秘外衣,对生命现象的把握具有追根究底的深刻性。从认识的广度来说,这是立足于宇宙看生命,将人类生命置于宇宙的大化流行、万物的相互对比中来观照,克服了就生命论生命的狭隘性,具有居高视广的恢宏性。从认识的系统性来说,庄子的生命气化论不仅论及了'气'本身的变化,而且追溯了'气'得以产生的根源——'道';其论生命与'气'的关系,不仅论及了生,而且论及了死;他通过一气之化的机制运行,将'道'、'气'、生、死这些构成生命最关键的几个环节联结起来,体现了其生命气化思想的完整系统性。"① 因此，道家生死气化的有关思想，实质是用自然物质之"气"，来揭示人生与死的本质及其转化问题，带有鲜明的唯物论和无神论色彩，具有重大思想解放意义。而随着"气"的聚散，人的生死也在不断交替变化："方生方死，方死方生。"（《庄子·齐物论》）因此死亡并非是生命绝对意义上的终结。而气的聚散变化、万物的生死转化是通过"物化"过程来实现的。在庄子看来，宇宙中存在的一个最普遍的现象、万物间存在的一个共同的特性就是变化："万物皆化"（《庄子·至乐》），"天地虽大，其化均也"（《庄子·天地》）。而这种变化又是无条件、无界限的自由转化："万物皆种，以不同形相禅。"（《庄子·寓言》）这种物与人、物与物之间无条件的自由转化，庄子称之为"物化"："昔者庄周梦为胡蝶，栩栩然胡蝶也，自喻适志与，不知周也。俄然觉，则蘧蘧然周也。不知周之梦为胡蝶与，胡蝶之梦为周与？周与胡蝶，则必有分矣。此之谓物化。"（《庄子·齐物论》）而"号物之数谓之万，人处一焉"（《庄子·秋水》），人作为自然万物的一分子，始终处于"万化而未始有极也"（《庄子·大宗师》）的"始卒若环，莫得其伦"（《庄子·寓言》）的"物化"链条之中，这样人的生死本身就是一个"物化"的过程，"知天乐者，其生也天行，其死也物化"（《庄子·天道》），本身就是自然一气的不同变化形态。

儒家主张积极入世，对现实的人生抱着极强的乐观态度。孔子生于"天下无道"的社会，一生为拯世济民而席不暇暖，但他有着乐观向上的精神和坚韧不拔的气概，以极大的热情投入社会人生，所谓"其为人也，发奋忘食，乐以忘忧，不知老之将至"（《论语·述而》）。孔子一生的最大愿望就是"祖述尧舜，宪章文武"（《礼记·中庸》），为此而认为："仁以为己任，不亦重乎？死而后已，不亦远乎？"（《论语·泰伯》）为此而认为"饭疏食饮水，曲肱而枕之，乐亦在其中矣。不义而富且贵，于我如浮云。"（《论语·述而》）显示出他以生为乐的积极乐观情怀："子之燕居，申申如也，夭夭如也。""君子坦荡荡，小人长戚戚。"（同上）孟子同样具有强烈的人生使命感，他以

---

① 李霞著：《生死智慧——道家生命观研究》，人民出版社2004年版，第108页。

"如欲平治天下，当今之世，舍我其谁？"（《孟子·公孙丑下》）的豪迈气概积极投入社会，推行仁政，反对暴政，四处游说，从未放弃。荀子则在《荀子·大略》中，借孔子之口表述自己积极的乐生态度：人生前无有可息之时，亦无可息之处，无论是学习、从政、侍奉父母、操持家务、交友，乃至务农，都需要勤勉不懈，更不能有任何喘息观望的念头。为此，荀子终生为"礼"而四处奔波。后世众多儒家学者都为"修身""齐家""治国""平天下"而奔波劳碌终生。所有这些，都说明儒家以生为乐的乐生情怀。

儒家基于乐生情怀，认为死乃一件可悲可哀之事。孔子作为儒家的创始者，虽然直接论述死亡的地方较少，但他的言与行基本上规定了先秦儒家死亡观的基本内容。作为一个富有悲天悯人之心的学者，当得知自己的得意门生颜回死时，孔子悲恸欲绝："子哭之恸"，禁不住高声呼叫："天丧予！天丧予！"（《论语·先进》）伯牛有疾时，孔子亦自牖执其手，叹息曰："亡之，命矣夫！斯人也，而有斯疾也！"（《论语·雍也》）儒家哀死，所以主张厚葬："生，事之以礼；死，葬之以礼，祭之以礼。"《论语·为政》）只有把"礼"贯彻到死，才是尽善、尽孝、尽礼也。而这样做的目的之一便是表示对死亡的悲哀："丧致乎哀而止。"（《论语·子张》）荀子作为先秦儒家的总结者，在继承孔孟生死观的基础上，特别注重死亡所体现的礼治文化与人类文明生活的意义。他极为注重在死亡上的葬、祭、铭诔以及等级之别："明死生之义，送以哀敬而终周藏也。故葬埋敬藏其形也；祭礼敬事其神也；其铭诔系世敬传其名也。事生饰始也，送死饰终也。"（《荀子·礼论》）其中就透射出强烈的哀死之情。

与儒家乐生哀死不同，道家却以生为苦，以死为乐。在道家学者看来，整个人生就是一个"苦身疾作""夜以继日，思虑善否"（《庄子·至乐》）而又"终身役役而不见其成功；苶然疲役而不知其所归"（《庄子·齐物论》）的辛苦劳作过程。死亡则是一种解脱、一种休息："其生若浮，其死若休"（《庄子·刻意》）；"夫大块载我以形，劳我以生，佚我以老，息我以死"（《庄子·大宗师》）。况且，人生充满痛苦："人之生也，与忧俱生。寿者惽惽，久忧不死，何苦也！"（《庄子·至乐》）自然"彼以生为附赘悬疣，以死为决疣溃痈"(《庄子·大宗师》)。因此,在庄子那里,死亡就意味着对生人之累的解除,死亡因此而获得了超过生存本身的生命价值。这一点,《至乐》篇借助"庄子见空髑髅"的寓言再次予以申述:在空髑髅看来,庄子是有生人之累的,而自己则拥有最高的自由和快乐。所谓贪生失理、亡国之事、斧钺之诛、愧遗父母妻子之丑、冻馁之患以及自然春秋等都是生人之累的范畴,而相对而言,没有君臣上下和四时之事以及以天地为春秋等则要自由快意多了。在《齐物论》篇,庄子又给我们讲述了一个类似的故事:乐生恶死者就如同丽姬留恋艾封之地而惧怕晋王之宫一样,最终会发现事实恰恰相反,生并不可爱,死并不可恶,因此会后悔自己最初的想法。这就是说:"计人之所知,不若其所不知;其生之时,不若未生之时。"(《庄子·秋水》)因此,"死……虽南面王乐,不能过也"(《庄子·至乐》)。更何况,生为漂泊,死为归家:"以生为丧,以死为反"(《庄子·庚桑楚》);"生寄也,死归也"(《吕览》高诱注引《庄子》佚文)。照此说来,死并不可怕,相反却是一种休息、一种归家、一种人生痛苦的解除,是可乐之事。

　　道家以生为苦,以死为乐,并不意味着他们"悦死恶生"。相反,道家是反对自杀的。《盗跖》篇中,庄子借盗跖之口,批评了伯夷、叔齐、鲍焦、申徒狄、介子推、尾生等六人"离名轻死",认为他们自杀其生是不珍惜生命本根的行为:"世之所谓贤士,伯夷叔齐。伯夷叔齐辞孤竹之君而饿死于首阳之山,骨肉不葬。鲍焦饰行非世,抱木而死。申徒狄谏而不听,负石自投于河,为鱼鳖所食。介子推至忠也,自割其股以食文公,文公后背之,子推怒而去,抱木而燔死。尾生与女子期于梁下,女子不来,水至不去,抱梁柱而死。此六子者,无异于磔犬流豕、操瓢而乞者,皆离名轻死,不念本养寿命者也。"道家以生为苦以死为乐的做法仅仅是为了告诉人们生并非绝对的好,死也并非绝对的坏,要人们消除对死亡的恐惧心理,改变人们贪生恶死的错误态度,从而能够坦然面对生老病死的一切现象:"明乎坦涂,故生而不说,死而不祸:知终始之不可故也。"(《庄子·秋水》)

　　追求生命的不朽,是儒家生死学的重要内容。生命的特质决定了个人

不可能从肉体上达到永生，而只能从精神上对死亡予以超越，从而达到死而不朽："太上有立德，其次有立功，其次有立言，虽久不废，此之谓不朽。"(《左传·襄公二十四年》)所谓"立德"，即是要个人具备崇高的道德质量，从而生前受到社会赞颂，死后有人推崇。所谓"立功"，即个人生前建功立业，为国家、民族的存在和发展作出不朽的贡献，从而世代受到人们的敬仰和推崇。所谓"立言"，即是人们说出具备社会性、人类性、导向性的言论，可以激励世人，造福后人，从而获得世人的颂扬。由此看来，崇高品质、建功立业、精辟言论都具有永恒的价值，三者都可使人跃出个体短暂生命的囿限，趋向永恒与不朽。儒家发扬了这种不朽的观念。孔子对人生的短暂是深有体会的："子在川上曰：'逝者如斯夫，不舍昼夜。'"(《论语·子罕》)要解决人生短促与追求人生永恒价值之间的矛盾，只有靠"立德""立功""立言"，这是儒家一脉相承的思想观念。孔子认为，"君子疾没世而名不称焉"(《论语·卫灵公》)，"君子病无能焉，不病人之不己知也"(同上)。"君子"最为忌讳的便是死时悄无声息，声名不能流传于后世。由此，孔子把"仁"作为理想人格的一个本质属性，作为一生追求的道德理想而奋斗终生。而"仁"既体现了孔子对个体生命的尊重，又体现了"以天下为己任"的责任感。正因为如此，他以"修己以安百姓"(《论语·宪问》)和"博施于民而能济众"(《论语·雍也》)的人为君子、圣人，毕生为真理、为"仁政"而奋斗，获得了"至圣先师"的"不朽"称号。孟子继承孔子的有关思想，认为"是故君子有终身之忧，无一朝之患也。乃若所忧则有之：舜，人也；我，亦人也。舜为法于天下，可传于后世，我由未免为乡人也，是则可忧也。忧之如何？如舜而已矣。"(《孟子·离娄下》)孟子之"忧"在于自己是否能像舜一样完成道德修养和建功立业，从而达到"不朽"。这里，孟子把超越"死"的"不朽"提到一个相当的高度，把其当作人们为之终身努力的目标。在他看来，"君子创业垂统，为可继也，若夫成功则天也"(《孟子·梁惠王下》)。"创业垂统"而"可继"，可谓不朽。因此，孟子说，不朽不待于事业成功，如能有所"创"，有所"垂"，即只要能做出一定贡献，人也就是不朽的。明代学者罗伦说："生而必死，圣贤无异于众人也。死而不亡，与天地并久，日月并明，其惟圣贤乎！"(《一峰诗文集》)圣贤与俗人一样有死，但唯道德永存，永放光芒。由此，历代儒者总积极把有限的生命投入无限的进取、道德修养之中，实现对死亡的超越。在"三不朽"观念影响下，儒家都有自觉的道德追求、崇高的人格理想、热忱的救世情怀和坚定的生活信念。因此，在道德价值与其他价值冲突时，他们往往能"杀身以成仁"(《论语·卫灵公》)，"舍生而取义"(《孟子·告子上》)。由此，生命的价值便转化为死亡的价值，生命的承担便转化为死亡的当担，从而生命通过死亡得以延续，人生由有限化为无限。因此，《左传》中所说的"死而不朽""死又何求""死且不朽"，《论语》中所说的"死而后已""死而无悔"，《孝经》中所说的"死生之义"等，都是儒家追求死而不亡、生命不朽的独特方式。因此，儒家以一种宇宙家族主义和道德理想主义的情怀，强调生命意识的自觉，以生界定死；同时又直面死亡，借死反观生；把生命的个体性和有限性与宇宙家族生命的群体性和无限性联系起来。在生存与死亡、有限与无限的关系上，儒学克服了二元对峙的局限性，从而把二者统一起来。面对死亡，必须有这一解脱精神。

　　道家生死学的最高目标也是达到死而不亡的境界："不失其所者久也，死而不亡者寿也。"(《老子》三十三章)而要达到这一目标，在庄子看来，只有通过"体道"(《庄子·知北游》)，进行精神修养，达到"与道相辅而行"(《庄子·山木》)的境界。为此，庄子特意提出了三种具体的"体道"方法：一是"心斋"，二是"坐忘"，三是"见独"。所谓"心斋"，庄子云："唯道集虚。虚者，心斋也。"(《庄子·人间世》)郭象注云："虚其心则至道集于怀也。""虚"即无执无为、空明灵照的心境。要达到空明灵照的心境，就需要"心斋"的方法。"心斋"作为一种精神修养的方法，是一个致虚守静、去知去欲的过程。只有心志专一，凝神于物，无私无虑，感官停止活动，保持虚静的心境，才能与"道"为一，获得精神的解放、心灵的自由。所谓"坐忘"，庄子云："堕肢体，黜聪明，离形去知，同于大通，此谓坐忘。"(《庄子·大宗师》)"同于大通"即"同于大道"，是心灵获得解脱后精神上的一种升华。其实质就是"毁弃四肢百体，屏除聪明心智"(成玄英疏)，从而达到"内不觉其一身,外不识有天地"(郭象注),既遗弃了外在之自然与社会,又忘却了内在之肉体和智慧的混沌状态。这样,就能物我两忘,与大道相通。从而无往不通,无处不顺,来去不滞,自由自在。所谓"见独",庄子云:"吾犹告而守之,三日而后能外天下;已外天下矣,吾又守之,七日而后能外物;已外物矣,吾又守之,九日而后能外生;已外生矣,而后能朝彻;朝彻,而后能见独;见独,而后能无古今;无古今,而后能入于不死不生。"(《庄子·大宗师》)在这段话里,庄子清晰地描述了一个体"道"的过程:外天下—外物—外生—朝彻—见独—无古今—入于不死不生。其中的"守",从"唯神是守"(《庄子·刻意》)、"我守其一"(《庄子·在宥》)、"能守其本"(《庄子·天道》)、"守其宗也"(《庄子·德充符》)等的用法来看,其义当同于"体性抱神"(《庄子·天地》)、"体尽无穷"(《庄子·应帝王》)、"能体纯素"(《庄子·刻意》)、"大方体之"(《庄子·徐无鬼》)中的"体"字,都是对在心目中已经设定的作为体现世界最后根源、最高本质的"道"的那种精神境界的体验、归依,是一种精神修养功夫,而非认知活动。其中的"见独",当指洞见独立无待的"道","道"为绝对无待,因以"独"来称它。这个体"道"的过程,可以"见独"为界,分为前后两个内容。前者为达"道"前的准备阶段:外天下—外物—外生—朝彻;后者为达"道"后的精神境界:无古今—不死不生。这一境界,恰如"至人神矣……死生无变于己"(《庄子·齐物论》)、"彼游方之外者……又恶知死生先后之所生"(《庄子·大宗师》),为庄子理想人格的最高精神境界。庄子所谈的三种"体道"方法,无论是"心斋""坐忘"还是"见独",都旨在为超越必然性的生命困境提供方法,确定通向心灵自由的途径。其所显示的通向"道"的途径和终点,是对作为某种世界总体、根源的观念"道通为一"(《庄子·齐物论》)的体验,最后达到"与道徘徊"(《庄子·盗跖》)、"与道相辅而行"(《庄子·山木》)的精神境界。其所达到的"道"的境界,就表现为对"天地与我并生,而万物与我为一"(《庄子·齐物论》)的体悟,从而产生一种将自我与自然融合为一的思想意念:"独与天地精神往来而不敖倪于万物。"(《庄子·天下》)而这种境界,具体到生死问题上,便成为在经历了"外天下""外物""外生""朝彻""见独"的精神修养之后而达到"无古今""不死不生"(《庄子·大宗师》)的境界。这一境界,恰如"至人神矣……死生无变于己"(《庄子·齐物论》)"彼游方之外者……又恶知死生先后之所生"(《庄子·大宗师》),为庄子理想人格的最高境界。正是在此意义上,道家在境界层面上超越了生死之困,达到了死而不亡、不死不生的境界。这种境界,毫无疑问,乃一种永恒的境界。但这种永恒,却既不同于肉体长生,也不同于灵魂不死。"因为无论是肉体长生还是灵魂不死均还是时间中的事件,而真正的永恒或者同于无时间性,或者至少是一种以无时间性为基础的状态。庄子所追求的是能够提供至福至乐、绝对安全、绝对自由等等的永恒的状态,而非通常意义上的长生不死、灵魂不死。因为即使一个人通过某种特殊的修炼(道教徒所谓'内丹')或通过服食某种灵丹妙药(道教徒所谓'外丹')而获得了长生不死、灵魂不朽(从物理上说这几乎是不可能的),如果他不能心斋,那么他仍然会面临着各种各样的人生问题,他的人生仍然不能具有意义。"① 正是在此意义上,庄子在境界层面上超越了生死之困,达到了死而不亡、不死不生的境界。

观照以上论述,不难看出:庄子生死哲学透射出他对生命存在的理性执着和对死亡困境的达观态度。一方面,他热爱生命,认为天地之间,个体生命是最宝贵的存在,应予以充分重视、珍惜,并提出系统的养生之法,即所谓"卫生之经"(《庄子·庚桑楚》);另一方面,他对死亡有深刻的认识,认识到死亡本质上是自然之气的一种变化形态,既是必然的,又是自然的,因此应从心灵上、精神上予以彻底超越。

三、现代生命教育意义

生命教育是整个教育的元基点。所谓生命教育,即围绕有关生命和人生

---

① 韩林合著:《虚己以游世——〈庄子〉哲学研究》,北京大学出版社2006年版,第208页。

问题进行的知识传授过程。"生命教育"(Life education)一词,原本是 20 世纪 60 年代在美国作为社会中的吸毒、自杀、他杀、性危机等危害生命的现象的对策而出现的。第一位倡导"Education for Life"的是美国的杰·唐纳·华特士(J. Donald Walters),他于 1968 年在美国加州创建阿南达学校(Ananda Schools),开始倡导和践行生命教育。① 我国香港地区于 1995 年起开始推行 LEAP(The Life Education Activity Programme);我国台湾地区把 2001 年定为"生命教育年",随后生命教育在台湾开始蓬勃发展②。到 20 世纪 90 年代末期,由港台而来的生命教育才引起大陆学者的注意,并迅速形成一股研究热潮③。长期以来,由于生命教育的缺失,国人对生命本身缺乏最基本的了解和思考,从而导致自杀、暴力等极端事件不断发生。有关统计显示,全世界每年自杀的人有 100 多万,而我国每年就有 28.7 万人死于自杀,占世界自杀人数的四分之一还多,自杀已成为我国第五大死因。我国卫生部门还透露,青少年自杀现象呈明显上升趋势,15 至 34 岁人群中,自杀是非正常死亡的第一根源④。第二届中美精神病学术会议的一份资料显示,自杀已成为我国青少年死亡的第一原因,且低龄化严重。据调查,我国 15 岁以下未成年人每年意外死亡有 40 万—50 万之多,其中相当一部分是轻生自杀⑤。由此可见,在全社会尤其是对青少年进行生命教育是非常重要的。而如何有效汲取儒道传统生死智慧,正确认识生命的本质和死亡的价值,探索当代人生哲学的生死理念,由对死亡的追问而使自我的生命获得长足的发展,建构出健康而有意义的人生观念,从而使我们的生命变得更有价值,这是生命教育的核心课题。

  儒道两家对生命本体的认识大致相同,都是一种朴素、理性的自然哲学生命观。但是,他们对生命价值却做出截然不同的判断。道家认为生命的最

---

① 肖川:《生命教育的三个层次》,《福建论坛》(社科教育版)2006 年第 3 期。
② 雷静、谢光勇:《近十年来我国生命教育研究综述》,《教育探索》2005 年第 5 期。
③ 苏海针:《生命教育内涵之综述》,《继续教育研究》2008 年第 3 期。
④ 薛子进:《今天,首个"世界预防自杀日"》,《法制日报》2003 年 9 月 10 日。
⑤ 邹义壮、杨小昕:《第二届中美精神病学学术会议暨第三次中华医学会精神病学分会学术会议纪要》,《中华精神科杂志》2000 年第 3 期。

高价值在于因循自然地完成其自身的历程，因此将自然看成生命的最佳状态和应有的存在方式。儒家则基本上放弃了对生命本身的探讨，他们完全从社会伦理道德的角度把握生命的价值，认为只有在个体的伦理道德价值实现之后，个体的生命价值才能得以实现。除此之外，儒道两家都力图超越死亡困境，实现生命永恒。但儒家从现实的理性主义出发，主张通过生前努力，通过积极的进德修业来超越死亡困境，达到生命的不朽。而道家则从非理性的玄虚之路出发，主张通过体悟玄虚的生命之道，追求与"道"合一来超越生命时限，达到死而不亡、不死不生的境界。因此，处于互补状态中的儒道传统生死学可以为现代生命教育提供丰富的思想资源和研究素材。故对其进行理性观照和现代诠释，可以为现代人建立系统的生死哲学和科学的生死观念提供原则与思路，具有重大的理论意义和实践价值。

长期以来，死亡现象因其本身所具有的消极性而使大多数人对之采取回避的态度，甚至视之为最大禁忌，这就造成有关"生"的哲学极为发达而有关"死"的哲学极为贫乏的不平衡现象，从而导致国人对死亡现象知之甚少。因为对死亡现象缺少认识，所以常常产生对死亡的恐惧。又因为害怕死亡，所以会刻意回避死亡话题。还有一些人常常因为某种激情和冒险而丧失理智，轻率地选择自戕或者剥夺他人的生命。比起对死亡的恐惧，这是一种对死亡无知的无畏。正如法国思想家蒙田所说："对死亡的熟思就是对自由的熟思，谁学会了死亡，谁就不再有被奴役的心灵，就能无视一切束缚和强制。谁真正懂得了失去生命不是件坏事，谁就能泰然对待生命中的任何事。"[①] 只有对死亡有了深刻的认识和了解，方可以确立人生的意义和生活的目标，并获得人生发展的动力，这就叫作"向死而生"（海德格尔语）。只有把死亡当成庄严人生的一部分，才能充分体认个体自我死亡的独特性、自然性、尊严性和不可替代性，从而认清"生"与"死"的完整意义。只有深知"死"的意义的人，才有足够的勇气和智慧来承担一切人生的苦难和挑战，才能让自己活得有价值、有尊严。而道家生死学对"生"尤其是"死"的全面系统的论述，

---

① 蒙田著：《蒙田随笔集》，陕西师范大学出版社 2002 年版，第 26 页。

与儒家"乐生"的文化互补，构成了全面壮观的中国传统生死学，从而有助于弥补中国现代生死学理论的缺陷和不足，为国人深刻认识"生"与"死"的本质，全面了解中国生死文化乃至建构现代意义上的系统生死学提供了最佳模本和范式。

生命教育最基础的目标，就在于培养国人珍爱生命，引导国人生活在当下，使其在整个教育历程中能够体悟身为人类的意义与价值，重视生死大事，珍爱自己，保护生命。既了解生命来之不易，也体验生命成长的艰辛与苦难，是以能够转化为更为积极向上的行动，认真生活，活得富有尊严。而中国传统儒道生死学呈现出两大明显趋向：一方面，它重生贵生并积极寻求养生之道；另一方面，它苦生乐死并坦然面对死亡到来。这就告诉我们，与"生"看似不同的"死"，本质上是"气"的聚散变化之一种，实际上是自然大化演变的一种形式、一个过程，和"生"实际上是贯通为一的，既是必然的、命定的，又是自然的、客观的，"生"与"死"本质上齐同为一，没有区别。尽管如此，作为自然造化一员的个人还是应该积极参与大化流行，努力活够自然所赋予给我们的生命时限，这就是说，要尽力"保身""全生""养亲""尽年"，以求成为"终其天年而不中道夭者"。不仅如此，还要积极进德修业，通过"立德、立功、立言"来超越肉体存在的有限性，获得个体生命的无限。由此可见，儒道生死学既是现实的又是深刻的，其既提出了正确衡量生与死的价值标准，又把生与死贯通起来，揭示了人生的意义和人的价值，其对生死的这种智性认识有助于现代人理智清醒地认识生与死的本质，充分珍惜、重视自己宝贵的生命，并积极采取措施让自己活得更久一些，更有意义一些。这就与现代生命伦理学强调生命品质，力求把生命的神圣性与生命的品质及价值统一起来，理性对待生死的思想十分接近，从而为解决现代生命教育的诸多现实问题提供了极为丰富的思想资源。

《诗经》"象喻"言说及其生成机制*

所谓"象喻",是指借助具体物象喻说抽象情理的言说方式,其是中国文学尤其是先秦文学的重要运思方法。①而作为中国首部诗歌总集的《诗经》,在这方面具有开创性和极为典范的意义。

一

《诗经》"象喻"言说的主要形态就是作为其基本表现手法的比兴。《周礼·春官·大师》云:"大师……教六诗,曰风、曰赋、曰比、曰兴、曰雅、曰颂。"《毛诗序》云:"故诗有六义焉:一曰风,二曰赋,三曰比,四曰兴,五曰雅,六曰颂。"自此之后,比兴受到历代文人学者的重视,对其意义的论述,众说纷纭。关于"比",《周礼·春官·大师》郑玄注云:"比,见今之失,不敢斥言,取比类以言之。"《周礼·春官·大师》郑众注云:"比者,比方于物也。"《文心雕龙·比兴》云:"故比者,附也……且何谓为比?盖写物以附意,飏言以切事也。""夫比之为义,取类不常:或喻于声,或方于貌,或拟于心,或譬于事。"王昌龄《诗格》云:"比者,直比其身,谓之比假。如'关关雎鸠'之类是也。"朱熹《诗集传》云:"比者,以彼物比此物也。"以上诸说可以代表历代对"比"的基本看法,虽表述不同,但取义类似,即"比"

---

* 本文原载于《浙江工商大学学报》2015年第5期,收入本书时有改动。
① 参见拙文:《"象喻":先秦文学运思之法》,《中国社会科学报》2011年3月1日。

是借"一物"来喻"另一物"或"一事",以表现作者的意志或情感。由此可见,"比"的重要特点是"类比",这与"象喻"言说在本质上是相同的。对于"兴",《周礼·春官·大师》郑玄注云:"兴,见今之美,嫌于媚谀,取善事以喻劝之。"《周礼·春官·大师》郑众注云:"兴者,起也","兴者,托事于物……取譬引类,起发己心"。《文心雕龙·比兴》云:"兴者,起也……起情故兴体以立","观夫兴之托谕,婉而成章,称名也小,取类也大"。王昌龄《诗格》云:"兴者,指物及比其身说之为兴,盖托谕谓之兴也。"朱熹《诗集传》云:"兴者,先言他物以引起所咏之词也。"陈启源《毛诗稽古编》云:"诗人兴体,假象于物,寓意良深。"由上可见,"兴"的含义比较复杂,但仔细推察,"兴"是"合发端与譬喻在一起之词"①,它包含两层意思,一为"起"(感发),二为"喻"。通观《诗经》,"兴"有时侧重于"起","喻"的意义不明显;有时侧重于"喻","起"的意义不明显。无论其是"托事于物",还是"感发",均有借物喻说的特点,由此也属于"象喻"言说的范畴。比兴的区别,从孔颖达与皎然的论述中可窥一二。"比之隐者谓之兴,兴之显者谓之比,比之与兴,深浅为异也。"(《左传·文公七年》疏)"取象曰比,取义曰兴。义即象下之意。凡禽鱼、草木、人物、名数,万象之中义类同者,尽入比兴,《关雎》即其义也。"(《诗式·用事》)由此看来,尽管比兴之间存在有这样那样的不同,但两者都是运用包括自然物、人物、事物等可以被感知的"物象",来喻指丰富复杂的"情"或"志",以达到"托物寓情"或"托物言志"之目的,使《诗三百》拥有"言有尽而意无穷"的艺术魅力。因此,"比"与"兴"在众多场合都能够在"象喻"这个意义上得到统一,这就是所谓的"比、兴皆托喻"(陈启源《毛诗稽古编》)。"所谓比与兴者,皆托物寓情而为之者也。"(李东阳《麓堂诗话》)

尽管后世对比兴的解读存在政治修辞学和审美修辞学的区别,但在其属于"象喻"言说这一层面上诸家并无分歧。而且各家对比兴的解说都源自

---

① 朱自清:"《毛传》'兴也'的'兴'有两个意义,一是发端,一是譬喻;这两个意义合在一块儿才是'兴'。"(《诗言志辨》,凤凰出版社2008年版,第57页)

对《诗经》本文"象喻"特质之关注。"考之我国古籍,三百篇之比兴,皆喻也……窃以兴亦比也,而为一较原始直朴之用法:或以二事联想可通,或以二语韵脚相谐,故比兴实无根本之差别。"① 通观《诗经》之"象喻"言说,有的侧重用"比",有的侧重用"兴",但"兴"占有更为重要的位置。②《诗经》中的"兴"分两种情况。第一种是侧重比喻意义的"兴",用于起兴的形象和下文在意义上有某种相似性。如《小雅·鹿鸣》:"呦呦鹿鸣,食野之苹。我有嘉宾,鼓瑟吹笙……我有旨酒,以燕乐嘉宾之心。""呦呦鹿鸣,食野之苹",《毛传》云:"兴也。"孔颖达疏云:"鹿既得苹草,有恳笃诚实之心发于中,相呼而共食。以兴文王既有酒食,亦有恳笃诚实之心发于中,召其臣下而共行飨燕之礼以致之。"整首诗以山野间呦呦鸣叫的鹿群起兴来写宴饮的和乐情景。鹿是一种群居性动物,它们在发现好草时常常呼朋引伴而食,在遭遇入侵时群起而攻之,鹿的这一特点与作者心中君爱臣子、与臣和乐、宗亲团结的"情志"一致。以鹿群情状"象喻"君臣之义,喻义比较明显,同时也有一定的感发意义,鹿群呼朋引伴的景象很容易使人联想到君臣相敬相爱的场面。又如《唐风·绸缪》:"绸缪束薪,三星在天……子兮子兮,如此粲者何?""绸缪束薪,三星在天",《毛传》云:"兴也。"按照惯例,下两章前两句亦为兴。绸缪,缠绕的样子。束薪,柴捆。三星,即参星,古人以九月霜降到二月冰泮为婚期,此时正值参星在天、在宇、在户,所以参星出现标志着可以嫁娶。③ 古代婚礼多在黄昏时举行,故迎妻必用薪柴作火把照明。诗篇之薪柴与三星均是婚姻之"象",诗人借眼前所见兴起下文,有烘托背景、启发联想之意;同时诗人又借"束薪"紧紧缠绕之"象",暗喻一对新人喜结良缘,缠绵悱恻。从诗篇整体来看,其着重表现的是两情相悦之喜,借助"绸

---

① 王瑶著:《中古文学史论》,北京大学出版社1998年版,第348页。
② 朱自清:"《毛传》说诗于赋、比皆不注明而独标兴体便为明证。《毛诗》注明'兴也'的共一百六十篇,占全诗百分之三十八,《国风》一百六十篇中有兴诗七十二,《小雅》七十四篇中有三十八,《大雅》三十一篇有四篇,《颂》四十篇只有两篇。"(《诗言志辨》,凤凰出版社2008年版,第53页)
③ 姚小鸥著:《诗经译注》(上),当代世界出版社2009年版,第189页。

缪束薪"这一"喻象"极尽描摹。叙事诗《卫风·氓》中也有此类情况:"桑之未落,其叶沃若。于嗟鸠兮,无食桑葚。于嗟女兮,无与士耽。士之耽兮,犹可说也。女之耽兮,不可说也。"桑树与古人的生活密切相联,诗人以这一常见"喻象"起兴,以茂盛的桑叶比喻正当美丽年华的女子,以斑鸠吃多桑葚会醉比喻女子沉湎于爱情会神魂颠倒。另如:"伐木丁丁,鸟鸣嘤嘤。出自幽谷,迁于乔木。嘤其鸣矣,求其友声。相彼鸟矣,犹求友声。矧伊人矣,不求友生?神之听之,终和且平。"(《小雅·伐木》)以鸟儿飞出深谷迁于高处仍嘤嘤鸣叫呼唤旧友起兴,喻地位高了之后仍不忘旧人之情。"关关雎鸠,在河之洲。窈窕淑女,君子好逑。"(《周南·关雎》)以雎鸠交颈和鸣喻淑女君子之和谐对应关系。"桃之夭夭,灼灼其华。之子于归,宜其室家。"(《周南·桃夭》)以桃花比喻嫁娘,暗喻"女子宜家"。上述等等,都是如此。

《诗经》中第二种起兴的句子,"兴"句与下文内容关系不太明显,主要起交代背景、烘托气氛的作用,久而久之,形成了一种约定俗成的规范。先看《王风·黍离》:"彼黍离离,彼稷之苗……悠悠苍天,此何人哉!"诗篇以"彼黍离离,彼稷之苗"等起兴,有交代背景、渲染气氛、协调音节的作用。诗篇所选下垂的黍、稷苗、稷穗、稷实等这些随时令变换的"物象",与作者游历和感情的变化相映衬,表现了作者面对宫室被毁、长满黍稷的事实,忧思难忘,悲恸欲绝,拂之不去。方玉润评论说:"三章只换六字,而一往情深,低回无限。"(《诗经原始》)正因如此,"黍离"一词后世才成为国破之悲的代名词。除此之外,《小雅·采薇》亦是这种类型的典型代表:"采薇采薇,薇亦作止。曰归曰归,岁亦莫止。靡室靡家,猃狁之故。不遑启居,猃狁之故。"诗篇以"采薇"起兴,以薇从初生到逐渐成熟,即从破土发芽,到幼苗柔嫩,再到茎叶老硬的生长过程为"象",再现了时间的流逝和戍役的漫长,引发并暗喻征人随着离家久远而相思更甚的痛苦之情。其他如《邶风·日月》《邶风·北风》《鄘风·柏舟》《郑风·羔裘》《郑风·溱洧》《秦风·蒹葭》《唐风·扬之水》《唐风·采苓》《小雅·菁菁者莪》等诗篇均是如此。

《诗经》中的"比"大致有三种情况:第一种情况是通常有比喻词"如""若"等字;第二种情况是没有明确的比喻标志词,却有"比"的意蕴;

第三种情况是通篇用"比",其中的"比"带有强烈的象征意味。但不论哪种"比",都有"象喻"特质。如《齐风·敝笱》:"敝笱在梁,其鱼鲂鳏……齐子归止,其从如水。"此诗采用了两种"比",一种是有比喻词"如"字,另一种是没出现比喻词,但有"比"的意蕴。据毛传,此诗是刺齐文姜与鲁桓公的。据《左传》记载,齐文姜在嫁给鲁桓公后,还与其兄齐襄公保持暧昧关系,鲁桓公谴责他们的违礼之行,齐襄公得知后,就将鲁桓公置于死地。诗篇以不能捕获大鱼的破鱼篓为"象",暗喻管不住妻子的无能的鲁桓公;以在破鱼篓里自由来去的鲂、鳏、鲔为"象",暗喻已为人妻但仍然与旧情人保持关系的齐文姜;鱼篓与鱼是控制与被控制的关系,鲁桓公与文姜是管理与被管理的关系,这种制约关系雷同。"其从如云""其从如雨""其从如水",三句出现"如"字,是明喻,比喻文姜随从人员之多,同时暗喻她的情事。又如《卫风·硕人》:"手如柔荑,肤如凝脂。领如蝤蛴,齿如瓠犀。"这几句中有比喻词"如",柔荑、凝脂、蝤蛴、瓠犀都是生活中常见的事物,分别取其白嫩柔滑、洁白滑腻、修长白皙、洁白整齐的特点,来比喻硕人之手、肤、领、齿,形象生动,活画出一个令人倾慕的千古美人。《秦风·小戎》:"言念君子,温其如玉。"诗篇以玉来比喻君子的德行,玉有入手细腻、温润坚结的特点,与君子温柔敦厚、勇敢无私的品格相契合,因而玉之"象"也就成为心物相契的符号载体,后世成为儒家君子德行的典型象征了。《大雅·绵》:"绵绵瓜瓞。民之初生,自土沮漆。古公亶父,陶复陶穴,未有家室。"以瓜的绵连不断比喻周族不断发展壮大,延绵不断。《魏风·汾沮洳》之"美如玉"亦即此类思维方式。第三种情况是通篇用"比",整体上形成象征,也可称为象征诗。在《诗经》中最典型的代表是《魏风·硕鼠》。该诗通篇取生活中常挖人墙脚、食人粮食的硕鼠为"象",比喻、象征那些不劳而获又不体恤民情的上层贵族。诗篇借用鼠之本性类比那些贪婪自私的人,形象生动,说理清楚。后世亦经常以硕鼠来象征那些不劳而获、贪得无厌之人。其他如《周南·螽斯》《召南·鹊巢》《豳风·鸱鸮》等都以具体物象象征各种客观道理,也属于"象喻"言说的典型例证。

由此可见,作为《诗经》"象喻"言说方式的"比"和"兴",都有或明

或暗的喻义,两者借助的都是联想、类比、象征、暗示等思维方式,区别仅在于运行机制有所不同而已。"兴"的喻象与所喻没有特别紧密的联系,是客观事物触发了诗人的情感,引起诗人的歌唱。而"比"中喻象与所喻之间存在比较密切的联系,是心中先有某种意念,然后选择能表现诗人情感的物象。《诗经》中,这两种手法在很多诗篇中是独立运用的,但也有不少是结合在一起的。而两者的结合,更有利于"情志"的表达。如《卫风·淇奥》:"瞻彼淇奥,绿竹猗猗……善戏谑兮,不为虐兮。"《毛传》在每章前两句下云"兴也",诗篇以淇水边秀美丰茂的绿竹起兴,借竹中虚外直、挺拔秀美而又四季常青的特点喻示君子的高风亮节,这是原始思维相似性类比的表现,大概诗人看到自然界中的竹子,于是联想到生活中的君子,以此作兴,既有起兴的作用,又有暗喻的功能,同时与诗篇的整个格调也是相通的。下又用"如"字,用了"比"的手法。以"切""磋""琢""磨"这些动作之象,"金""锡""圭""璧"这些器扬,从多方面比喻、形容、修饰君子的品德、学问、修养、服饰、容止等,形象而又传神。由此,一个被上层社会所公认、所推崇的君子形象跃然纸上。

二

搞清楚《诗经》比兴"象喻"核心内容的"喻象"是什么,将有助于我们对《诗经》"象喻"言说运行机制的了解和把握。总体来说,《诗经》中的"喻象"普遍而广泛,喻义亦博大而精深。现择要分类阐释如下:

(一)花:爱情之"象"

"花"是自然界里最常见的、最美的"物象"。鲜艳绚丽的花朵是植物经过生根、发芽、固枝等一系列生长过程之后,释放能量的最好方式,因而是最美最旺盛的生命力的象征。从形态来看,花的形状和颜色都会给人赏心悦目的感觉。受"象"思维的影响,人们习惯于把盛开的花朵与青春华茂的人相联系,总喜欢以花的美丽比喻人的美丽以及品质的美好。在《诗经》中,以花喻人不仅表现被观照者的外表美，还传达出观照者的爱慕之情。《诗经》中的"华"即是"花"，其种类很多，有桃花、荷花、木槿花等。以"桃花"为"喻象"的，如《周南·桃夭》："桃之夭夭，灼灼其华。之子于归，宜其室家。"《周南·何彼秾矣》："何彼秾矣？华如桃李。平王之孙，齐侯之子。"这两首诗都是歌颂出嫁之女，以艳丽鲜润的桃花，喻指正值青春年少、容颜俏丽、生殖力旺盛的美新娘，饱含赞颂之情。以荷花为"喻象"的，如《郑风·山有扶苏》："山有扶苏，隰有荷华。不见子都，乃见狂且。"《陈风·泽陂》："彼泽之陂，有蒲菡萏。有美一人，硕大且俨。寤寐无为，辗转伏枕。"这两首都是以荷花比喻所爱男子，采荷花亭亭玉立的姿态以及清新的香气映衬男子高大的身材以及崇高的品德。以木槿花为喻象的，如《郑风·有女同车》："有女同车，颜如舜华"；"有女同车，颜如舜英"。诗中叙述者赞美姑娘的容貌就像绽放的木槿花一样娇艳妩媚，含有爱悦之情。其他如《桧风·隰有苌楚》："隰有苌楚，猗傩其华。夭之沃沃，乐子之无家！"诗篇以婀娜多姿的花朵比喻"子"之美，表现了"我"对"子"的渴望和仰慕，浓浓爱意溢于笔间。《小雅·裳裳者华》："裳裳者华，其叶湑兮。我觏之子，我心写兮"；"裳裳者华，或黄或白。我觏之子，乘其四骆"。绿叶陪衬下的一簇簇花朵何其美丽，喻示与我亲近之人神采奕奕，举止有仪，令人心驰神往，爱慕不已。以花喻人，沟通了花与人最美好的生命瞬间，由美丽的花所传达出的对人的青春与生命力以及品格的赞美，进一步折射对人类最美好的情感——爱情的歌颂和赞扬，这就是《诗经》花之"象"所承载的意义。

（二）果、薪：婚姻之"象"

植物经过了生长、开花，结果是其成熟的显著标志，古人将植物的成熟与自身的归属联系在一起，用长成的果实起兴，比喻婚姻的约定。《周南·桃夭》："桃之夭夭，有蕡其实。之子于归，宜其家室。"诗以大桃子暗喻出嫁女子的生育能力，含有婚姻"下以继后世"[①]之义。《桧风·隰有苌楚》："隰有苌

[①]《礼记·昏义》："婚姻合两姓之好，上以事宗庙，下以继后世。"

楚，猗傩其实。天之沃沃，乐子之无室！"古代，男以女为室，"无室"则是无妻，以"杨桃"果暗喻女子，寄托希望结为配偶的意思。《卫风·氓》："于嗟鸠兮，无食桑葚。于嗟女兮，无与士耽。"这里以鸠不要轻易吃桑葚，比喻女子不要轻易与"士"沉溺于爱情，鸠食桑葚会醉倒，女子沉溺于爱情就难以解脱。另外投果亦是古代求偶的习俗，原始社会果实属于从事采集的女子所有，女子以投果为求偶媒介，兼取其繁殖性能之象征意义。① 如《卫风·木瓜》："投我以木瓜，报之以琼琚……匪报也，永以为好也。"闻一多在《诗经通义》中说，女求士，投之以木瓜达意，士则报之琼琚以结好。木桃、木李亦是女子向男子发出相许终身的信号，男女通过"投""报"结为"永以为好"的伉俪。又如《召南·摽有梅》："摽有梅，其实七兮……求我庶士，迨其谓之。"上篇《木瓜》是男女约婚之词，这篇则是女子待嫁之诗。女子同样采用投果的方式求偶，期望男子快来与她约为婚姻。梅具有"母"与"媒"之象征意义②，亦与婚姻生殖有关。后来投果求爱的习俗一直流传了下来。③ 如果说果实是植物成熟的生命表现，那么薪便是植物的本真状态。以这种常用常见的植物喻示婚姻，有其特定的原因，最早可能与掠夺婚俗有关，后来在一段时间内成为约定俗成的规范。"婚即昏也"，古代娶妻多在夜晚，夜晚黑暗，采薪燃火来照明，不仅方便行走，而且还可吓唬野兽。古代所谓薪，有爨薪、烛薪，爨薪用来取热，烛薪用以取光。古代没有蜡烛，以薪裹动物脂肪燃烧，谓之曰烛，一曰薪。刈薪（砍柴）是为了析薪（劈柴），析薪是为了束薪（以薪里裹动物脂肪而成），束薪是为了取光。孔子云："嫁女之家，三夜不息烛，思相离也。"（《礼记·曾子问》）《礼仪·士昏礼》云："男子迎亲，必有人'执烛前马'。"这些均说明"薪"与古代女子出嫁的关系。《诗经》中如《周南·汉广》："翘翘错薪，言刈其楚。之子于归，言秣其马。""翘翘错薪，言刈其蒌。之子于归，言秣其驹。"言女子出嫁前要准备好薪和马。《齐

---

① 闻一多著：《闻一多全集》（第二卷），生活·读书·新知三联书店 1982 年版，第 143 页。
② 闻一多著：《闻一多全集》（第二卷），生活·读书·新知三联书店 1982 年版，第 142 页。
③ 《潘岳传》："岳美姿仪……少时，常挟弹出洛阳道，妇人遇之者，皆连手萦绕，投之以果，遂满车而归。"［唐］房玄龄等著：《晋书》，中华书局 1974 年版，第 1507 页。］

风·南山》:"析薪如之何?匪斧不克。取妻如之何?匪媒不得。""析薪"与"取妻"对举,析薪就是为了娶妻。《唐风·绸缪》:"绸缪束薪,三星在天。今夕何夕,见此良人?子兮子兮,如此良人何?"薪柴喻指新婚。

(三)鱼、桑、雨:生殖崇拜之"象"

生殖崇拜是先人在与自然的斗争中,为能生存下去而产生的一种对生命的崇拜和召唤。《诗经》中,鱼、桑、雨等均为常见的生殖崇拜之"象"。

1. 鱼

"鱼"这一词在《诗经》文本中一共出现29次,其他鱼种之名也多次出现。关于鱼的象征意义,闻一多先生在《说鱼》一文里有充分论述,他认为"鱼"在《诗经》中是象征"匹偶""情侣"的隐语,"打鱼""钓鱼"等行为是求偶的隐语,"烹鱼""吃鱼"比喻合欢或结配。这都表明鱼之"象"与生殖崇拜有关。究其原因,"从表象来看,因为鱼的轮廓,更准确地说是双鱼的轮廓,与女阴的轮廓相似;从内涵来说,鱼腹多子,繁殖力强,当时的人类还只知道女阴的生育功能。因此,这两方面的结合,使生活在渔猎社会的先民将鱼作为女性生殖器官的象征……在万物有灵观念的引导下,远古先民尤其是女性,希望对鱼的崇拜能起到生育功能的转移作用或者加强作用……为此,应运诞生了一种巫术礼仪——'鱼祭'……原始先民的以鱼为神,象征着以女阴为神,实质是生殖崇拜,以祈求人口繁盛"[①]。这从更深层次上说明"鱼"的"象喻"义即是繁衍生殖,传宗接代。《诗经》中这方面的用例极为常见。如《陈风·衡门》:"衡门之下,可以栖迟……岂其取妻,必宋之子?"对第二章,郑笺云:"此言何必河之鲂然后可食,取其口美而已。何必大国之女然后可妻,亦取贞顺而已。"郑玄之说揭示出鱼与女子之间的类比关系,以美味的鱼比喻美丽的妻,这只是表面关系,实际上是取鱼多子之义暗喻贞顺的女子能多子这一特点。《豳风·九罭》:"九罭之鱼鳟鲂。我觏之子,衮衣绣裳。"以"鱼"起兴做譬,引起下文的媾和,比喻鱼水之欢,多子孙。

---

① 赵国华:《生殖崇拜文化略论》,《中国社会科学》1998年第1期。

《邶风·新台》："鱼网之设，鸿则离之。燕婉之求，得此戚施。"此诗用的是反喻，喻指与不中意人媾和之意。由此，鱼的出现多与生殖崇拜之义有关，后世常把男女性爱喻为鱼水之欢，其取义概源于此。

2. 桑

桑是上古人们生活中常见的一种植物，因其叶子可以养蚕，果实可以充饥，与人们的关系非常密切，在《诗经》中多次出现。如《魏风·十亩之间》："桑者闲闲兮""桑者泄泄兮"。"桑者"指采桑的人。其他诗篇亦多有出现，常常与性等联系在一起。先看《鄘风·桑中》："爰采唐矣？沫之乡矣……期我乎桑中，要我乎上宫，送我乎淇之上矣。"闻一多《高唐神女传说之分析》："诗中'桑中'即'桑林'，诗应为民间仪式中集体唱和之辞。""上宫，据《考工记》，盖即宫墙之角楼，以其在宫墙上，故谓之上宫，亦谓之楼，宫隅、城隅类似，其屋，非人所常居，故行旅往来，或借以止宿，又以其地幽闲，而人亦罕至，故亦为男女私会之所。"《墨子·明鬼》篇云："燕之有祖，当齐之有社稷，宋之有桑林，楚之有云梦也，此男女之所属而观也！"郭沫若在《释祖妣》一文中说："桑中即桑林所在之地，上宫即祀桑林之祠，士女于此合欢。"由上可见，虽然不能确定"桑中"与"上宫"的具体位置，但它们都是"男女交会的场所"无疑。"淇之上"，即"淇水之上"，《卫风·氓》中亦有"送子涉淇，至于顿丘"之语，这是男女情意缠绵的地方。由此，整篇诗写的都是男女相会，"桑中"即男女交会的场所，"桑"具有生殖崇拜之义。再看《小雅·隰桑》："隰桑有阿，其叶有难……中心藏之，何日忘之！"这首诗亦以茂盛的桑树起兴托喻，既为与男子的欢会提供了场所，又象喻男女间甜蜜的感情，而这些是以性为基础和满足的。再看《氓》："桑之未落，其叶沃若。于嗟鸠兮，无食桑葚。于嗟女兮，无与士耽。士之耽兮，犹可说也。女之耽兮，不可说也。""桑之落矣，其黄而陨。自我徂尔，三岁食贫。淇水汤汤，渐车帷裳。女也不爽，士贰其行。士也罔极，二三其德。"此处亦是用桑暗喻男女间的感情。

3. 雨

早在渔猎时代初民的观念中，祭雨求雨就是一项古老的生殖崇拜仪式。

到农耕时代以后，先民更视雨为天地交感之"象"。《艺文类聚·卷二·天部下·雨》："曾子曰：天地之气和则雨"，《周易·解》卦说："天地解而雷雨作"。他们将天地之道与人道联系起来。《周易·归妹》卦云："归妹，天地之大义也，天地不交，而万物不兴。归妹，人之终始也。"男女结合与天地交感相呼应，由此古人以云雨为性行为之隐语，这是当时普遍的民俗心理。经过长期历史积淀，人们就自然而然地视雨为男女结合之"象"或男女婚姻的征兆。从《诗经》风雨情形看，有时单言风言雨，有时风雨连言，有时不言雨而言暴（瀑，急雨）、雪、霾、虹、雷等，但总离不开雨义。一般来说，风雨象征男女之相思或欢合，如《鄘风·蝃蝀》："朝隮于西，崇朝其雨。女子有行，远兄弟父母。""女子有行"，即女子出嫁。诗以雨起兴，引起女子出嫁，含有男女交媾之意。《小雅·谷风》："习习谷风，维风及雨。将恐将惧，维予与女。"《卫风·伯兮》："其雨其雨，杲杲出日。愿言思伯，甘心首疾。"这些都言说了女子与男子的情爱关系。《郑风·风雨》更是这一习俗的典型范例："风雨凄凄，鸡鸣喈喈……既见君子，云胡不喜？"诗以风雨、鸡鸣起兴，抒发女子见到男子的欢喜之情。"鸡"之"象"在《诗经》中出现过几次，有《郑风·女曰鸡鸣》讲男女相亲相爱、《齐风·鸡鸣》言男女燕昵、《王风·君子于役》以鸡回窝隐喻女子思念丈夫，可见"鸡"这一意象与男女有关。此诗亦如此，由于起兴之意的统一性，所以"风雨"亦带有"象喻"男女情事的特点。由相见后"夷（平静）""瘳（病好）""喜（欢喜）"的表情，可见两情相悦之美。

另《诗经》中还有很多"象"，如"鸟""水""虹"等，所喻内涵亦极为丰富，同样具有悠长的审美意蕴。限于篇幅，兹不赘述。

三

《诗经》"象喻"言说形成的内在思维方式是"象"思维。而"象"思维作为一种富有中国特色的民族思维方式，来自中华民族特定的生存条件和环境,是在此基础上形成的基本文化观念、思考和行动的基本程式和方法①,其中最为典型的便是留存于中国古人精神世界中的天人合一之基本观念。而天人合一观念的生成与中国古人的经济生活具有不可分割的内在关联。我国古代是以农业为主的自然经济,在相当长的一段时间里,由于生产技术落后,自然条件对农业生产起着决定作用,农作物收成的好坏直接决定着人的生存状况,这样,人的命运与自然便联系在了一起,久之,先人便对自然产生一种依赖的心理,表现在思想上,便是天人合一这一基本观念的产生。在人与自然、人与人、人与自身这些人类生活的基本关系中,由于人与自然是否能够和谐相处直接影响和规定着人类的生存和发展这一现实,就必然决定了天人关系是这三大关系中最重要的一对,天人合一也因此而成为中国传统文化的基本问题。无论是儒家还是道家,思考哲学问题的思维路径都是一致的,都以天人相通、相亲、相融为出发点,最终形成一种潜在的思维模式,深深积淀于中国的文化心理之中,并渗透融汇于中国文化的各个领域。②

天人合一这一基本观念的存在就决定了"象"思维的产生。正是基于天人合一的基本观念,中国古人观察世界时,总是不自觉地将宇宙看成一个富有生命的有机整体,并且总是习惯于以人自身来加以拟附。《周易·系辞下传》云:"古者包牺氏之王天下也,仰则观象于天,俯则观法于地,观鸟兽之文,与地之宜,近取诸身,远取诸物,于是始作八卦,以通神明之德,以类万物之情。""象也者,像也。"这就说明中国古人是通过"仰则观象于天,俯则观法于地""近取诸身,远取诸物"的方式创造出卦象的。由于这些卦象可以"通神明之德,类万物之情",故"君子居则观其象而玩其辞;动则观其变而玩其占",所以说八卦就是中国文化中关于"象"的典型载体。"象"既是中国人的思维方式也是中国人的认识成果。以"象"为手段,中国古人可以把握世界,能够感悟"道"的存在。故"俯仰往还,远近取与,是中国哲人

---

① 刁生虎、郭岗宁:《易学与中国哲学文化的历史与未来》,《高校社科动态》2013年第6期。
② 参见拙著:《庄子文学新探——生命哲思与诗意言说》,中国传媒大学出版社2009年版,第55—61页。

的观照法,也是诗人的观照法"①。而从发生学与人类文化发展的进程看,"近取诸身"乃是早于"远取诸物"的。文化人类学家的跨文化研究表明,在人与自然基本上处于混沌状态的原始社会,人们往往习惯于从自身出发,取类、联想和想象自然之物,又通过"观物取象"的方式反过来解释自身形体的构成,这种原始的思维方式被称为隐喻思维,又被称为原始思维、前逻辑思维等。而这种思维方式,从本质上来说,其实就是一种以"象"的"流转"作为运行机制的"象"思维。"象"思维是人类最本原的思维,趋向主客一体之体悟,富于原创性和诗意联想;它所借助之"象",有形下之"象",即视、嗅、听、味、触等感知之"象",还有形上之"象",即"大象无形"之"象"等,不管是哪一种"象",都来源于大自然和普通生活,这一概念具有鲜明的中国特色。②从思维方式和文化人类学的角度来看,"象"源于中国远古文化观念,生活在神话蒙昧时期的古人,相信万物有灵,以"象"为工具,借用"象"与"象"之间的神话思维和天人感应来感受和把握周围的世界。③"盘古开天"的神话即是最好的例证。《绎史》卷一引《五运历年纪》云:"首生盘古,垂死化身。气成风云,声为雷霆,左眼为日,右眼为月,四肢五体为四极五岳,血液为江河,筋脉为地理,肌肉为田土……身之诸虫,因风所感,化为黎甿。"此言人体器官化为自然诸物,体现了天人一体,由"人体之象"到"自然诸象"的思维方式。在《说文》中,"象"被解释为"南越大兽,长鼻牙,三年一乳",可见"象"之本义是自然界之一动物。而由动物之名过渡到一种思维方式的名称,这与中国文化的"尚象"传统是分不开的。具体来说,无论是象形文字,还是《周易》《诗经》等中国文化元典,都是"象"思维作用下的产物。如许慎《说文解字·叙》云:"古者庖牺氏之王天下也,仰则观象于天,俯则观法于地,观鸟兽之文与地之宜,近取诸身,远取诸物,

---

① 宗白华著:《艺境》,北京大学出版社1987年版,第213页。
② 王树人著:《回归原创之思——"象思维"视野下的中国智慧》,江苏人民出版社2005年版,第1—36页。
③ 参见拙作:《隐喻思维与诗性文化——兼论〈周易〉对中国文化诗性特质的贡献》,《周易研究》2008年第5期。

于是始作《易》八卦,以垂宪象……黄帝之史仓颉,见鸟兽蹄迒之迹,知分理之相别异也,初造书契……仓颉之初作书,盖依类象形,故谓之文。其后形声相益,即谓之字。"这就揭示了汉字乃是中国古人"仰观俯察""观物取象"之"象"思维的产物。不仅汉语文字如此,在天人合一基本观念和"象"思维影响下的古代汉语写作同样如此。包括《诗经》在内的先秦文献在组织行文的过程中,"常常表现出以自然喻人事和由自然到人事的叙述模式和过程"①之"象喻"言说方式。研究结果表明,比、兴均源于原始仪式。比最初是以男女双人舞或集体舞为基本表现形态,来显示个体男女之间或部族之间亲密友好的精神实质;兴是属于统一部族或统一部族联盟的集体在特定的乐舞作用下对共同神灵的主观追想,它以仪式中的人进入"潜意识的幻想世界",即达到"神人同一"的境界。②比兴后来演变为能通过"以物喻物"或"以物感物",达到"托物寓意"目的的表现手法,但与其原始意义存在着相当的关联。孔颖达《毛诗正义》云:"《诗》举诸草木鸟兽以见意者,皆兴辞也。"这说明《诗》之"兴"多以草木鸟兽等具体事物的形象而出现③,是以形象喻示情意的,其形成源于外物对人心的自然感发和人心与自然的相互契合,是"外感于物,内动于情"(《二南密旨》)的结果。它强调的是类比关系的自然生成性和本然性。如《周南·关雎》篇以"相和"的雎鸠鸟兴起男子对女子的追求,《唐风·椒聊》"以花椒多子比喻女子多子"便都是如此。关于《诗》之"比",宋陈骙《文则》卷上丙云:"《易》之有象,以尽其意;《诗》之有比,以达其情。文之作也,可无喻乎?"(《文则》)"比"之意义,在于以喻表情,通过比喻现实人事而表情。如《魏风·硕鼠》以"硕鼠"比喻剥削者,以抒发作者的愤慨之情便是如此。比兴之"象喻"言说,造就了《诗经》的诗性特质。《虞书》曰:"诗言志。"《诗大序》云:"诗者,志之所之也,在心为志,发言为诗,情动于中而形于言。""志"就是"情意"或"情志"的展

---

① 参见拙著:《庄子文学新探——生命哲思与诗意言说》,中国传媒大学出版社2009年版,第62页。
② 刘怀荣著:《赋比兴与中国诗学研究》,人民出版社2007年版,第264页。
③ 参见拙作:《〈易〉之"象"与〈诗〉之"兴"》,《兰州学刊》2006年第12期。

现,"情"是"志"的真正动力。从"情"到"志"到"诗"的写作过程,就是"象"思维的运作过程,就是"象喻"言说将"情志"与"物"通过"象的流动与转化"成为二而一或一而二的统一体的过程。① 由此可见,"比兴"植根于中国文化传统的主客一体、天人合一观念,借助人与人、人与物、物与物这些在本质上具有相应、相通和相合的内在关联之"象",用以己度物的方式,进行相互类比与置换,从而彰显了中国文化的诗性特质。

---

① 王树人著:《回归原创之思——"象思维"视野下的中国智慧》,江苏人民出版社 2005 年版,第 309—312 页。

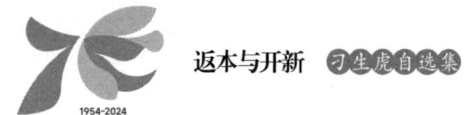

魏晋南北朝童谣的传播学解读*

所谓童谣，乃是童子所歌之谣，是民间歌谣的组成部分。清人杜文澜在《古谣谚·凡例》中将儿谣、女谣、小儿谣、婴儿谣等一并归入童谣，或者也可称为"孺子歌""儿童谣""小儿语"等。古代童谣不同于现代童谣，古代童谣的内容或是对人物的褒贬，或是对政治事件的评论，多是与政治接轨的，可以说是营造政治舆论的一种传播手段，故其存在具有重要的史料价值。本文拟以魏晋南北朝时期的童谣作为解读对象，分别从童谣的传播主体与受众、传播环境与内容、传播语言与技巧三个层面进行阐释，以求管中窥豹，一探童谣的传播本质。

一、传播主体与受众

童谣作为一种传播活动，主要借助口头传播，一方面能使信息得到快速传播，另一方面能使传播者及时获得反馈信息。古代童谣的传播主体有两个：一是隐性传播者即成人，二是显性传播者即儿童。众所周知，大多数童谣的作者无从考察，只能从侧面加以揣测，"其歌皆咏当时事实，寄兴他物，隐晦其词，后世之人，鲜能会解。故童谣云者，殆当时有心人之作，流行于世，驯至为童子所歌者耳"，即古之童谣，皆是大人所作而儿童歌之者。① "童谣

---

* 本文原载于《青海社会科学》2015 年第 5 期，收入本书时有改动。
① 周作人著：《谈龙集·读〈童谣大观〉》，台湾开明书店 1927 年版，第 453 页。

中的不少预言之所以常验，就在于它是有远见的成年人所作，或是早已设下了圈套的政治家、阴谋家所作。"①处在第一位的隐性传播者，之所以隐而不见，盖主要出于"慎言"的考虑，《周易·系辞传》云："'不出户庭，无咎。'子曰：'乱之所生也，则言语以为阶。君不密则失臣，臣不密则失身，几事不密则害成。是以君子慎密而不出也。'"②如果语言不慎，可能会给自己带来祸患。从传播学的角度来说，传播者和受众的身份并不是固定不变的，而是相互交替的；换言之，一个人在发出信息时是传播者，而在接收信息时则又在扮演着受众的角色，所以作为小群体的儿童，既是童谣的传播者又是其受众。他们先是接受隐性传播者所编写的童谣，然后充当传播者的角色将其传唱给大众。而隐性传播者之所以选择儿童作为传播童谣的对象，大致有如下原因：一是就受众层次来说，儿童算是层次较低的受传者，他们没有丰富的阅历和经验，不懂政治，也不关心政治，但恰恰是儿童这种天真烂漫的本性，使得隐性传播者选择他们进行传播，这样可以使没有心机的儿童（受众）在不知不觉的状态中接受传播者的意图，产生与传播信息相一致的心理，进而使传播活动得以顺利进行。二是利用儿童传唱童谣体现了西方"魔弹论"的受众思想。"魔弹论"是早期受众理论的代表，认为传播者发出的信息就像出膛的子弹，威力无比，而受众就像是射击场上的靶子，只要被魔弹射中，就会发生预想的效应。儿童就像是中弹的靶子，可以随时被隐性传播者加以利用。三是中国古人有"儿童是荧惑一星的化身"之说，荧惑乃是执法之星，认为儿童所传唱的童谣是上天的旨意，《三国志·吴书·潘濬陆凯传》云："臣闻翼星为变，荧惑作妖，童谣之言，生于天心。"《晋书·天文志》云："凡五星盈缩失位，其精降于地为人。岁星降为贵臣；荧惑降为童儿，歌谣嬉戏……吉凶之应，随其象告。"所以，尽管儿童所传唱的童谣都是一些敏感性的政治评论，但那些被谴责的对象也不会对他们兴师问罪。这应是隐性传播者的高明之处，利用儿童是"神的化身"和没有心机的特点，一方面保护了自己，另

---

① 谢贵安著：《中国谶谣文化研究》，海南出版社1993年版，第35页。
② 黄寿祺、张善文译注：《周易译注》，上海古籍出版社2007年版，第385页。

一方面也易于达到传播的目的。

二、传播环境与内容

传播活动必然要依赖一定的环境来进行，换言之，它必然要以某种形式存在于一定的环境之中。因此，要探究某种传播活动，首先应先了解其传播环境。环境既是媒介生存和发展的条件，也是人类进行传播活动的基础。其中，社会环境是指由人类主体聚集、汇合后所形成的社会状况和条件，其构成因素也是复杂多样的。单就对传播活动的影响来说，社会环境主要包括四个因素：政治因素、经济因素、文化因素、讯息因素。而古代童谣作为一种传播活动，离不开当时的政治和社会环境，可以说，它们是对现实政治和社会生活的真实反映，表达了对时政和统治阶级的认可与否。

魏晋南北朝是中国历史上政权更迭最为频繁的时期，战乱和分裂成为这个时代的鲜明特征。先是三国纷争，统一不久的西晋又发生"八王之乱"，随后出现了中国历史上被称为"五胡十六国"的混乱时代，而南方东晋王敦、桓玄等人也伺机作乱，接着南方宋、齐、梁、陈几个朝代更迭，其中梁末发生较大的侯景之乱，北方十六国中脱颖而出的北魏，以及后来的东魏、西魏、北齐、北周等朝代的更替，再加上南北方之间的争斗，在这三百多年里，几乎随时都弥漫着战争的硝烟。随着朝代的起伏跌宕，童谣也随之应运而生，故该时期的童谣多是对黑暗社会的揭露和对统治阶级的批判。童谣作为政治传播工具之一，可以说就是这个时代的一面镜子。

大多数童谣之所以能够应验，这不是巧合，应是有谋略、有眼光人士对政治的远见。同时，这些童谣也不是抽象的、纯粹的猜测，而是由当时的社会政治环境所决定的。在动荡不安的魏晋南北朝时期，出现的童谣或抨击、嘲讽君王，或揭露祸国殃民的权臣，或反映人民疾苦等。可以说，该时期的童谣具有不同朝代更替的政治舆论宣传作用，因而带有鲜明的政治倾向性。例如以君王为打击对象的童谣《陆凯引童谣》："宁饮建业水，不食武昌鱼。宁还建业死，不止武昌居。"黄龙元年（229年），孙权将国都从武昌迁到建业。

到了末帝孙皓甘露元年（265年）九月，西陵都督步阐上表要求迁到武昌，得到孙皓的赞同，不久开始迁都，搞得人民苦不堪言。陆凯上书孙皓，引用了这则童谣，说明迁都对人民带来的危害，希望孙皓不要违背人民的意愿，但孙皓以"建业宫不利，故避之；西宫室宇摧朽"等为由，坚持迁都。后来孙皓又将国都从武昌重新迁回建业，这样反反复复迁都，给人民带来了深重灾难。又如《三国志·吴书·孙皓传》所载童谣言："吴天子当上。"据《江表传》记载，刁玄出使蜀国，听说了司马徽与刘廙谈论命运历劫之事。刁玄回国后蒙骗其国家的人说："黄色的旗帜，紫色顶盖的车骑将会从东南方出现，而最终拥有天下的人，应该是荆州、扬州的君主。"后又抓获从中原投降的人，说寿春郡乡下有童谣唱"吴天子当上"。于是，孙皓就偕其母亲、妻子和子女还有后宫数千人，从牛诸走旱路向西出发，奔向洛阳，以顺应天命。路上遇到大雪，道路泥泞，马车陷入泥潭而坏，士兵们身穿铠甲带着武器，上百人共同拉着一辆车才能行走，冻得就要死了，士兵们不堪忍受，说"如果遇到敌人就放下武器投降"，孙皓听了，方不得已下令返回。

　　以权臣为嘲讽对象的童谣很多，如《襄阳童儿为山简歌》："山公出何许？往至高阳池。日夕倒载归，酩酊无所知。时时能骑马，倒著白接䍦。举鞭向葛疆，何如并州儿。"永嘉三年（309年），四方叛乱，天下分崩离析，王威不振，而作为征南将军的山简却每天无所事事，只知喝酒游园，享受生活。这首童谣就描写了山简沉溺于游乐，以及醉酒后的丑态。魏晋时，重门阀不重才气，很多达官贵人没有真才实学，而有才之人却无用武之地，可以说，这首童谣既是当时统治阶级生活腐败状态的一个缩影，又揭露了晋王朝不合理的用人制度。又如《北州童谣》："府中赫赫，朱丘伯。十囊五囊，入枣郎。"这首童谣主要揭露了官吏贪赃枉法、中饱私囊的丑恶行径。"北州"指幽州，"府中"指幽州太守王浚的官府，"朱丘伯"指王浚豢养的权臣朱硕，他是一个苛刻贪婪的小人，"枣郎"指王浚的女婿和部下枣嵩。据《晋书·王浚传》记载，王浚掌管幽州的军政要务，其人相当飞扬跋扈，纵情于声色犬马，其任用的官吏更是一些阿谀奉承、贪赃枉法之人，其中尤以朱硕、枣嵩最为猖獗。"府中赫赫""十囊五囊"分别点出了两人的本性，朱硕在王浚的庇佑下，权倾朝堂，不可一世；而枣嵩对金钱极其看重，因而大量搜刮钱财。一个小小幽州军政长官下的小吏就可以这样任意恣肆，其上司不言而明。又如《张敬儿自造童谣》："天子在何处？宅在赤谷口，天子是阿谁？非猪如是狗。"据《南史·张敬儿传》记载，张敬儿本名张苟（狗儿），宋明帝因其名低俗，改为张敬儿，后来，其哥哥（猪儿）改名为张恭儿。张敬儿喜欢占卜术，尤其相信梦。"自云贵不可言。由是不自测量，无知。又使于乡里为谣言，使小儿歌曰：'天子在何处？宅在赤谷口，天子是阿谁？非猪如是狗。'敬儿家在冠军，宅前有地名赤谷。"①张敬儿由于贪恋权力，密谋叛乱，被宋武帝所杀。再如《齐武平元年童谣》："狐截尾，你欲除我我除你。"这首童谣揭露了宫廷复杂的权力斗争。北齐武成帝高湛昏庸荒淫，宠信大臣和士开，并听信和士开谗言，终日沉湎于酒色，不理朝政，不到一年就死了，临终还将后事托付给和士开，而和士开早已篡夺大权，并私通皇后胡氏。高湛死后，武成皇后胡氏的哥哥胡长仁依仗皇亲国戚的身份胡作非为、干预朝政，为此和士开将他踢出京师，贬为齐州刺史。胡长仁怀恨在心，于武平元年（570年）四月，暗中谋划刺杀和士开，后来因走漏风声，最终被人借小皇帝之手"赐死"。齐后主的弟弟高俨也对和士开不满，暗中联络一些大臣，假传圣旨要和士开到南台遣兵，和士开没有留意，去后即被擒住，由冯永洛一刀刺死。这时，冯子琮等人劝高俨趁机谋反，自立为王，被斛律光用计化解，冯子琮等人被后主亲自射杀，高俨也在打猎活动中被杀。

还有反映人民疾苦的童谣如《王恭既诛时童谣》："昔年食麦屑，今年食䇲豆。䇲豆不可食，使我枯咙喉。"这首童谣反映了人民的痛苦生活。王恭被诛时，晋王朝内部战争不断，再加上自然灾害频繁，人民叫苦不迭。"昔年食麦屑，今年食䇲豆"，过去还能吃上麦麸，现在连麦麸都吃不上了，只能吃野生的䇲豆了。"䇲豆不可食，使我枯咙喉"两句进一步指出生活的艰辛。

由此可见，魏晋南北朝时期的童谣不同于其他时期的童谣就在于它多是对统治阶级或者是政治事件的评判，而很少有直接反映人民疾苦的童谣，究

---

① （唐）李延寿撰：《南史》（卷四五），中华书局1975年版，第1138页。

其根源，我们认为，这还是由当时严峻的政治环境决定的。尽管童谣在儿童的嬉戏中传唱，但传播的内容却是敏感的政治话题，而且当时有法律明文规定禁止妖言的传播，这种带有神秘色彩的童谣近似妖言，因而当时的童谣也深受其害。《魏书·高祖孝文帝纪上》："既非经国之典，徒为妖邪所凭，自今图谶，秘纬及名为《孔子闭房记》者一皆焚之，留者以大辟论。"

三、传播语言与技巧

在传播活动过程中，传播者对传播媒介的使用和对信息的控制，都是为了满足他的某一种需求，这种需求具有明确的动机和特定的目的。而受众需求可能出于一种兴趣，所以怎样才能使儿童心甘情愿地进行传播，并使儿童之外的受众通晓大意，这是隐性传播者首先要考虑的问题，这就涉及童谣语言与技巧的运用。

传播技巧是传播者为有效达到某种传播目的而采用的方法和手段，包括语言修辞艺术的选择、受众性格心理的洞悉以及各种传播策略的运用等等，体现了传播者在传播实践中所具备的高超传播技能。童谣作为一种隐晦的诗歌形式之一，它的语言修辞极具艺术性，这是隐形传播者有意为之。一方面为隐藏自己，保全性命；另一方面，所采用的语言虽隐晦曲折，但意显语质，传唱起来也琅琅上口，能够使童谣从儿童口中得以顺利传播，形成舆论压力，以达到预期的传播效果。

魏晋南北朝时期的童谣采用了诸如双关语、比兴、谐音、拆字法等诸多艺术手法，节奏明快合韵，便于顺口和流传。就双关语来说，如《元康中京洛童谣》："南风起，吹白沙。遥望鲁国何嵯峨，千岁髑髅生齿牙。""南风，贾后字也。白，晋行也。沙门，太子小名也。鲁，贾谧国也。言贾后将与谧为乱，以危太子，而赵王因衅咀嚼豪贤，以成篡夺，不得其死之应也。"[①] 由此可知，这首童谣中的"南风"和"白沙"一语双关，既指自然界的南风、白沙，

---

① （唐）房玄龄等著：《晋书·五行志中》（卷二十八），中华书局1974年版，第844页。

又指晋惠帝的皇后和太子,"南风起,吹白沙"暗指贾后陷害太子一事。"遥望鲁国何嵯峨,千岁骷髅生齿牙"两句运用双关和比喻形容贾后面目可憎。"鲁国"是贾后的内侄贾谧的封地,"嵯峨"以山的高峻形容贾氏政权下的凶险,暗指贾后勾结贾谧作乱之事。"千岁骷髅生齿牙"把贾后的凶恶描绘得淋漓尽致。又如《永熙中童谣》:"二月末,三月初,桑生蓓蕾柳叶舒。荆笔杨板行诏书,宫中大马几作驴。"开头的"二月末,三月初,桑生蓓蕾柳叶舒"以写景起兴,指代司马衷刚登皇位不久。"荆笔杨板"表面是说荆竹笔杨木板,以用来书写诏书,实际上"荆"又指楚王,"杨"指杨骏。当时杨骏专权,楚王用事,故言荆笔杨板。"宫中大马"指晋惠帝(姓司马),称他为驴,主要因为实权掌握在杨骏和楚王手中,他只能做个呆头呆脑的傀儡。再如《宁初童谣》:"恻恻力力,放马山侧。大马死,小马饿。高山崩,石自破。"这首童谣巧妙地利用双关语,把晋代皇帝司马氏与儿童易于理解的动物马联系在一起,把小皇帝的被逐比喻为放马,显得形象自然,嘲讽尖刻。①这里的"马"既指动物马,又指晋代皇帝司马氏。"恻恻力力,放马山侧",首先预言晋成帝司马衍继位后没有实权的状态,继位后,先由庾太后主权,后又被苏峻挟持,这里的"放马山侧"很形象地描绘了晋成帝所处的困境。"大马死,小马饿"说明造成这种局面的原因。然后作者笔锋一转,由写"马"的命运跳跃到"放马"的人身上。因"峻"字旁边有"山",故"高山"应指晋朝的大司农苏峻,"石自破",一方面因"硕"字有"石"旁,当指苏硕;另一方面,指苏硕占领的石头城,一语双关。就比兴来说,如《桓玄时童谣》:"长干巷,巷长干。今年杀郎君,后年斩诸桓。"开头以"长干巷,巷长干"起兴,并以巷子的长存反衬统治阶级的短命,委婉地揭露了封建统治阶级内部权力争斗的残酷。"今年杀郎君,后年斩诸桓"是对历史的真实写照。元兴元年(402 年)司马道子的儿子元显奉诏讨伐桓玄,结果被桓玄打败占领京师,后来被桓玄杀害。攻入京师的桓玄废除晋安帝,自立称王,改元永始。不久,桓玄被刘裕、刘毅、何无忌等人打败,在逃亡四川途中被益州都护冯迁

---

① 雷群明、王龙娣著:《中国古代童谣赏析》,湖南文艺出版社 1988 年版,第 83 页。

杀害。又如《东魏童谣》："可怜青雀子，飞来邺城里。羽翩垂欲成，化作鹦鹉子。""青雀子""鹦鹉"一语双关，"青"音同"清"，这里的"青雀子"指东魏孝静帝，即清河文宣王元亶的儿子元善见，"鹦鹉"指称"齐神武"。这首童谣以寓言的形式，并运用了以鸟拟人的艺术手法，揭露了东魏孝静帝继位后的傀儡境况。就谐音法来说，如《义颐初童谣》："官家养芦化成荻，芦生不止自成积。卢橙橙，逐水流，东风忽如起，那得入石头。"这里的"芦"谐音为"卢"，应当指卢龙，"荻"谐音为"敌"。当时朝廷及其宠信卢龙，奉以名州，但卢龙野心勃勃，举兵内伐，遂成仇敌。"芦生不止自成积"，指卢龙受挫，斩其党人，犹如草木以成积。又如《齐废帝时童谣》："羊，羊，吃野草，不吃野草远我道，不远打尔脑。"这首童谣利用"羊"和"杨"谐音的特点，以儿童易于接受的"放羊"寓言形式，表现了统治阶级的强权政治，"羊吃野草"喻指要安于对权势者的服从，"不吃野草远我道"，如果不服从则要避开他们，否则"不远打尔脑"。可以说，这首童谣既符合杨愔被杀的历史事实，也具有典型的普遍意义。就拆字法来说，如《北史·齐本纪》："一束稿，两头燃，河边羖䍽飞上天。""一束稿，两头燃"意为去掉艹和木，剩下的字就是"高"字。"羖䍽"指黑色公羊，"河边羖䍽"寓意羊的一边加三点水，即是"洋"字，合在一起指东魏齐王高洋。整首诗揭露了高洋篡夺东魏政权、建立北齐之事。又如《太平御览》引《晋书》逸文："古在左，月在右。让去言，或入口。""古在左，月在右"合为"胡"字，"让去言，或入口"寓意"胡人"石勒将要占领襄阳，在此建立国都。再如《齐谐记》："芒笼茵，绳缚腹。车无轴，倚孤木。""车无轴"即"亘"字，与"倚孤木"合成"桓"字。强调指出桓玄众叛亲离的下场。

除上述众多手法外，其他童谣如《北州童谣》："府中赫赫，朱丘伯。十囊五囊，入枣郎。"这首童谣采用了虚实结合的写法，"府中赫赫，朱丘伯"点出朱硕的权势之大，这是实写；"十囊五囊，入枣郎"指出枣嵩的贪财本色，"十囊五囊"是虚写，说明其贪财之多。这首童谣巧妙利用人物的姓名，抓住人物的丑恶行为特征加以刻画，写法相当娴熟。另外，朱硕、枣嵩是幽州军政长官王浚的部下，两人能够这样肆无忌惮，可见其上层官吏是怎样的昏庸和骄横奢豪，这里采用了以"小"见"大"的艺术手法，给人留下了无穷的想象空间。

总之，魏晋南北朝时期动荡不安的社会环境决定了该时期怀有各种目的的成人时常利用天真无邪的儿童进行谣言传播，从而使该时期童谣具有鲜明的政治色彩。与此同时，该时期的"童谣作者将字的形、音、义巧妙地结合起来，能注意把文字技巧与思想内容结合在一起，这使童谣不致成为单纯玩弄技巧的毫无意义的字谜式的文字游戏，而是具有深刻的思想内涵，含蓄而又尖锐，更好地发挥了社会作用。"[①]

[①] 江庆柏：《试谈古代童谣》，《南京师大学报》1986年第1期。

庄子形神论及其艺术转化*
——兼论其对中国写人传统的影响

一、前庄子时代的形神论资源

"形"本义是指人的容貌。《说文·彡部》:"形,象形也。从彡。开声。"《广韵·衔韵》:"彡,毛长。"《广雅·释诂四》:"形,容也。"《春秋谷梁传·桓公十四年》:"望远者,察其貌,而不察其形。"范甯注:"貌,姿体;形,容色也。"后来引申为形体、形状等用法。"神"最初指自然之神或祖先神灵。《说文·示部》:"神,天神,引出万物者也。"《春秋谷梁传·召公十八年》:"子产曰:天者神。"刘向《说苑》:"神者,天地之本,而为万物之始。"《国语·楚语》:"如是则明神降之,在男曰觋,在女曰巫。"可见,该时期已经出现以人物之"神"(巫觋)替代神灵之"神"的现象,这为"神"从抽象的神灵本身指向人所具有的"神(精神)"提供了可能。《管子·内业》:"凡人之生也,天出其精,地出其形,合此以为人。""精"即精气,"形"即形体。这句话是说人是由从属于天和地的"精"和"形"相结合而成的。这里的"精"虽与"形"对举,但它们又同属于物质,并不是我们所要讨论的物质层面的"形"与精神层面的"神"。"《老子》中'形'字三见,无一做'形体'解;'神'字六见,无一做'精神'解;'形神'亦未成为一种对应的范畴

---
* 本文原载于《西北师大学报》(社会科学版)2018 年第 1 期,收入本书时有改动。

关系。"① 老子言"形",如"故有无相生,难易相成,长短相形,高下相倾,音声相和,前后相随"(《老子》第二章),其中的"形"即显示之意;"大音希声,大象无形"(《老子》第四十一章),其中的"形"即形迹之意。老子言"神",如"天下神器,不可为也"(《老子》第二十九章),其中的"神"乃神奇之意;"神得一以灵"(《老子》第三十九章),其中的"神"即神明之意。老子虽然没有明确将"形"与"神"看成一对范畴关系,但其言论却透露出对形神关系的看法。如《老子》第十章:"载营魄抱一,能无离乎？"河上公云:"营魄,魂魄也。"《内观经》:"动以营身之谓魂,静以镇形之谓魄。"其中的"魂"指精神,"魄"指形体,这说明老子已经初步认识到形神合一的问题。《左传·昭公七年》:"人生始化曰魄,既生魄,阳曰魂。用物精多,则魂魄强。"孔颖达疏:"附形之灵为魄,附气之神为魂也。附形之灵者,谓初生之时,耳目心识、手足运动、啼呼为声,此则魄之灵也;附所气之神者,谓精神性识渐有所知,此则附气之神也。"又《左传·昭公二十五年》:"心之精爽,是谓魂魄;魂魄去之,何以能久？"实际上,这里的"魄"就是指人的形体,"魂"指依附于形体而存在的精神,两者相辅相成,不可偏离。孔子言"神"多是指"鬼神",如"祭如在,祭神如神在"(《论语·八佾》)。孟子几乎没有涉及此问题,墨家亦是如此。总之,尽管前庄子时代形神问题已陆续受到关注,但尚未有系统完整的形神观念,直至庄子才从哲学层面对"形"与"神"进行了全面、系统而又辩证的阐释。

二、庄子形神论的理论建构

在《庄子》中,"形""神"二字的使用频率极高,前者大概出现有120多次,而且主要是从形体和形象两个意义层面上使用,如"其形化,其心与之然"(《齐物论》)、"一受其成形,不亡以待尽"(同上)、"道与之貌,天与之形"(《德充符》)、"夫大块载我以形"(《大宗师》)、"若人之形者,万化而

---

① 李霞著:《生死智慧——道家生命观研究》,人民出版社2004年版,第123页。

未始有极也"（同上）、"物成生理谓之形"（《天地》）、"形非道不生"（同上）、"万物以形相生"（《知北游》）、"是天地之委形也"（同上）、"以不用形相禅"（《寓言》）等，均属此例；后者出现有110多次，而且主要是从思想和精神两个意义层面上使用，如"神将守形"（《在宥》）、"解心释神"（同上）、"体性抱神"（《天地》）、"形体保神"（同上）、"德全而神不亏"（《刻意》）等，均属此例。不仅如此，庄子还自觉地将"精"抽象为一种与人的形体或感官对举的内在精神、意识等生命中的思维活动，从而与"神"字在同一意义层面使用。如："无视无听，抱神以静，形将自正。必静必清，无劳女形，无摇女精，乃町以长生。目无所视，耳无所闻，心无所知，女神将守形，形乃长生。"（《在宥》）"弃世则形不劳，遗生则精不亏。夫形全精复，与天为一。"（《达生》）庄子不仅将"精"与"神"通用，而且"始将精字神字合为精神一词"①。如："水静犹明，而况精神。"（《天道》）"精神四达并流，无所不极。"（《刻意》）"汝斋戒，疏瀹而心，澡雪而精神。"（《知北游》）"夫昭昭生于冥冥，有伦生于无形，精神生于道，形本生于精，而万物以形相生。"（同上）"归精神乎无始，而甘冥乎无何有之乡。"（《列御寇》）"独与天地精神往来，而不敖倪于万物。"（《天下》）《庄子》中有关生命结构的术语主要有"形""身"和"神""心"等，其中的"形""身"是代表生命的物质实体部分，"神""心"是代表生命的精神方面。而不管是对"形""身"等物质实体的阐释，还是对"神""心"等精神方面的深化认识，都离不开《庄子》一书的核心——"道"的哲学观。"执道者德全，德全者形全，形全者神全。神全者，圣人之道也"（《天地》）可见，形与神是明"道"的必然选择。何谓"道"？庄子有言："夫道，有情有信，无为无形；可传而不可受，可得而不可见；自本自根，未有天地，自古以固存；神鬼神帝，生天生地；在太极之先而不为高，在六极之下而不为深，先天地生而不为久，长于上古而不为老。"（《大宗师》）又言："寂寞无形，变化无常。死与生与？天地并与？神明往与？芒乎何之？忽乎何适？万物毕罗，莫足以归，古之道术有在于是者。"

---

① 孙纪文著：《淮南子研究》，学苑出版社2005年版，第275页。

(《天下》)在"形"与"神"之间,这种无为无形、变化无常的"道"只有"神"才能与之"神遇""神行",也只有"神"才能与之合为一体,进而"闻道""体道",故庄子"重神轻形"思想的确立也就不言而喻了。

而在庄子的思想系统中,形神关系理论主要在三个层面展开。一是"形"是"神"赖以存在的物质基础和前提。《天地》篇云:"泰初有无,无有无名;一之所起,有一而未形。物得以生,谓之德;未形者有分,且然无间,谓之命;留动而生物,物成生理,谓之形;形体保神,各有仪则,谓之性。"这段话主要叙述了"道""物"演化及生命逐步形成的历程。宇宙最初呈现出一片"无"的情状,没有"有",也没有"名"。"道"原始的状态就是混一而没有形体。万物得"道"而生成,这便是"德";此时没有形体却有阴阳之分,阴阳保持着流行无间的状态,这便是"命";"道"得以在运动、分化中产生"物",万物生成各具别样情态,便有了"形";形体保有精神,各有仪则,谓之"性"。简而言之,"道"生万物,万物具形,人之形体寄寓精神而呈现出不同的法则。故人先有形体,后才有神的彰显,"形"为"神"存在的先决条件。"执道者德全,德全者形全,形全者神全。神全者,圣人之道。"(同上)持守大道的人德行完备,德行完备的人形体才完整,形体完整的人精神才饱满。精神饱满才算是圣人之道。"夫昭昭生于冥冥,有伦生于无形,精神生于道,形本生于精,而万物以形相生"(《知北游》),显明的东西是从幽暗中产生的,有形的东西是从无形中生出来的,精神是从大道中生出来的,形质是从精气中出现的,而万物以不同形体相接相生。庄子认为,"道"是万物的本源,无论是人的形体还是精神,都是从"道"中生出来的。同时,形与神作为生命存在的两大要素,前者是后者的物质外壳,是后者得以存在和显现的物质基础,失去了形体,形与神便失去了存在的依据,生命也就无法存续。二是"神"为"形"之主,"神"主"形"从,"神"决定了"形"。庄子在《德充符》中描写了大量奇形怪状之人,如既跛脚、佝偻又缺唇的闉跂支离无脤,还有脖子上长个大瘤的甕䀜大瘿都受到恩宠,可谓"故德有所长,而形有所忘"。只要德性过人,形体上的残缺自然就会被人遗忘,进而强调了"神"的重要性。除此外,还有兀者王骀、兀者申徒嘉、兀者叔山无趾等形残德全之人。当然也有形神统一的神人、真人,比如藐姑射之山上的神人,"肌肤若冰雪,淖约若处子。不食五谷,吸风饮露。乘云气,御飞龙,而游乎四海之外"(《逍遥游》)。在庄子看来,不管是"形全"之人(神),还是"形残"之人,只要他们"德全",不以人物利害相扰,并遗忘自身,遗忘天下万物,进而进入大彻大悟的境地,以"神"入"道",这在庄子看来便是一体的了,"故为是举莛与楹,厉与西施,恢恑憰怪,道通为一"(《齐物论》)。《在宥》篇中黄帝向广成子请教长生之法,广成子的回答是:"抱神以静,形将自正。"持守精神的宁静,形体自将康正。《天道》篇更是直白地说:"形德仁义,神之末也,非至人孰能定之?"即以刑、赏、仁、义来修身养性,这是持守精神的末迹,也只有至人才能判定它。"纯素之道,唯神是守;守而勿失,与神为一。一之精通,合于天伦。"(《刻意》)即只有持守精神才能安于纯素之"道",也只有保守精神,并和精神凝合为一才是合于自然之理。可以说,"神"是最接近于道体的。另外,庄子又在《德充符》中讲述了相貌丑陋到可以惊骇天下的哀骀它却极受世人欢迎的寓言故事。上至君主,下至普通世人都争先恐后地想与他相处,乃是因为他"才全而德不形","德不形",故万物亲附他而久久不愿离开。换言之,"德不形"者就是"内保之而外不荡者",即守神之人。随后庄子又借仲尼之口讲述了这样一个故事:"丘也尝使于楚矣,适见㹠子食于其死母者,少焉眴若,皆弃之而走。不见己焉尔,不得其类焉尔。所爱其母者,非爱其形也,爱使其形者也。"此寓言中小猪爱的不是母猪的形体,而是主宰其形体的精神。故"形"只是生命存在的一个载体,"神"方为生命之主宰。三是"形""神"相互依存。这方面思想集中体现在庄子养生论中。"豹养其内而虎食其外,毅养其外而病攻其内"(《达生》),此皆有失偏颇,故养生要"形"与"神"并重。庄子云:"道与之貌,天与之形,无以好恶内伤其身。今子外乎子之神,劳乎子之精,倚树而吟,据槁梧而瞑,天选子之形,子以坚白鸣!"(《德充符》)"一受其成形,不亡以待尽。与物相刃相靡,其行尽如驰而莫之能止,不亦悲乎!终身役役而不见其成功;苶然疲役而不知其所归,可不哀邪!"(《齐物论》)由此可见,当世之人多"外乎子之神""劳乎子之精""与物相刃相靡""行尽如驰而莫之能止""终身役役而不见其成功""苶然疲役而不知其所归",这实在是极其可悲的状态。只有达到形神统一的层面,方能达致"道"境。而要做到这一点,首先,就要有所"忘",庄子云:"故德有所长,而形有所忘。人不忘其所忘,而忘其所不忘,此谓诚忘。"(《德充符》)这里,庄子意在告诫人们,"形""德"比较之下,其根本为"德",不可须臾忘之。此外,"夫欲免为形者,莫如弃世。弃世则无累,无累则正平,正平则与彼更生,更生则几矣"(《达生》)。要做到不劳形,就得抛弃世事的烦扰,抛弃一切牵累方可。其次还要"养生",具体说来,庄子主张以养神为主,形神兼备。他说:"纯素之道,唯神是守,守而勿失,与神为一。"(《刻意》)而"有生必先无离形"(《达生》),"养形必先之以物"(同上)。但有物也未必能养形:"物有余而形不养者有之矣。"(同上)有形也未必有生:"形不离而生亡者有之矣。"(同上)故"养形果不足以存生"(同上)。真正的养形应注意物养尺度,因为"人之所取畏者,衽席之上,饮食之间"(同上)。因此,与养形相比,庄子更注重养神,因为神为形之主,无神则形不活,生命也就不复存在:"执道者德全,德全者形全,形全者神全。神全者,圣人之道也。"(《天地》)而庄子认为,养神之道就在于虚静无为:"纯粹而不杂,静一而不变,淡而无为,动而天行,此养神之道也!"(《刻意》)所以庄子反复强调"抱神以静",认为养神贵在"虚静":"虚静恬淡寂寞无为者,万物之本也。"(《天道》)而"静则无为,无为也则任事者责矣,无为则俞俞,俞俞者忧患不能处,年寿长矣"(同上)。由此看来,庄子的养生观与其形神观是一致的,即主张形神并重、内外兼养,而尤其突出养神的重要性。"弃事则形不劳,遗生则精不亏。夫形全精复,与天为一。"(《达生》)"全汝形,抱汝生,无使汝思虑营营。"(《庚桑楚》)故庄子形神论的理想境界是"形全精复,与天为一"(《达生》)。需要指出的是,无论是养形,还是养神,都必须做到"因其固然""依乎天理"(《养生主》)。

三、庄子形神论的艺术转化

徐复观说:"中国艺术精神的自觉,主要是表现在绘画与文学两方面。而绘画又是庄子的'独生子'。"①庄子虽然没有直接论画，但就画家所应具有的精神状态进行了讨论。如《田子方》中有一则"宋元君将画图"的故事："宋元君将画图，众史皆至，受揖而立，舐笔和墨，在外者半。有一史后至者，儃儃然不趋，受揖不立，因之舍。公使人视之，则解衣般礴臝。君曰：'可矣，是真画者也。'"前到的众史受揖而立，调试笔墨，一副谨慎之态；而后至的画师相当安闲自在，不但受揖不立，返回住所后更是解下衣服，裸露着身子，箕踞而坐。在庄子看来，这种任达率直、不拘形迹的个性才是画家所应具备的精神修养，也只有这样的艺术家才能画出天然之作。从这则故事可看出庄子重神轻形的艺术追求，在"形"方面，不注重儒家所谓礼仪容止，而是保持自然而然的作为；在"神"方面，则要抛弃一切世俗的势、名、利等对人性的约束，做到内心纯正，虚一而静，淡泊而又顺从自然本性而动，此亦为道家的养神之术。这种"解衣般礴"式的艺术观念道出了艺术创作的真谛，可见，庄子已具有自觉的艺术创作意识。再看另一则寓言故事："梓庆削木为鐻，鐻成，见者惊犹鬼神。鲁侯见而问焉，曰：'子何术以为焉？'对曰：'臣工人，何术之有！虽然，有一焉。臣将为鐻，未尝敢以耗气也，必齐以静心。齐三日，而不敢怀庆赏爵禄；齐五日，不敢怀非誉巧拙；齐七日，辄然忘吾有四枝形体也。当是时也，无公朝，其巧专而外骨消。然后入山林，观天性，形躯至矣，然后成见鐻，然后加手焉；不然则已。则以天合天，器之所以疑神者，其是与！'"（《达生》）梓庆制作的乐器之所以堪称鬼斧神工，原因就在于其做到了"以天合天"，即以人之自然合于天之自然。具体而言，梓庆先是养气静心，历经"齐三日""齐五日""齐七日"的修养过程，达到忘怀名利物我，进入一种虚静的状态。尔后入山林，观天性，首先是"眼中之鐻"，然后是"胸中之鐻"，最后则落实到"手中之鐻"，即"形躯至矣，然后成见鐻，然后加手焉；不然则已"。可见，只有同于自然，才会有如此惊犹鬼神之鐻。换言之，庄子认为，要想有天然之作的艺术品，首先精神境界必须达到一定高度，与道一体，然后再追求对象"形似"的基础上方可，既重

---

① 徐复观著：《中国艺术精神》，商务印书馆2010年版，第6页。

神又不轻形。实际上，这种乐器制作的过程，既是艺术创作的过程，又是艺术享受的过程。由此可见，庄子已具有自觉的艺术创作意识。同时，这些寓言故事透露出这样一个美学问题，即艺术家在创作艺术品时，实际就是主体之"神"对象化的过程。

到了汉代，形神论继续沿着庄子重神论的理路发展，但在这个时期，形神问题已经正式迈入艺术的殿堂。《天道》篇中"轮扁斫轮"的寓言故事，说明"道"具有"可传而不可受，可得而不可见"的特质，神妙的技艺亦是如此。这种思想后来被《淮南子》所借鉴，《齐俗训》云："若夫工匠之为连鑮、运开、阴闭、眩错，入于冥冥之眇，神调之极，游乎心手众虚之间，而莫与物为际者，父不能以教子。瞽师之放意相物，写神愈舞，而形乎弦者，兄不能以喻弟。"古代的瞽师实际上就是音乐大师，可见，艺术范畴的形神观已经萌芽。《淮南子》一书中还出现了关于形神观的画论："画者谨毛而失貌，射者仪小而遗大。"（《淮南子·说林训》）画家如果只关注局部细节的"形似"，那么就会失去整体形貌的"神似"。《淮南子·说山训》又云："画西施之面，美而不可说；规孟贲之目，大而不可畏。君形者亡焉。"由此看出，绘画只追求"形似"是远远不够的，只有达到"神似"层面，才算是出色的绘画作品。要之，《淮南子》开人物画论之先河，并强调画人应在形神兼备基础上做到以神为贵。这说明该时期的形神观开始具有较为明确的艺术品格了。总之，庄子有关思想为形神论从哲学范畴进入古典美学和艺术领域打开了一扇大门。

到了魏晋南北朝文学自觉时代，受人物品藻、佛学、玄学的影响，形神思想进入了艺术审美领域，"传神"逐渐成为画家倾心追求的艺术境界。《淮南子》一书虽然最早将形神观引入绘画领域，并蕴含着"传神"思想，但真正明确提出"传神"概念的是东晋著名画家顾恺之："四体妍媸，本无关于妙处，传神写照，正在阿堵之中。"（《世说新语·巧艺》）顾恺之认为，"眼"是人体绘画中最重要的部分，抓住了眼睛，也就意味着达到了"传神"的目的。故其在《画论》中认为，不同类型的绘画中人是最难画的："凡画，人最难，次山水，次狗马、台榭一定器耳，难成而易好，不待迁想妙得也。"而且为不同年龄、性别、身份的人画像，如果其长短、刚柔、深浅、广狭与点睛之节等有丝毫偏差，则神气就会与之俱变，故其主张在"形似"中求得"神似"，做到"以形写神"，这与《庄子》"梓庆削木为鐻"的寓言故事具有相通之处。之后，南齐画家谢赫在《古画品录》中提出"六法"，其中"气韵生动"即要求"传神"，"应物象形"即做到"形似"，谢赫"六法"对后世绘画实践具有重要影响。唐代张彦远在《历代名画记》中也谈到作画中"气韵"的重要性："古之画，或能移其形似而尚其骨气，以形似之外求其画，此难可与俗人道也。今之画纵得形似，而气韵不生，以气韵求其画，则形似在其间矣。"其中的"气韵生动"恰是前代"传神"理论的延展。在顾恺之等人物画论的影响下，南北朝时期宋人宗炳、王微等人将形神观从人物画论引入山水画中，其中宗炳还提出"畅神""质有而趣灵"的观点。宋代文人画大师苏轼就当时山水画泛滥而带来的流弊提出"常理""象外"，"余尝论画，以为人禽官室器用，皆有常形。至于山石竹木，水波烟云，虽无常形而有常理"（《经进东坡文集事略》第五十四卷）。这里的"常理"与庖丁解牛的"依乎天理"（《养生主》）的"理"同出一宗，都是指"道"所蕴含的自然之理。同时，他所谓的"常理"与顾恺之的"传神"、谢赫"气韵生动"的"气韵"乃至宗炳"质有而趣灵"的"灵"如出一辙。总之，绘画要"传神"是在形神兼备的前提下提出的。由此可知，庄子的形神观在绘画艺术中不仅表现在思维方式方面，而且表现在对创作实践和审美趣味的影响和塑造上。

形神观进入文学批评领域晚于画论，却是遵循着从"形似"到"神似"的发展过程。唐代之前，以"形似"为主，如陆机《文赋》要求文章应"穷形而尽相"，刘勰《文心雕龙·诠赋》进一步指出"拟诸形容，则言务纤密；象其物宜，则理贵侧附"，等等。时至唐代，司空图《二十四诗品》提出"离形得似""象外之象""味外之旨"等主张，亦为"神似"追求。其后宋代严羽倡导"妙悟""兴趣"，与司空图提倡的"韵味说"一脉相承，他还将"神"的观念引入诗歌领域，认为"诗之极致有一，曰入神。诗而入神，至矣，尽矣，蔑以加矣，惟李杜得之，他人得之盖寡也"（《沧浪诗话·诗辨》）。清代王士祯在坚持司空图、严羽的主张外，提倡"神韵"说，可以说是对"诗而入神"理论的深度挖掘。总之，"诗而入神"是形神理论在诗文方面的发展和总结，对明清以及近代文论产生了深远影响。

当诗文发展到"神似"这一阶段时，小说和戏曲也逐渐走向成熟，而且受传统形神观影响，小说和戏曲也极为注重传达人物之"神"。在小说和戏曲中，无论是创作还是评点，很多术语都是从画论中衍生出来的，如"点睛""益三毛""逼真""活画"等，并常常用"如画""画"等字眼来形容人物塑造形象生动。"画""写"关系恰如元代汤垕《画鉴》所言："画梅谓之写梅，画竹谓之写竹，画兰谓之写兰，何哉？盖花之至清者，画之当以意写，不在形似耳。"由此可知，写人论与画论之间有极深的渊源关系。在绘画中，顾恺之认为人的"眼"最能传神，故他一般不轻易"点睛"，即"遗貌得神"。随后相关画论术语广泛进入小说评点领域，如宋人赵希鹄《论画人物》云："人物鬼神生动之物，全在点睛，眼活则有生意。"清人丁皋《写真秘诀》亦云"眼为一身之日月，五内之精华，非徒袭其迹，务在得其神。神得则呼之欲下，神失则不知何人。所谓传神在阿睹间也。"苏轼在认同顾恺之通过"画眼睛""益三毛"以"传神"之观点的基础上进一步指出，每个人的特征、情态、精神不一样，所以"传神"之"形"必须因人而异，"凡人意思，各有所在，或在眉目，或在鼻口"（《苏轼文集》卷十二）。即是说，写人除了绘形以传神外，还应从人的语言、动作、神情等方面入手。由此可见，引画论入叙事文体中是中国写人学的一大特色。

总之，不管是绘画、诗文还是小说、戏曲，"传神"既是作者创造作品时所要达到的最高境界，也是艺术家或文论家对作品的最高评价，更是中国写人传统中塑造鲜明可观人物的理论基础。

四、形神论与中国写人传统

以庄子为代表的形神论对中国古代写人传统产生了极为深远的影响。"中国古今'写人论'的核心和气脉是'以形传神'。"[①] "形"是对人物外部容止的描绘，"神"是通过对人物富有特征的外部形态的摹写，以展现人物与众不

[①] 李桂奎、黄霖：《中国写人论的古今演变》，《文史哲》2005 年第 1 期。

同的内在精神、揭示人物性格的本质为要务。这种以形写神的观念直接受庄子形神观的影响,后来得到诸多文艺思想家的进一步阐释与深化,从而在文学艺术领域中有了更加丰富全面的内容。实际上,中国写人艺术中有关形神辩证关系的理论就是对传统形神观的继承和发展。《庄子》中就有不少以形写神的例子。《至乐》篇写庄子的妻子死了,当惠子来吊丧时,"庄子则方箕踞鼓盆而歌",仅仅通过对庄子箕踞、鼓盆、歌唱的姿态描写,传达出庄子安于生死、通乎生命之理的人生态度。《知北游》借被衣之口描写通"道"之人所具有的形神状貌:"形若槁骸,心若死灰。"《庄子》在写人方面最具代表性的是《盗跖》篇,孔子不听柳下季的劝告而往见盗跖,盗跖的反应是"闻之大怒,目如明星,发上指冠",并义正言辞地批评孔子,最后放狠话说:"疾走归!不然,我将以子肝益昼哺之膳。"刻画出强盗头子的残暴与狂妄。孔子被拒而再次拜见时,"趋而进,避席反走,再拜盗跖",刻画出孔子此时失魂落魄、狼狈、谨慎之态。这时,"盗跖大怒,两展其足,案剑瞋目,声如乳虎,曰:'丘来前!若所言顺吾意则生,逆吾意则死。'"将两次拜见时盗跖易怒、叛逆、蔑视儒家的神态描写得绘声绘色。孔子见面开始运用一连串的比喻赞美盗跖:"今将军兼此三者,身长八尺二寸,面目有光,唇如激丹,齿如奇贝,音中黄钟……"即便如此,孔子还是以失败而告终,"再拜趋走,出门上车,执辔三失,目芒然无见,色若死灰,据轼低头,不能出气",短短几句追魂摄魄的形神描绘,勾勒出孔子狼狈不堪的窘态。最后,惨遭碰壁的孔子又这样形容自己和盗跖:"丘所谓无病而自灸也。疾走料虎头,编虎须,几不免虎口哉!"这里孔子指出自己的莽撞行为,并用以物喻人的手法将盗跖比喻成凶狠的老虎。又如《达生》篇描写佝偻承蜩时的形态:"吾处身也,若橛株拘;吾执臂也,若槁木之枝;虽天地之大,万物之多,而唯蜩翼之知。"佝偻黏蝉时,身心凝定,就像失去知觉的木桩;执竿子的手臂,如同枯树老枝;天地虽大,万物众多,佝偻眼里却只有蝉翼。这里以植物比拟佝偻"用志不分,乃凝于神"的精神状态。中国古代写人传统中经常出现躯体喻物的笔法,除了"观物取象"以及图腾文化的影响外,另一个重要的文化因素就是肇始于老子哲学、成熟于庄子哲学中的物化思维。

陈鼓应认为这是一种融万物为一体的艺术境界，如《齐物论》中庄周梦蝶，不知庄周变成了蝴蝶，还是蝴蝶变成了庄周，物我融为一体，完全进入了一个忘我的精神世界。《大宗师》中更是人物相互变化："浸假而化予之左臂以为鸡，予因以求时夜；浸假而化予之右臂以为弹，予因以求鸮炙；浸假而化予之尻以为轮，以神为马，予因以乘之，岂更驾哉！"等等，后来物化思维成为中国古典文艺学、美学中具有审美属性的艺术特质。①

《史记》作为我国第一部纪传体通史而以人系事，故更注重塑造丰满的人物形象，做到形神兼备。如《鸿门宴》中描写樊哙一段："哙即带剑拥盾入军门。交戟之卫士欲止不内，樊哙侧其盾以撞，卫士扑地，哙遂入，披帷西向立，瞋目视项王，头发上指，目眦尽裂。"将樊哙的忠勇神武、足智多谋的英雄好汉形象刻画得活灵活现，一个有血有肉、神韵十足的英雄就此呈现在我们面前。再如《秦始皇本纪》这样描写秦始皇："秦王为人，蜂准，长目，鸷鸟膺，豺声，少恩而虎狼心，居约易出人下，得志亦轻食人。"刻画了一个凶神恶煞、残暴的秦始皇形象；而《刺客列传》中秦王被刺杀时竟然环柱而走，一副惊惶失措、胆小如鼠的模样，将一个没有威严、胆识，不能冷静自处，与平时完全判若两人的"圣君"形象刻画得入木三分。《史记》对塑造的人物一般给予独特的外貌特征，即多动物化比拟，在这比拟中呈现出迥异的人物个性和姿态。反面人物如《秦始皇本纪》中的秦始皇："蜂准，长目，鸷鸟膺，豺声，少恩而虎狼心"；《楚世家》中的楚成王太子商臣："蜂目而豺声"。英雄形象如《李将军列传》中的李广："为人长，猿臂，其善射亦天性也"；《高祖本纪》中的刘邦："是时雷电晦冥，太公往视，则见蛟龙于其上。已而有身，遂产高祖"，"隆准而龙颜，美髯须，左股有七十二黑子"。《项羽本纪》借范增之口说："吾令人望其气，皆为龙虎，成五采，此天子气也。急击勿失。"此外，《孔子世家》描写孔子的形象是："生而首上圩顶，故因名曰丘云"，"长九尺有六寸，人皆谓之'长人'而异之"。当他游说到郑国，与弟子们失散后独立在东门时，郑国人这样形容孔子之状："其颡似尧，其项类皋

---

① 有关庄子物化思想请参见拙文：《庄子物化三论及其相互关系》，《学术探索》2004 年第 8 期。

陶，其肩类子产，然自要以下不及禹三寸。累累若丧家之狗。"也就是说，此时的孔子之貌如圣人一般不可小视，但其"神"却如丧家之犬。对于这样的评价，孔子却欣然笑曰："形状，末也。而谓似丧家之狗，然哉！然哉！"可见，孔子此时正处在一个存"形"离"神"之状，生活窘迫，外加精神备受打击，形容他若丧家之犬是极为传神的。就《史记》写人来说，日本学者藤正谦说："读一部《史记》，如直接当时人，亲睹其语，使人乍喜乍愕，乍惧乍泣，不能自止。"（《史记会注考证》引）之所以能产生这样的艺术效果，乃是因为司马迁深谙人物之形与神的内在辩证关系。

在写人方面，另一代表性著作是记录魏晋人物言行的逸事笔记小说——《世说新语》。受"以物喻人"传统思维以及魏晋人物品藻的影响，《世说新语》在写人时极其垂青于"以形写神贵神明"。其重神但不轻形，"专设'容止'、'赏誉'等门类，对人物进行'略貌取神'的'物化'修饰"①。其中以植物比拟的例子，如《容止》篇山公曰："嵇叔夜之为人也，岩岩若孤松之独立；其醉也，傀俄若玉山之将崩。"这里将嵇康的身材比喻成一株孤松，将其醉态形容成玉山将要崩塌之状。《赏誉》篇："公孙度目邴原：'所谓云中白鹤，非燕雀之网所能罗也。'"公孙度认为邴原是不受尘世羁绊的闲云野鹤，不是用燕雀之网所能罗致的。《言语》篇："顾悦与简文同年，而发蚤（早）白。简文曰：'卿何以先白？'对曰：'蒲柳之姿，望秋而落；松柏之质，经霜弥茂。'"这里以经霜的松柏与秋落的弱柳对举，意在扬松而抑柳。可以说，劲松和弱柳的意象得以在志人小说中推出，后来多以劲松比喻人性格坚贞，以弱柳比喻女性身姿绰约。此外，"璞玉浑金""连璧""断山"等意象也用来喻人。针对《世说新语》和《焦氏类林》这两部小说，明人李贽评点说："今观二书虽千载不同时，而碎金宛然，丰神若一……譬则传神写照于阿堵之中，目睛既点，则其人凛凛自有生气；益三毛，更觉有神。"（《李贽文集》第五册）与此相应，宋末元初刘辰翁在评点《世说新语》时也多用"极得情态""甚得骏态""意态略似""想见其良，益叹其真""神情愈近，愈见其真"

---

① 李桂奎著：《中国小说写人学》，新华出版社2008年版，第30页。

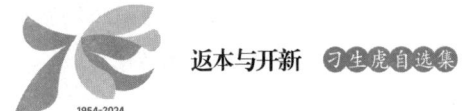

等"以形写神"的话语来论断人物形象。

由于封建社会女性地位低下,史书之类很少直接描写女性的躯体和容止,即使是魏晋时期出现的笔记类小说亦是如此。然而,早期诗文作家却已经在不自觉中开始关注并描写女性的形体之美,以达到以形写神之目的。如《诗经·卫风·硕人》描写庄姜的美貌:"手如柔荑,肤如凝脂,领如蝤蛴,齿如瓠犀,螓首蛾眉,巧笑倩兮,美目盼兮。硕人敖敖,说于农郊。"屈原在《楚辞·大招》中以这样的美女来招魂:"朱唇皓齿,嫭以姱只","青色直眉,美目媔只。靥辅奇牙,宜笑嘕只。丰肉微骨,体便娟只"。宋玉在《登徒子好色赋》中描写邻家女儿:"增之一分则太长,减之一分则太短;著粉则太白,施朱则太赤;眉如翠羽,肌如白雪,腰如束素,齿如含贝;嫣然一笑,惑阳城,迷下蔡。"可以说宋玉笔下的邻家女孩真是美到极致了。曹植在《洛神赋》中通过想象来赞美洛神的与众不同,先是远距离观察其姿态:"其形也,翩若惊鸿,婉若游龙,荣曜秋菊,华茂春松。仿佛兮若轻云之蔽月,飘飘兮若流风之回雪。远而望之,皎若太阳升朝霞;迫而察之,灼若芙蕖出渌波。秾纤得衷,修短合度。"接着又近距离欣赏其形体和容貌:"肩若削成,腰如约素。延颈秀项,皓质呈露,芳泽无加,铅华弗御。云髻峨峨,修眉联娟,丹唇外朗,皓齿内鲜。明眸善睐,靥辅承权;瑰姿艳逸,仪静体闲;柔情绰态,媚于语言。"曹植的传神描写可谓神来之笔。

总体而言,不管是史书、诗文,还是记录人物言行的逸事笔记小说,它们在塑造人物、叙述故事情节以及描写环境方面对后来小说的正式形成具有举足轻重的作用,应该说是古代小说的雏形;直至唐传奇才标志着古典小说的正式形成。鲁迅说:"唐人'始有意为小说'"(《中国小说史略》)。这里特意指出小说的渊源,乃是因为中国古代写人传统主要体现在小说这一类文体类型中,正如马振方先生所说:"诗和散文,可以写人,也可以不写人——不直接写人。几笔山水,一片风物,都可以成为脍炙人口的佳作。小说不然,必须写人,写人生。人物是小说的主脑、核心和台柱。"[①]

[①] 马振方著:《小说艺术论》,北京大学出版社 1999 年版,第 27 页。

就小说、戏曲而言，唐代之前，在写人方面较擅长描写男性人物的形与神，而很少就女性体貌进行大篇幅的描写，唐之后开始多起来。元稹《莺莺传》写崔莺莺出场云："久之乃至，常服晬容，不加新饰。垂鬟接黛，双脸销红而已，颜色艳异，光辉动人。张惊为之礼，因坐郑旁。"崔莺莺虽穿平时着装，但面容犹如天然生长出来的芙蓉，两腮飞红，面色艳丽动人，再加上环形的发髻下垂到眉旁，难怪张生看到莺莺时为之一惊。后来李贽在评点《莺莺传》时说："尝言吴道子、顾虎头只画得有形象的，至如相思情状，无形无象，微之画来，的的欲真，跃跃欲有，吴道子、顾虎头又退数十舍矣！"这是对北宋赵令畤观点的进一步阐释。由此可知，李贽已经自觉地将画论中的"画"更深一步地发挥为"化"，以便突破画论形神话语在小说写人运用中的局限。唐沈既济《任氏传》结尾写道："嗟乎，异物之情也有人道焉！遇暴不失节，徇人以至死，虽今妇人，有不如者矣。惜郑生非精人，徒悦其色而不征其情性。向使渊识之士，必能揉变化之理，察神人之际，著文章之美，传要妙之情，不止于赏玩风态而已。惜哉！"可以说，能否"传要妙之情"是小说人物形象塑造成败的关键标准，"小说要表现人物的情感特征，要表现人物细微丰富曲折的情感活动，即所谓'微其情性'"①。"徒悦其色而不征其情性""传要妙之情""不止于赏玩风态而已"等语明确体现出写人的形神意识。可见，唐传奇小说已经将刻画人物形象所独有的"情性"作为塑造人物的目标。再看唐末裴铏《传奇》中对樊夫人的描摹："玉莹光寒，花明丽景，云低鬟鬓，月淡修眉，举止烟霞外人，肯与尘俗为偶！"可谓一副倾国倾城之貌。北宋赵令畤在《元微之崔莺莺商调蝶恋花》中就《会真记》崔莺莺形象进行评价时指出："夫崔之才华婉美，词彩艳丽，则于所载缄书诗章尽之矣。如其都愉淫冶之态，则不可得而见。及观其文，飘飘然仿佛出于人目前。虽丹青摹写其形状，未知能如是工且至否？"②小说通过"飘飘然仿佛出于人目前"的形象描绘，再现人物这种"不可得而见"的"愉淫冶之态"，达到了传神

---

① 李剑国著：《唐五代志怪传奇叙录·唐稗思考录》，南开大学出版社1998年版，第29页。
② 黄霖、韩同文著：《中国历代小说论著选》（上），江西人民出版社2000年版，第60页。

效果。又如《清平山堂话本》收录的《柳耆卿诗酒玩江楼记》中摹写妓女月仙的容貌："云鬓轻梳蝉翼，娥眉巧画春山。朱唇注一颗夭桃，皓齿排两行碎玉。花生媚脸，冰剪明眸；意态妖娆，精神艳冶。岂特余杭之绝色，犹胜都下之名花。"总之，小说正式形成之后，对男性和女性体态形貌的描绘得以全面展开，同时也意味着中国古代小说在写人上注重从"形"和"神"两方面来塑造和评点人物形象了。

明代中后期，特别是万历年间，随着中国小说、戏曲等叙事文学的空前发展，形神论历史地成为当时"写人论"的核心。① 可以说，至明清时期小说已经达到顶峰阶段，其作者的主体意识也越来越强，故塑造的人物形象也更丰满生动。就人的躯体外貌而言，多采用"方物"的艺术形式，如《三国志演义》第一回写刘备"生得身长七尺五寸，两耳垂肩，双手过膝，目能自顾其耳，面如冠玉，唇若涂脂"，生就一副帝王之相；张飞"身长八尺，豹头环眼，燕颔虎须，声若巨雷，势如奔马"，赋予他一副武士之相，勇猛而又略带鲁莽；关羽"身长九尺，髯长二尺；面如重枣，唇若涂脂，丹凤眼，卧蚕眉：相貌堂堂，威风凛凛"，可谓英气逼人，极具风度。《水浒传》第十八回描写宋江"眼如丹凤，眉似卧蚕。滴溜溜两耳垂珠，明皎皎双睛点漆。唇方口正，髭须地阁轻盈；额阔顶平，皮肉天仓饱满。坐定时浑如虎相，走动时有若狼形"，又因他"黑身矮"，人唤"黑宋江"。《红楼梦》写宝玉"面若中秋之月，色如春晓之花，鬓若刀裁，眉如墨画，面如桃瓣，目若秋波。虽怒时而若笑，即瞋视而有情"，言语中透出宝玉的脂粉气；写黛玉"两弯似蹙非蹙罥烟眉，一双似喜非喜含情目。态生两靥之愁，娇袭一身之病。泪光点点，娇喘微微。闲静时如姣花照水，行动处如弱柳扶风"，柔弱掩饰不住黛玉内在的气质美。《金瓶梅词话》第二回写潘金莲"黑鬒鬒赛鸦翎的鬓儿，翠弯弯的新月的眉儿，清冷冷杏子眼儿，香喷喷樱桃口儿。直隆隆琼瑶鼻儿，粉浓浓红艳腮儿，娇滴滴银盆脸儿，轻袅袅花朵身儿，玉纤纤葱枝手儿，一捻捻杨柳腰儿，软浓浓粉白肚儿，窄星星尖趫脚儿，肉奶奶胸儿，白生生腿儿……"完

---

① 李桂奎著：《中国小说写人学》，新华出版社2008年版，第103–104页。

全是一副妩媚多姿的体态。《西厢记》第一本第一折写崔莺莺"似呖呖莺声花外啭，行一步，可人怜。解舞腰肢娇又软，千般袅娜，万般旖旎，似垂柳晚风前"，又在第四折中以张生的视角看莺莺形态，"恰便似檀口点樱桃，粉鼻儿倚琼瑶，淡白梨花面，轻盈杨柳腰。妖娆，满面儿扑堆着俏，苗条，一团儿真是娇"，从中可看出崔莺莺曼妙多姿的柔弱之态。元代关汉卿《关张双赴西蜀孟》第三折张飞唱道："往常开怀常是笑呵呵，绛云也似丹脸若频婆，今日卧蚕眉瞅定面没罗。"无名氏《诸葛亮博望烧屯》第一折写诸葛亮眼中的关羽外貌："生的高耸耸俊鹫鼻，长挽挽卧蚕眉，红馥馥双脸胭脂般赤，黑鬓鬓三绺美髯垂。"后来小说《三国志演义》描写关羽"髯长二尺，面若重枣"应归功于此。清代洪昇《长生殿》第二十一出《窥浴》写沐浴中的杨玉环"亭亭玉体，宛似浮波菡萏，含露弄娇辉。轻盈臂腕消香腻，绰约腰身漾碧漪。明霞骨，沁雪肌。一痕酥透双蓓蕾，半点春藏小麝脐"，掩饰不住其媚态。总之，或是动物化比拟，或是植物化比拟，男性总表现出"壮"的特征，女性往往以"柔"示人，这种"物化"式的摹写人物形貌已经成为小说的常态。

  写人不仅写在眼前，更应写在心上，甚至意外。换言之，写人不能仅仅简单描绘出人物的容貌体态，而是需要进一步借"形"传"神"，即要传达出人物内在的精神特质，将人物写活。从画论中引申过来的"点睛""益三毛"应该是最早以形传神的写人例证，同时这两者作为活画人物的白描之笔也经常被用来评点人物的传神。如张竹坡评点《金瓶梅》第三十五回的总评说："伯爵者，乃点睛之笔也。看他于此回内，描写书童一篇，曲曲折折文字，只用伯爵一笑话明白说出，使通身皆现。诸如后文'山洞戏春娇'，西门恼桂姐心事，用伯爵数句话点明，如此等类，不可胜数。古云伯爵，作者点睛之妙笔，遂成伯爵之妙舌也。"李贽较早直接引用"益三毛""传神""出神入化"等画论术语来评点小说戏曲。他在评点《世说新语》和《焦氏类林》这两部小说的写人效果时认为"点睛"则人物凛凛更有生气，"益三毛"则人物更有神气。又如，袁无涯本《水浒传》中"李贽"评点人物时也将"形神兼备"的思想贯穿其中，如第三十八回李逵的出场："戴宗便起身下去，不多时引着一个黑凛凛大汉上楼来，宋江看见，吃了一惊，看那人生得如何？但见：'黑熊般一身粗肉，铁牛似遍体顽皮。交加一字赤黄眉，双眼赤丝乱系。怒发浑如铁刷，狰狞好似狻猊。天蓬恶煞下云梯。'"眉批评点"黑凛凛"三字："只三字，神形俱现。"可以说，"黑"字写出了李逵的"形"，"凛凛"二字传达出李逵所独有的精神气质。金圣叹对李逵"黑凛凛大汉"的形象描写也极为赞赏："画李逵只五字，已画得出相"，"黑凛凛三字，不惟画出李逵形状，兼画出李逵顾盼，李逵性格，李逵心地来"。（《第五才子书施耐庵水浒传》第37回评点）

除了"点睛""益三毛"能够以形传神外，体态动作、声口变化、生理反射、脾性等也能够传达出人物的精神面貌。如《庄子·盗跖》写盗跖发威时的神态："盗跖大怒，两展其足，案剑瞋目，声如乳虎"，一副时时刻刻准备与人争斗的模样。《三国志演义》第九十五回写诸葛亮得知街亭失守后，"跌足长叹曰：'大事去矣！'此吾之过也！"人物之悔恨、无奈、悲哀之情随着诸葛亮这一"跌足""长叹"的体态动作而跃然纸上。《西游记》第五十七回写唐僧被假猴王掳走，"慌得八戒跌脚捶胸，大呼小叫"。《西厢记》第七回《夫人停婚》点评莺莺"红娘接了台盏者"一语时说："此一语便传神至此，神神！"声口变化主要指说话人语气、口吻等的变化。《水浒传》第九回写林冲在沧州牢城等待差拨来点视，见到差拨未拿出钱，差拨盛气凌人地叫嚣道："你这个贼配军，见我如何不下拜？却来唱喏！你这厮可知在东京做出事来，见我还是大剌剌的。我看这贼配军，满脸都是饿文，一世也不发迹！打不死、拷不杀的顽囚！你这把贼骨头，好歹落在我手里，教你粉骨碎身。少间叫你便见功效。"等林冲陪着笑将钱给差拨时，差拨马上和颜悦色地说："林教头，我也闻你的好名字，端的是个好男子！想是高太尉陷害你了。虽然目下暂时受苦，久后必然发迹。据你的大名，这表人物，必不是等闲之人，久后必做大官。"一前一后的声口变化，将差拨见钱眼开的本性刻画得惟妙惟肖。容与堂刊本《李卓吾先生批评忠义水浒传》的伪托者叶昼针对此段评说："至差拨出，一怒一喜，倏忽转移，咄咄逼真，令人绝倒。"相对而言，金圣叹在《水浒传》的评点中常用"活是××声口""活画"等说法，如第四十六回写石秀祝家庄问路一段：

那老人筛下两碗白酒，盛一碗糕糜，叫石秀吃了。石秀再拜谢道："爷爷！指教出去的路径！"那老人道："你便从村里走去，只看有白杨树便可转弯。不问路道阔狭，但有白杨树的转弯便是活路；〔夹批：上一句已明，此又再申不问阔狭四字，活是老人声口。〕没那树时都是死路。如有别的树木转弯也不是活路。〔夹批说：看他写老人说话，只须一句处，便要说十数句，真活画老人。〕若还走差了，左来右去，只走不出去。更兼死路里地下埋藏著竹签铁蒺藜；若是走差了，踏著飞签，准定吃捉了，待走那里去！"〔夹批：活是老人，说得恁细。〕

张竹坡评点《金瓶梅》时也善用这种声口表达，如第二回回前点评说："写王婆的说话，却句句是老虔婆声口，作老头子不得，作小媳妇亦不得。"所谓的生理反射实质上是笔下人物内心世界的投射，如《水浒传》第二十三回景阳冈武松打虎，当武松看到一条吊睛白额大虫（老虎）跳出时，他的反射是："武松见了，叫声：'呵呀！'从青石上翻将下来，便拿那条梢棒在手里，闪在青石边。那个大虫又饥又渴，把两只爪在地下略按一按，和身望上一扑，从半空里撺将下来。武松被那一惊，酒都做冷汗出了。"面对突然跳出的老虎，武松先是一惊，马上果断避开，继而拿棍棒自我防卫。从生理反射中可看出武松还是有一点害怕的，而其语言和动作表现出来的害怕和慌乱是人之常情，但他却在醉、慌、乱中表现出其独有的神勇本色。脾性是就人的性格而言的，"习惯脾气的描写，也是映现人物性格的一种方法"[①]。如《三国志演义》第六十三回张飞受命攻打巴郡，有人给巴郡太守严颜献计说："更兼张飞性如烈火，专要鞭挞士卒；如不与战，必怒；怒则必以暴厉之气，待其军士；军心一变，乘势击之，张飞可擒也。"《水浒传》第二十四回潘金莲听完武松的劝诫后，"一点红从耳朵边起，紫涨了面皮，指着武大便骂道：'你这个腌臜混沌！有甚么言语在外人处说来欺负老娘！我是一个不带头巾男子汉，

[①] 巴人著：《文学论稿》，上海新文艺出版社1954年版，第489页。

叮叮当当响的婆娘,拳头上立得人,胳膊上走的马,人面上行的人!不是那等搠不出的鳖老婆!自从嫁了武大,真个蝼蚁也不敢入屋里来,有甚么篱笆不牢,犬儿钻得入来?你胡言乱语,一句句都要下落,丢下砖头瓦儿,一个也要着地'"。容本《水浒传》在眉批中说:"将一个烈汉、一个呆子、一个淫妇人描写得十分肖象,真神手也。"又说:"传神,传神!当作淫妇谱看。"这段骂辞描摹出潘金莲极其泼辣的性格。而《水浒传》写一百零八个人的性格,真是一百零八个样。如第二回写鲁达正和李忠、史进在酒楼喝酒时听到隔壁时不时传来哭啼声,于是"鲁达焦躁,便把碟儿盏儿都丢在楼板上"。当听完金翠莲父女的不幸遭遇后,"回头看着李忠、史进道:'你两个且在这里,等酒家去打死了那厮便来'"。两人劝阻后方才罢手。等和李忠和史进分别后,"只说鲁提辖回到经略府前下处,到房里,晚饭也不吃,气愤愤的睡了"。于此,金圣叹在夹批中说:"写鲁达写出性情来,妙笔!"由此可见,《水浒传》写人可谓"各有派头,各有光景,各有家教,各有身分"。《红楼梦》第八回写宝玉前来看望薛宝钗,两人正说笑间,"话犹未了,黛玉已摇摇地走了进来,一见了宝玉,便笑道:'哎哟!我来的不巧了。'宝玉等忙起身让坐。宝钗因笑道:'这是怎么说?'黛玉道:'早知他来,我就不来了'"。言语间透露出黛玉爱使小性子的性格。

  需要指出的是,金圣叹还首次将绘画领域当中的白描手法引入小说批评。如针对《水浒传》第九回:"却说众庄客引了二十余人,抢枪曳棒,都奔草屋下看时,不见了林冲,却寻着踪迹赶来,只见倒在雪地里,花枪丢在一边。"金圣叹评点说:"'寻着踪迹'四字,真是绘雪高手。龙眠白描,庶几有此。"之后,这一术语被张竹坡广泛运用于对《金瓶梅》人物形象描写的分析上,进而丰富了白描的艺术内涵,使之成为文学创作上常用的一种表现手法,其在《批评第一奇书金瓶梅读法》中说:"读《金瓶》,当看其白描处。子弟能看其白描处,必能自做出异样省力、巧妙文字也。"又第一回回评说:"描写伯爵处,纯是白描追魂摄影之笔,如向希大说:'何如,我说……',又如伸着舌头道:'爷……',俨然智商活跳出来,如闻其声,如见其形。"可见,白描能够起到"追魂摄影"的效果,即"传神"。而"白描钩挑"(第一回回评)、"白描入骨"（第三十回回评）、"白描入化"（同上）等表现手法在《批评第一奇书金瓶梅读法》中也随处可见。当然，就写人的形和神方面，张竹坡一方面注重"形似"的描写，另一方面追求"摹神肖影，追魂取魄"（读法五十四），这和此前小说评点家们的形神观一脉相承。总而言之，小说形神论在张竹坡这里已进入高峰时期，其"一路下来，在人们已经逐渐远离画论'形神'的过程中，却在不断地用更新的术语来衍义着'形神论'这一精髓"[①]。

综上所述，以庄子为代表的古代形神论在其发展演变过程中，从哲学层面逐渐渗入绘画、诗文、小说、戏曲等文学艺术领域，成为中国传统文化中绵延不绝的文化基因，丰富着中国古代文化，尤其是对中国写人传统产生了极为深远的影响。可以说，不断发展演变的形神观构成了中国写人传统的理论基础，同时，中国写人传统又丰富和发展了这种富有民族特色的文化理论。

[①] 李桂奎著：《中国小说写人学》，新华出版社2008年版，第107页。

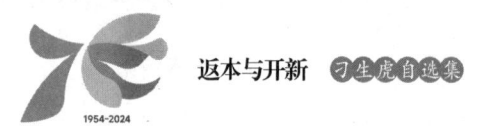

习近平生态文明思想对中华传统生态智慧的传承与发展*

党的十八大以来,以习近平同志为核心的党中央把生态文明建设作为统筹推进"五位一体"总体布局和协调推进"四个全面"战略布局的重要内容,形成了习近平生态文明思想。党的十九大报告明确指出,建设生态文明是中华民族永续发展的千年大计。习近平总书记强调,实现中华民族伟大复兴的中国梦,必须走中国道路,必须弘扬中国精神,必须凝聚中国力量。①中华文化积淀着中华民族最深沉的精神追求,是中华民族生生不息、发展壮大的丰厚滋养,是最为深厚的文化软实力,所以要系统梳理传统文化资源,把具有当代价值的文化精神弘扬起来。习近平生态文明思想与中华传统生态智慧一脉相承。在回答为什么要进行生态文明建设、建设什么样的生态文明、怎样建设生态文明等重大理论和实践问题时,习近平生态文明思想立足于当前的生态困境,对中华传统生态智慧进行了深刻传承、创造性转化与创新性发展。

一、为什么要进行生态文明建设

生态文明是一个伴随人类生存与发展的永恒命题,决定人类文明何去何

---

* 本文原载于《江苏社会科学》2022年第2期,收入本书时有改动。
① 中共中央宣传部编:《习近平总书记系列重要讲话读本》,人民出版社、学习出版社2014年版,第30页。

从。在人类发展的进程中，人与自然之间的矛盾与冲突始终存在。不断解决人与自然的矛盾与冲突，保护生态环境，成为中华民族一以贯之的重大生存课题。

1. 生态环境优劣决定人类文明兴衰

人类文明的历史就是人与自然关系的历史，文明的产生、发展和消亡与文明赖以生存的自然环境的变化密切相关。从世界文明史层面看，人类完成原始进化、脱离动物阶段之后，人与自然的问题便随之产生。人类为了获取更多资源，往往以牺牲自然环境为代价。当生态环境难以为继时，人类文明亦会由此中断。如古巴比伦地处两河流域，那里气候湿润、地势低平，本身就具备人类繁衍生存的便利条件，但是古巴比伦人为了获取更多耕地，大肆破坏森林，更因为不懂灌溉之法，使土地盐碱化和沙漠化越来越严重，最终拥有"空中花园城市"美誉的古巴比伦城彻底湮没在历史长河之中。同样因为过度农垦和放牧而文明消亡的还有玛雅文明、撒哈拉文明、古埃及文明等等。由此可见，人类古代一些辉煌文明的终结，很大程度上就是由于人类并未认识到生态环境是人类文明演进的基础。中华文明没有像其他文明一样消失于历史长河，反而数千年不曾中断，这与中国古代思想家们很早就意识到生态环境优劣决定人类存亡有着重要关联。中国古代哲人对自然化育万物之功多有称赞。如赞道："天何言哉？四时行焉，百物生焉，天何言哉？"[①] "万物所出，造于太一，化于阴阳。"[②] 在此基础上，中国古人进一步从正反两个方面探讨生态环境与人类文明之间决定与被决定的关系。如赞道："夫旱麓之榛楛殖，故君子得以易乐干禄焉。若夫山林匮竭，林麓散亡，薮泽肆既，民力彫尽，田畴荒芜，资用乏匮，君子将险哀之不暇，而何易乐之有焉？"[③] 人类取用于自然是不可避免的，但是如果过度消耗自然资源，受害者终将是人类自己。中国古人从人本视角证明，人类文明想要繁荣就必须保护好生态环境

---

① （魏）何晏等注，（宋）邢昺疏：《论语注疏》，载《十三经注疏》，上海古籍出版社1997年版，第2526页。
② 陈奇猷校释：《吕氏春秋校释》，学林出版社1984年版，第255页。
③ 徐元诰撰，王树民、沈长云点校：《国语集解》，中华书局2002年版，第107页。

及自然资源。"不务天时则财不生，不务地利则仓廪不盈"①"故为人君而不能谨守其山林菹泽草莱，不可以立为天下王"②，这些都说明，自然不仅是生存之本，更是立国之基。因此，生态环境的优劣决定了人类文明发展的广度、深度和持久度。

进入新时代，习近平总书记继承了中华传统生态观念中重视自然环境价值这一大智慧，实现了传统生态智慧与现代生态思想的交融汇通。但中国古人在谈及自然环境的价值时，往往局限于生存层面，或是将保护生态与维护君主统治联系起来，使其具有封建性和阶级性色彩。而习近平总书记突破了中国古人认知生态价值的局限，站在人类永续发展与中华民族伟大复兴的历史高度，以全球视野和世界眼光看待生态文明建设的重要性和紧迫性，科学、客观地认识到生态环境对人类文明的重要性，提出了"生态兴则文明兴，生态衰则文明衰"③"生态环境保护是功在当代、利在千秋的事业"④"建设生态文明，关系人民福祉，关乎民族未来"⑤"实现中华民族永续发展"⑥等一系列高瞻远瞩的论断，将自然环境对人类的生存价值提升到延续中华文明甚至世界文明的更高价值层次，在传承中华传统生态智慧的同时，又将其创新性发展，从而不断深化，树立人与自然共生共荣的生态理念。

2. 生态自愈有限性与人类索取无限性的矛盾

随着人类能力的发展和自我意识的膨胀，人类产生越来越强的物质享受欲望："食欲有刍豢，衣欲有文绣，行欲有舆马，又欲夫余财蓄积之富也。"⑦

---

① 黎翔凤撰，梁运华整理：《管子校注》，中华书局 2004 年版，第 3 页。
② 黎翔凤撰，梁运华整理：《管子校注》，中华书局 2004 年版，第 1426 页。
③ 中共中央文献研究室编：《习近平关于社会主义生态文明建设论述摘编》，中央文献出版社 2017 年版，第 6 页。
④ 中共中央文献研究室编：《习近平关于社会主义生态文明建设论述摘编》，中央文献出版社 2017 年版，第 7 页。
⑤ 中共中央文献研究室编：《习近平关于社会主义生态文明建设论述摘编》，中央文献出版社 2017 年版，第 5 页。
⑥ 中共中央文献研究室编：《习近平关于社会主义生态文明建设论述摘编》，中央文献出版社 2017 年版，第 5 页。
⑦（战国）荀况撰，王天海校释：《荀子校释》，上海古籍出版社 2005 年版，第 150 页。

人类有欲望是正常的，可是如果"纵欲而不穷"①，那么祸患亦是无穷的。虽然生态具有一定的自我修复能力，但"天育物有时，地生财有限"②，历史证明，生态自愈速度远不及人类的破坏速度。《六韬》记载："纣尝六月猎于西土，发民逐禽。民有谏者曰：'六月天之后，坐地以务长养之时也；六月逐禽，是逆天道，绝地德，而人行贼，天子失道，后必无福。'纣以为妖言而煞之……后其年，天大黑，风飘牛马，发屋拔禾，人飞扬数十里。"③殷纣王肆意妄为破坏生态环境，以致自然环境迅速恶化，为其灭亡埋下伏笔。《孟子·告子上》言："牛山之木尝美矣。以其郊于大国也，斧斤伐之，可以为美乎？是其日夜之所息，雨露之所润，非无萌蘖之生焉，牛羊又从而牧之，是以若彼濯濯也。人见其濯濯也，以为未尝有材焉，此岂山之性也哉？"④牛山在人们过度砍伐与放牧后，再难重现往日生机勃勃的景象。由此可见，生态自愈能力是有限的。

近代以来，人类认识自然与改造自然的能力增强，人类中心主义逐渐形成。瑞典著名博物学家林奈就曾表示："'所有的东西生来都是为人服务的'，因而，在'赞美造物主的产品'的过程中，人们还能够期望去享受那些他所需要的使他的生活舒适愉快的一切东西。"⑤林奈派甚至宣称："生态学的研究是征服生物世界的有力工具。"⑥艾文荷曾经对人类中心主义的观点进行过解释："自然本身就是以任何我们乐意的方式为我们所利用的。"⑦"根据这种观点，只有人类的需要和欲望具有价值，其余的自然界仅仅是为了我们而

---

① （战国）荀况撰，王天海校释：《荀子校释》，上海古籍出版社2005年版，第419页。
② （唐）白居易撰，朱金城笺校：《白居易集笺校》，上海古籍出版社1988年版，第3483页。
③ 王继光：《敦煌唐写本〈六韬〉残卷校释》，《敦煌学辑刊》1984年第2期。
④ （汉）赵岐注，（宋）孙奭疏：《孟子注疏》，载《十三经注疏》，上海古籍出版社1997年版，第2751页。
⑤ [美]唐纳德·沃斯特著，侯文蕙译：《自然的经济体系——生态思想史》，商务印书馆1999年版，第58页。
⑥ [美]唐纳德·沃斯特著，侯文蕙译：《自然的经济体系——生态思想史》，商务印书馆1999年版，第75页。
⑦ 艾文荷：《早期儒学与环境伦理学》，载安乐哲编：《儒学与生态》，江苏教育出版社2008年版，第66页。

存在。"① 随着全球化生态危机日益加剧，人类中心论的可信度正在逐渐降低。金岳霖曾表示："自我中心的困境使个人看不到他和其他个人之间的基本同一性，人类中心主义的困境则使他无视他和其他动物、其他生物和事物之间的同一性。"② 在此基础上，金岳霖曾提出"普遍同情的态度"③，来纠正人类中心主义的偏激与错误。可是从当前大气污染、疫病扩散的全球生态现实情况看，这一观念在过去并未得到足够重视。

面临深刻的生态危机与全新的时代考验，人类急需一场新的思想启蒙。习近平总书记指出："随着我国经济社会发展不断深入，生态文明建设地位和作用日益凸显。"④ 在对生态自愈有限性的认识上，中国古人通过举纣王之乱和牛山之无的例子来警示后人，习近平总书记则以"生态环境没有替代品，用之不觉，失之难存"⑤对其进行高度凝练与理论总结。在对人类索取无限性的认识上，中国古人常说："民生在勤，勤则不匮。"⑥ 合理的欲望对发展具有促进作用，但若人类之"勤"超过限度，让自然界难以忍受人类"暴力"，最终必然会危害人类的福祉。中国古人为防止"纵欲"⑦所带来的危害，常主张"寡欲"⑧，走向另一种极端。我们既应看到"纵欲"的危害，也应摆脱"寡欲"的束缚，"纵欲"和"寡欲"都不是最佳选择。习近平总书记一分为二地看待人的欲望，更为科学地认识到人欲背后的发展契机，辩证地提出"坚

---

① 艾文荷著：《早期儒学与环境伦理学》，载安乐哲编：《儒学与生态》，江苏教育出版社2008年版，第67页。

② 金岳霖学术基金会学术委员会编：《金岳霖文集》（第二卷），甘肃人民出版社1995年版，第629–630页。

③ 金岳霖学术基金会学术委员会编：《金岳霖文集》（第二卷），甘肃人民出版社1995年版，第630页。

④ 中共中央文献研究室编：《十八大以来重要文献选编》（上），中央文献出版社2014年版，第77页。

⑤ 中共中央文献研究室编：《习近平关于社会主义生态文明建设论述摘编》，中央文献出版社2017年版，第13页。

⑥ （晋）杜预注，（唐）孔颖达等正义：《春秋左传正义》，载《十三经注疏》，上海古籍出版社1997年版，第1880页。

⑦ （战国）荀况撰，王天海校释：《荀子校释》，上海古籍出版社2005年版，第419–425页。

⑧ 朱谦之撰：《老子校释》，中华书局2000年版，第75页。

持在发展中保护、在保护中发展"①"经济发展不应是对资源和生态环境的竭泽而渔，生态环境保护也不应是舍弃经济发展的缘木求鱼"②等系列论述，肯定生态保护与社会发展的兼得性。同时，习近平总书记没有像古人那样，完全依赖于生态自愈，而是提出更为主动、积极的人为修护方案，如对荒漠化、石漠化进行综合治理③，坚持以"污染防治和生态修复并举"④方式维护海洋自然再生产能力，等等。由此可见，习近平总书记在协调生态自愈有限性与人类索取无限性的矛盾时，对中华传统生态智慧进行了符合当代实际的转化与发展。

3. 生态保护是中华民族一以贯之的重大生存课题

热爱自然与保护生态的传统是中华先民留给当代中国人的巨大精神财富，对其加以传承与发展是当代中国人的使命与责任。

中国古代先贤对人与自然之间的关系做过深入的思考，其中以儒道两家尤为深入，为后世保护自然定下了仁民爱物、道法自然的主基调。孔子主张"仁"，"仁者爱人"⑤。人首先爱的是父母兄弟，而后在"己所不欲，勿施于人"⑥"己欲立而立人，己欲达而达人"⑦等推己及人的过程中，使源于亲情的仁爱之心扩展为对所有人的普遍关爱。孟子与荀子从类本质层面对其进行解

---

① 中共中央文献研究室编：《习近平关于社会主义生态文明建设论述摘编》，中央文献出版社2017年版，第19页。
② 中共中央文献研究室编：《习近平关于社会主义生态文明建设论述摘编》，中央文献出版社2017年版，第19页。
③ 中共中央文献研究室编：《习近平关于社会主义生态文明建设论述摘编》，中央文献出版社2017年版，第46页。
④ 中共中央文献研究室编：《习近平关于社会主义生态文明建设论述摘编》，中央文献出版社2017年版，第46页。
⑤ （汉）赵岐注，（宋）孙奭疏：《孟子注疏》，载《十三经注疏》，上海古籍出版社1997年版，第2730页。
⑥ （魏）何晏等注，（宋）邢昺疏：《论语注疏》，载《十三经注疏》，上海古籍出版社1997年版，第2518页。
⑦ （魏）何晏等注，（宋）邢昺疏：《论语注疏》，载《十三经注疏》，上海古籍出版社1997年版，第2479页。

答:"故凡同类者,举相似也。"① "圣人者,以己度者也。故以人度人,以情度情,以类度类。"② 只要是人,就是同类;人同此心,心同此理。圣人之所以被称为圣人,就是因为他们能够将自己的爱心投射到其他人与物上:"仁者以其所爱及其所不爱,不仁者以其所不爱及其所爱。"③ 因此,孟子认为,人不仅要爱他人——"老吾老以及人之老;幼吾幼以及人之幼"④,而且要爱万物——"君子之于物也,爱之而弗仁;于民也,仁之而弗亲。亲亲而仁民,仁民而爱物"⑤。孟子继承了孔子"泛爱众而亲仁"⑥的思想,提出了"仁民而爱物"⑦的伦理学命题,"爱物"在孟子这里已然明朗。⑧ 比之前人,荀子更加重视人们能否正确发挥主观能动性。荀子认为:"天地之生万物也,固有余足以食人矣;麻葛、茧丝、鸟兽之羽毛齿革也,固有余足以衣人矣。"⑨ "春耕夏耘,秋收冬藏,四者不失时,故五谷不绝,而百姓有余食也;汙池渊沼川泽,谨其时禁,故鱼鳖优多,而百姓有余用也;斩伐养长不失其时,故山林不童,而百姓有余材也。"⑩ 作为原始儒家的三大代表人物,孔、孟、荀三家思想虽然各有侧重,但都秉持"仁民爱物"的原则,以己之心度人之情、度物之性,弘扬天地之生生大德。

---

① (汉)赵岐注,(宋)孙奭疏:《孟子注疏》,载《十三经注疏》,上海古籍出版社1997年版,第2749页。

② (战国)荀况撰,王天海校释:《荀子校释》,上海古籍出版社2005年版,第181页。

③ (汉)赵岐注,(宋)孙奭疏:《孟子注疏》,载《十三经注疏》,上海古籍出版社1997年版,第2773页。

④ (汉)赵岐注,(宋)孙奭疏:《孟子注疏》,载《十三经注疏》,上海古籍出版社1997年版,第2670页。

⑤ (汉)赵岐注,(宋)孙奭疏:《孟子注疏》,载《十三经注疏》,上海古籍出版社1997年版,第2771页。

⑥ (魏)何晏等注,(宋)邢昺疏:《论语注疏》,载《十三经注疏》,上海古籍出版社1997年版,第2458页。

⑦ (汉)赵岐注,(宋)孙奭疏:《孟子注疏》,载《十三经注疏》,上海古籍出版社1997年版,第2771页。

⑧ 关于儒家丰富而深刻的生态伦理思想参见拙文《儒学的生态关怀及其当代价值》,载《诸子学刊》第四辑,上海古籍出版社2010年版,第47-60页。

⑨ (战国)荀况撰,王天海校释:《荀子校释》,上海古籍出版社2005年版,第440页。

⑩ (战国)荀况撰,王天海校释:《荀子校释》,上海古籍出版社2005年版,第381页。

道家与儒家都将人与自然和谐统一作为共同理想，但是道家以道法自然作为实现理想的途径。在道家看来，作为人类，不破坏万物原本之成长规律与生命活力，就可以被称为有道德者。老子所说的"道常无为而无不为"①，是指"道"不会刻意干预事物发展变化的自然规律，而是做顺物之自然情性的事。只有如此，方能"万物恃之以生而不辞"②"衣养万物而不为主"③"万物归焉而不为主"④。之后，庄子继承老子思想，认为应尊重宇宙万物，不应当左右其生长、消亡的自然过程。"以道观之，物无贵贱"⑤，"天地与我并生，而万物与我为一"⑥。可见，"齐同万物"是庄子看待人与自然关系问题的基本观点与态度。"老庄自然无为的生态智慧对今人无疑具有相当的启示作用。它使我们认识到：人类当前所面临的严重的环境污染与生态失衡的困境，主要是由于人忽视了自然的独立性，未尊重其主体地位和客观规律，没有以平等的身份对待自然万物。事实上，在生命的意义上，人与万物既是有别的，又是平等的。"⑦

习近平总书记在思考当前生态文明建设时，明确表示："我们中华文明传承五千多年，积淀了丰富的生态智慧……这些质朴睿智的自然观，至今仍给人以深刻警示和启迪。"⑧"中华民族向来尊重自然、热爱自然。"⑨习近平总书记的生态文明思想中的许多重要理念与举措都体现出对以儒道为主的中华传统生态智慧的重视与传承。如"像保护眼睛一样保护生态环境，像对待生命一

---

① 朱谦之撰：《老子校释》，中华书局2000年，第146页。
② 朱谦之撰：《老子校释》，中华书局2000年，第137页。
③ 朱谦之撰：《老子校释》，中华书局2000年，第137页。
④ 朱谦之撰：《老子校释》，中华书局2000年版，第138页。
⑤ （清）郭庆藩撰，王孝鱼点校：《庄子集释》，中华书局1961年版，第577页。
⑥ （清）郭庆藩撰，王孝鱼点校：《庄子集释》，中华书局1961年版，第79页。
⑦ 刁生富、刁生虎：《老庄生态智慧论》，《求索》2001年第4期。
⑧ 中共中央文献研究室编：《习近平关于社会主义生态文明建设论述摘编》，中央文献出版社2017年版，第6页。
⑨ 习近平：《推动我国生态文明建设迈上新台阶》，《求是》2019年第3期。

样对待生态环境"①"让资源节约、环境友好成为主流的生产生活方式"②等论述,是对儒家仁民爱物观的丰富发展;"人类发展活动必须尊重自然、顺应自然、保护自然"③"只有尊重自然规律,才能有效防止在开发利用自然上走弯路"④等论述是对老庄道法自然观的现代诠释。可见,中华传统生态智慧对人与自然关系问题的认识与思考为当前生态文明建设提供了丰富而宝贵的经验。在"天定胜人"⑤的阶段,中华先民提倡的人与自然和谐是一种感性的、直观的认知,而非理性的、自主的选择。习近平生态文明思想,则是习近平总书记站在历史和未来的高度看待生态文明建设的重要性和紧迫性,从而做出的时代抉择。习近平总书记指出:"你善待环境,环境是友好的;你污染环境,环境总有一天会翻脸,会毫不留情地报复你。这是自然界的客观规律,不以人的意志为转移。"⑥与中华先民推崇的人与自然和谐相比,习近平的生态文明思想,在理性与科学精神的促使下提出"走向生态文明新时代"⑦,实现了中华传统生态智慧在新时代的升华与突破,为中华民族的全面复兴奠定了生态文明的基础,也为解决人类生态困境提供了中国智慧与中国方案。

二、建设什么样的生态文明

习近平生态文明思想对中华传统生态智慧进行借鉴与创新,突破传统生

---

① 中共中央文献研究室编:《习近平关于社会主义生态文明建设论述摘编》,中央文献出版社2017年版,第8页。

② 习近平:《在同出席博鳌亚洲论坛年会的中外企业家代表座谈时的讲话》,《人民日报》2015年3月30日。

③ 中共中央文献研究室编:《习近平关于社会主义生态文明建设论述摘编》,中央文献出版社2017年版,第13页。

④ 中共中央文献研究室编:《习近平关于社会主义生态文明建设论述摘编》,中央文献出版社2017年版,第11页。

⑤《生态文明建设的理论构建与实践探索》一书第四章《促进人与自然的和谐共生》中,作者提到了人与自然关系演变分为三个阶段,即"天定胜人""人定胜天""人与自然和谐共生"。(潘家华等著:《生态文明建设的理论构建与实践探索》,中国社会科学出版社2019年版,第91–92页)

⑥ 习近平著:《之江新语》,浙江人民出版社2007年版,第141页。

⑦ 习近平:《致生态文明贵阳国际论坛二〇一三年年会的贺信》,《人民日报》2013年7月21日。

态思想的一些藩篱,绘制出和谐、绿色、美丽、公平的生态文明建设愿景。

1. 建设生命共同体的和谐家园

中华先民得益于自然环境和广大宇宙的善意滋养,生成天人合一的思维观念。钱穆认为,天人合一观、"人文自然相互调适之义"是中国文化于世界、于人类最大的贡献。[①] 季羡林认为,"天"就是自然,"人"就是人类,天人合一就是在讲人与自然合一。[②]

中国古代哲人尽管观点各异,但天人合一思想却是各家各派共同的理论基础与思维取向。孔子的"唯天为大,唯尧则之"[③]"天何言哉?四时行焉,百物生焉"[④] 等论述无不蕴含着天人合一的思维。老子之"天地不仁,以万物为刍狗;圣人不仁,以百姓为刍狗"[⑤]"人法地,地法天,天法道,道法自然"[⑥] 等观点展示出因循自然、合人于天的致思路径。庄子更是明确反对"以人灭天""以故灭命"[⑦],而主张"与天为一"[⑧]"人与天一"[⑨],庄子对天人合一的表述最为明确而清楚。董仲舒在论述中借鉴了阴阳五行思想,以"天人相类"[⑩] 建构人与天地相参的宇宙观。宋代张载则明确提出了"天人合一"[⑪]。明代王阳明提出"天地万物与人原是一体"[⑫],清代孙奇逢亦表示"天人一体"[⑬]。

---

① 钱穆:《中国文化对人类未来可有的贡献》,《中国文化》1991年第1期。
② 季羡林:《"天人合一"新解》,《传统文化与现代化》1993年第1期。
③ (魏)何晏等注,(宋)邢昺疏:《论语注疏》,载《十三经注疏》,上海古籍出版社1997年版,第2487页。
④ (魏)何晏等注,(宋)邢昺疏:《论语注疏》,载《十三经注疏》,上海古籍出版社1997年版,第2526页。
⑤ 朱谦之撰:《老子校释》,中华书局2000年版,第22页。
⑥ 朱谦之撰:《老子校释》,中华书局2000年版,第103页。
⑦ (清)郭庆藩撰,王孝鱼点校:《庄子集释》,中华书局1961年版,第590–591页。
⑧ (清)郭庆藩撰,王孝鱼点校:《庄子集释》,中华书局1961年版,第632页。
⑨ (清)郭庆藩撰,王孝鱼点校:《庄子集释》,中华书局1961年版,第690页。
⑩ (清)苏舆撰,钟哲点校:《春秋繁露义证》,中华书局1992年版,第341页。
⑪ (宋)张载撰,(清)王夫之注,汤勤福导读:《张子正蒙》,上海古籍出版社2000年版,第239页。
⑫ (明)王守仁撰,王晓昕译注:《传习录译注》,中华书局2018年版,第444页。
⑬ (清)孙奇逢撰,张显清主编:《孙奇逢集》,中州古籍出版社2003年版,第13页。

习近平总书记在2021年"领导人气候峰会"上宣示"中华文明历来崇尚天人合一、道法自然，追求人与自然和谐共生"①。中华传统生态智慧推崇"利万物"，所以中华先民看重事物的整体性与关联性，追求天、地、人共生共存的精神世界。生命共同体是习总书记在继承天人合一思想下，创造性提出的辩证、系统、科学的理论，不仅彻底批判了西方以人类中心主义为核心的生态理念，而且为正确认识生态问题提供了本体论依据。从天人合一到生命共同体，内在精神意蕴并未改变，但生命共同体理论在"合"的关系上更为明确、细致地划分出"山水林田湖草"、人与自然两个生命共同体，肯定了除去人之外的自然万物亦有其自身的内在本性与生存意义，不仅逻辑更为缜密，内涵更为丰富，而且更清晰地体现出对生态环境的尊重。

在"山水林田湖草"生命共同体问题上，习近平总书记指出："山水林田湖是一个生命共同体，形象地讲，人的命脉在田，田的命脉在水，水的命脉在山，山的命脉在土，土的命脉在树……如果破坏了山、砍光了林，也就破坏了水，山就变成了秃山，水就变成了洪水，泥沙俱下，地就变成了没有养分的不毛之地，水土流失、沟壑纵横。"② 在党的十九大报告中，习近平总书记将"山水林田湖"进一步完善为"山水林田湖草"。"山水林田湖草"生命共同体理论科学地指出自然界各个生态要素之间是互相依存、互相影响、互相激发活力的复杂关系，任何一个要素在短期内发生突然性的巨大变化，都会影响到其他因素，从而造成一系列连锁反应，打破生态平衡。建设生命共同体的和谐家园，首先要系统地了解山水林田湖草等自然要素存在的功能与价值，不能想当然地认为某一种生态要素要优于另一种生态要素，正如恩格斯所说："我们所接触到的整个自然界构成一个体系……它们是相互作用着的。"③

---

① 习近平：《共同构建人与自然生命共同体——在"领导人气候峰会"上的讲话》，《人民日报》2021年4月23日。
② 中共中央文献研究室编：《习近平关于社会主义生态文明建设论述摘编》，中央文献出版社2017年版，第55-56页。
③ 中共马列著作编译局：《马克思恩格斯选集》（第4卷），人民出版社1995年版，第347页。

在人与自然生命共同体问题上，习近平总书记提出："要做到人与自然和谐，天人合一，不要试图征服老天爷。"① 足见其对天人合一生态智慧的继承。在此基础上，习近平总书记进一步明确指出："自然是生命之母，人与自然是生命共同体。"②"人因自然而生，人与自然是一种共生关系。"③ 这表明，人与自然有共同发展或灭亡的命运，在处理人与自然关系问题时，不能简单采取对象化的态度或行为，而应该将其视为统一体来对待，实现了从二元认识论向一元本体论的转变，而这也正是中华传统生态智慧的精髓所在。当前很多城市、地区为了营造人与自然和谐共生的氛围，进行"违背自然规律、超越生态承载能力和环境容量建设"④，导致大树进城、人造景观、开山造地等诸多"伪生态文明建设"⑤现象。建设人与自然和谐共生的家园，必须"探索一条符合自然规律、符合国情地情的绿化之路"⑥。因此，习近平总书记在谈及城市、农村绿化问题时，提出"把城市放在大自然中"⑦"搞新农村建设……要让它们（乡情美景）与现代生活融为一体"⑧，诠释了人与自然生命共同体的真正奥义。

2. 构建兼顾生态与经济的绿色家园

关于生态环境的经济价值，中华传统生态智慧早已给出答案。从宏观来看，《国语·鲁语》言："及九州名山川泽，所以出财用也。"⑨ 这体现出中华先

---

① 中共中央文献研究室编：《习近平关于社会主义生态文明建设论述摘编》，中央文献出版社2017年版，第24页。
② 中共中央宣传部编：《习近平新时代中国特色社会主义思想学习纲要》，学习出版社、人民出版社2019年版，第167页。
③ 中共中央文献研究室编：《习近平关于社会主义生态文明建设论述摘编》，中央文献出版社2017年版，第11页。
④ 陈梦枚：《"伪生态文明建设"之风不可长》，《经济参考报》2014年12月24日。
⑤ 陈梦枚：《"伪生态文明建设"之风不可长》，《经济参考报》2014年12月24日。
⑥ 习近平：《在内蒙古考察工作时的讲话》，《人民日报》2014年1月30日。
⑦ 中共中央文献研究室编：《十八大以来重要文献选编》（上），中央文献出版社2014年版，第602页。
⑧ 中共中央文献研究室编：《十八大以来重要文献选编》（上），中央文献出版社2014年版，第683页。
⑨ 徐元诰撰，王树民、沈长云点校：《国语集解》，中华书局2002年版，第161页。

民将自然资源看作财富之源。《左传》将生态资源比作珍宝:"夫山、泽、林、盐,国之宝也。"① 这些论述都充分表明生态资源能使人获得经济效益。从微观来看,人类的衣、食、住、行皆离不开自然。"君子狐青裘豹褎"② "冬日麑裘,夏日葛衣"③ 都表明动植物在制衣上对人类的贡献。在饮食上,人类也依赖于动植物。《左传·庄公十年》中有"肉食者"④一词,孟子的仁政理想中也包含着"七十者可以食肉矣"⑤。《吕氏春秋·审时》篇中的禾、黍、稻、麻、菽、麦六种农作物是人类重要的粮食。⑥ 在起居出行上,中华先民"构木为巢"⑦ "刳木为舟"⑧ "木直中绳,𫐓以为轮"⑨,可见树木在制作屋、舟、车中的广泛应用。"肇牵牛车,远服贾"⑩ "我任我辇,我车我牛"⑪,可见牛在耕田、拉货等生产生活中的重要性。"斫木为耜,揉木为耒"⑫的文献记载以及目前已经出土的战国铁犁、秦始皇陵园赵背户村山十铁犁铧、陕西关中汉代全铁犁铧都证明树木与铁矿资源对人类农业生产的重要性。《周礼》记载了中国古人

---

① (晋)杜预注,(唐)孔颖达等正义:《春秋左传正义》,载《十三经注疏》,上海古籍出版社1997年版,第1902页。

② (汉)郑玄注,(唐)孔颖达疏:《礼记正义》,载《十三经注疏》,上海古籍出版社1997年版,第1479页。

③ (清)王先谦撰,钟哲点校:《韩非子集解》,中华书局1998年版,第443页。

④ (晋)杜预注,(唐)孔颖达等正义:《春秋左传正义》,载《十三经注疏》,上海古籍出版社1997年版,第1767页。

⑤ (汉)赵岐注,(宋)孙奭疏:《孟子注疏》,载《十三经注疏》,上海古籍出版社1997年版,第2671页。

⑥ 陈奇猷校释:《吕氏春秋校释》,学林出版社1984年版,第1781—1782页。

⑦ (清)王先谦撰,钟哲点校:《韩非子集解》,中华书局1998年版,第442页。

⑧ (魏)王弼等注,(唐)孔颖达等正义:《周易正义》,载《十三经注疏》,上海古籍出版社1997年版,第87页。

⑨ (战国)荀况著,王天海校释:《荀子校释》,上海古籍出版社2005年版,第1页。

⑩ (汉)孔安国传,(唐)孔颖达等正义:《尚书正义》,载《十三经注疏》,上海古籍出版社1997年版,第206页。

⑪ (汉)郑玄笺,(唐)孔颖达等正义:《毛诗正义》,载《十三经注疏》,上海古籍出版社1997年版,第495页。

⑫ (魏)王弼等注,(唐)孔颖达等正义:《周易正义》,载《十三经注疏》,上海古籍出版社1997年版,第86页。

巧用"嘉草"①"莽草"②等草药熏杀害虫，治理虫灾。

正因自然具有极高的经济价值，以破坏生态为代价求取 GDP 上涨的经济发展模式曾盛行一时。GDP 确实是衡量社会发展情况的有效指标，然而如果 GDP 至上甚至唯 GDP，虽然短时间内经济效益会显著提升，但是最终会伤害人类自己。恩格斯说："其实劳动和自然界在一起才是一切财富的源泉，自然界为劳动提供原材料，劳动把材料转变为财富。"③

因此，习近平总书记在看待生态环境的经济价值时，提出"破坏生态环境就是破坏生产力，保护生态环境就是保护生产力，改善生态环境就是发展生产力，经济增长是政绩，保护环境也是政绩"④"我们既要 GDP，又要绿色 GDP"⑤"要正确处理好经济发展同生态环境保护的关系……决不以牺牲环境为代价去换取一时的经济增长，绝不走'先污染后治理'的路子"⑥"我们既要绿水青山，也要金山银山。宁要绿水青山，不要金山银山，而且绿水青山就是金山银山"⑦等系列论述。相较于中华传统生态智慧，习近平总书记没有像前人一样只关注生态作为资源的使用性价值，而是将生态与生产力统一起来，以现代发展眼光对生态价值进行更为全面、科学的再认识、再评价。"保护生态环境就是保护生产力""绿水青山就是金山银山"等论述，旨在兼顾生态与经济，推动生态从资源转化为资产、资本，从自然财富转化为社会财富、经济财富，依托丰富生态资源和优质环境质量发展绿色养殖、生态旅游，走建

---

① （汉）郑玄注，（唐）贾公彦疏：《周礼注疏》，载《十三经注疏》，上海古籍出版社1997年版，第888页。
② （汉）郑玄注，（唐）贾公彦疏：《周礼注疏》，载《十三经注疏》，上海古籍出版社1997年版，第889页。
③ 中共马列著作编译局：《马克思恩格斯选集》（第4卷），人民出版社1995年版，第373页。
④ 习近平著：《干在实处 走在前列：推进浙江新发展的思考与实践》，中共中央党校出版社2006年版，第155页。
⑤ 习近平著：《之江新语》，浙江人民出版社2007年版，第37页。
⑥ 中共中央文献研究室编：《习近平关于社会主义生态文明建设论述摘编》，中央文献出版社2017年版，第20页。
⑦ 中共中央文献研究室编：《习近平关于社会主义生态文明建设论述摘编》，中央文献出版社2017年版，第21页。

设生态文明与发展经济相得益彰的致富路。习近平总书记在任浙江省委书记时就提出"推进生态建设,打造'绿色浙江'"①的"绿色经济"概念。在扶贫开发工作中,习近平总书记指示:"要通过改革创新,让贫困地区的土地、劳动力、资产、自然风光等要素活起来,让资源变资产、资金变股金、农民变股东,让绿水青山变金山银山,带动贫困人口增收。"②

习近平生态文明思想对于生态经济价值的认识更为深化、科学,在生态危机日益凸显的今天,更应坚定不移走生态与发展相协同的新路径,建设兼顾生态环境与经济双效益的绿色家园。

3. 打造宜居诗意的美丽家园

随着经济、文化水平的不断提升,人们不再仅沉醉于物质生活的满足,而是对诗意栖居的理想生活有了更多的追求和向往。

如果自然环境适宜,物质资源丰厚,人们的生产生活就能顺利开展,精神世界才会感受到安逸与快乐;反之,如果环境被破坏,不仅温饱成了问题,而且人类健康也会受到危害。中国古人对此深有体会。管子言:"顺天之时,约地之宜,忠人之和。故风雨时,五谷实,草木美多,六畜蕃息,国富兵强,民材而令行,内无烦扰之政,外无强敌之患也。"③孟子也曾经描绘在自然生态较好的情况下,老百姓安居乐业生活的图景:"七十者,衣帛食肉,黎民不饥不寒。"④如果说先秦人对生态环境的理解尚处于生存的层面,那么东汉张衡的《归田赋》对生态环境的理解则在生存的基础上增添了诗意的追求:"仲春令月,时和气清。原隰郁茂,百草滋荣。王雎鼓翼,鸧鹒哀鸣,交颈颉颃,关关嘤嘤。于焉逍遥,聊以娱情……弹五弦之妙指,咏周孔之图书。挥翰墨以奋藻,陈三皇之轨模。"⑤仲长统在《昌言》中也描绘出山清水秀、悠游自在

---

① 习近平:《生态兴则文明兴》,《求是》2003年第13期。
② 中共中央文献研究室编:《习近平关于社会主义生态文明建设论述摘编》,中央文献出版社2017年版,第30页。
③ 黎翔凤撰,梁运华整理:《管子校注》,中华书局2004年版,第1018页。
④ (汉)赵岐注,(宋)孙奭疏:《孟子注疏》,载《十三经注疏》,上海古籍出版社1997年版,第2666页。
⑤ (清)严可均辑:《全上古三代秦汉三国六朝文》,中华书局1958年版,第769页。

的生活:"使居有良田广宅,背山临流,沟池环匝,竹木周布,场圃筑前,果园树后……蹰躇畦苑,游戏平林,濯清水,追凉风,钓游鲤,弋高鸿……与达者数子,论道讲书,俯仰二仪,错综人物。弹南风之雅操,发清霜之妙曲。逍遥一世之上,睥睨天地之间。"①青山绿水、茂林翠竹、游鱼走兽在很大程度上会给人以愉悦的美感体验,从而使人达到诗意畅快的精神境界,正如习近平总书记指出的:"金山银山固然重要,但绿水青山是人民幸福生活的重要内容,是金钱不能代替的。"②

从古至今,中国人从未停止过对美丽家园的追求。党的十八大首次提出要努力建设"美丽中国",党的十九大重申建设"美丽中国"的重要性。具体而言,建设美丽中国、美丽家园包含两方面内容:一是舒适宜居的生活环境。习近平总书记指出:"良好的生态环境是人类生存与健康的基础。"③生态环境中的空气、饮用水、粮食是每个个体生存发展的刚需,因此生态文明建设成功与否首先在于能不能让人民"呼吸上新鲜的空气、喝上干净的水、吃上放心的食物、生活在宜居的环境中"④,能不能满足人民对舒适栖居环境的需要。但是当前一些城市在现代化的过程中,盲目拆改,用草地、喷泉代替古树、溪流,破坏了当地本身具有的良好生态风貌。对此,习近平总书记指出,要让城市融入大自然,不要花大气力去劈山填海,很多山城、水城很有特色,完全可以依托现有山水脉络等独特风光塑造城市景观。⑤美丽家园、美丽中国推崇的是一种契合自然、不矫揉造作的宁静、美丽状态,这才是中国人孜孜以求的"濯清水,追凉风,钓游鲤,弋高鸿"⑥的生活理想。

---

① (清)严可均辑:《全上古三代秦汉三国六朝文》,中华书局1958年版,第956页。
② 中共中央文献研究室编:《习近平关于社会主义生态文明建设论述摘编》,中央文献出版社2017年版,第4页。
③ 中共中央文献研究室编:《习近平关于社会主义生态文明建设论述摘编》,中央文献出版社2017年版,第90页。
④ 中共中央文献研究室编:《习近平关于社会主义生态文明建设论述摘编》,中央文献出版社2017年版,第33页。
⑤ 中共中央文献研究室编:《十八大以来重要文献选编》(上),中央文献出版社2014年版,第603页。
⑥ (清)严可均辑:《全上古三代秦汉三国六朝文》,中华书局1958年版,第956页。

二是诗意满足的栖居心情。在城镇发展过程中,很多古建筑被拆毁,取而代之的是林立的高楼。从实际效益看,这种行为劳民伤财,当地人民并未真正从城镇化中得到切实利益;从情感尊重看,中国人在民族文化的影响下素有重土安迁、怀恋故土的性格传统,这种行为严重损害了当地人民对故土情结的满足感与文化身份的认同感。习近平总书记早在浙江工作时就明确反对因为旧城拆迁而破坏文物古迹的行为:"现在有的地方搞旧城拆迁改造,把一些文物古迹搞得荡然无存,这是非常可惜的。"① 他肯定了当时杭州景区在保护文化遗存、延续城市文脉、弘扬历史文化方面发挥的带头作用。文物古迹是历史文化的证明,保存文物古迹就是保存历史。如果一座历史名城中只剩高楼大厦,那么这座城市就会失去历史记忆与个性,我们如今所倡导的弘扬中华优秀传统文化也就成为无根之谈了。中国古人虽然对诗意栖居进行了细致描绘,但是其诗意满足仅限于自我。而当前美丽中国建设突破了中国古人的"小我",注重在现代化进程中对中华民族文化与精神的传承与保护,这是根据保留民族根性、激发文化自信的现实需要所提出的新要求。

因此,打造宜居诗意的美丽家园不仅要"让中华大地天更蓝、山更绿、水更清、环境更优美"②,而且要保留住在民族文化与地域文化浸染下特有的历史记忆与情感寄托,"让居民望得见山、看得见水、记得住乡愁"③。

4. 保障生态权共享的公平家园

生态权利公平,指在整个生态系统中不同主体在生态资源配置与利益分配的过程中享有被公平对待的权利,而在生态遭受破坏时共同履行维护生态平衡、保护生态环境的义务。但是,生态权利公平在中国古代阶级社会中显然是一种奢望。中国历代国君几乎都有私人苑囿,贵族世家效法国君,将一

---

① 习近平著:《之江新语》,浙江人民出版社2007年版,第19页。
② 中共中央文献研究室编:《习近平关于社会主义生态文明建设论述摘编》,中央文献出版社2017年版,第33页。
③ 中共中央文献研究室编:《十八大以来重要文献选编》(上),中央文献出版社2014年版,第603页。

些山泽占为己有，造成"富强者兼岭而占，贫弱者薪苏无托"①的局面。虽然中国古代哲人对此种现象多有批评，如"山林薮泽之利，所以与民共也。虞之，非正也"②"林麓川泽以时入而不禁"③"盖欲与民通才共利，不独专之也"④，但在实际情况中，要想实现与民共利则困难重重。在南朝刘宋时期，有官员上书希望还地于民，但尚书左丞羊希表示："占山封水，渐染复滋，更相因仍，便成先业，一朝顿去，易致嗟怨。"⑤羊希的话揭示出当时想要推行生态公平的阻力是巨大的，因此政府只好采取折中的方式："常加功修作者，听不追夺……若先已占山，不得更占；先占阙少，依限占足。"⑥事实上，这种措施依旧承认贵族阶级独占生态资源的合理性，对推进生态公平并未起到真正的作用。

习近平总书记提出："良好生态环境是最公平的公共产品。"⑦这一观点正视了中国古代生态权归属的问题，对中华先民几千年的理想进行科学化的表述与总结，更是对其质的超越与提升。习近平总书记将生态环境定性为"公共产品"，这就与中国古代生态观从本质上区分开来。首先，中国古代哲人虽然对山泽私有有所批评，但没有直接说明生态的公有性质，甚至认为在私人"常加功修作"的情况下仍允许其独占。而习近平总书记则是从根本上将生态环境的所有权归于广大人民群众，提出了真正意义上的平等，即所有权的平等。其次，在中国古代，即使将山泽开放给百姓，统治阶级与被统治阶级对于生态环境的享有程度也是不同的。而生态环境作为"最公平的公共产品"，就说明所有人在享受、利用生态环境方面是绝对平等的。

---

① （梁）沈约撰：《宋书》，中华书局1974年版，第1537页。
② （晋）范甯注，（唐）杨士勋疏：《春秋谷梁传注疏》，载《十三经注疏》，上海古籍出版社1997年版，第2424页。
③ （汉）郑玄注，（唐）孔颖达等正义：《礼记正义》，载《十三经注疏》，上海古籍出版社1997年版，第1337页。
④ （清）严可均辑：《全上古三代秦汉三国六朝文》，中华书局1958年版，第2151页。
⑤ （梁）沈约撰：《宋书》，中华书局1974年版，第1537页。
⑥ （梁）沈约撰：《宋书》，中华书局1974年版，第1537页。
⑦ 中共中央文献研究室编：《习近平关于社会主义生态文明建设论述摘编》，中央文献出版社2017年版，第4页。

习近平总书记关于生态权利的论述谈到"每个人"的概念,这也是对中华传统生态智慧的巨大超越。首先,"每个人"包含弱势群体。过去,"癌症村""毒气村"的报道屡见不鲜,说明农村地区与农民群体生态权存在缺失。习近平总书记多次强调:"建设好生态宜居的美丽乡村,让广大农民在乡村振兴中有更多获得感、幸福感。"① 在此基础上,习近平总书记就西藏、四省藏区、武陵山区、滇黔桂部分贫困地区的生态问题做出指示:"要加大贫困地区生态保护修复力度,增加重点生态功能区转移支付,扩大政策实施范围。"② 这些地区往往在经济发展上亦有迫切需求,故而习近平总书记就如何兼顾生态与脱贫两方面进行深入思考,提出"生态脱贫"的新思路:"结合建立国家公园体制,可以让有劳动能力的贫困人口就地转成护林员等生态保护人员,从生态补偿和生态保护工程资金中拿出一点,作为他们保护生态的劳动报酬。"③ 这就表明,当前我国的生态文明建设对弱势群体的生态权利更加关注,正建立起真正公平公正的新时代中国特色社会主义生态文明。其次,"每个人"包含后代人。代际公平就是保证各个世代的公平,世代既包括当代人,又包括后代人。人类是在地球上长期繁衍的生物,这意味着是当代人与后代人共同拥有地球上的各种资源,都有权享受生态环境带来的福利。而后代人具有需求不确定性、主体地位缺失性与时间无限延续性。因此,为了人类的繁衍,当代人必须保证将一个良好的生态环境传递给后代子孙。古人生态观念对后代人的生态权利鲜有提及,而习近平总书记明确表示:"我们不能吃祖宗饭、断子孙路,用破坏性方式搞发展。"④ 这一论述体现了对后代人生态权利的重视与保护,具有长远意义。

---

① 习近平:《建设好生态宜居的美丽乡村 让广大农民有更多获得感幸福感》,《人民日报》2018年4月24日。
② 中共中央文献研究室编:《习近平关于社会主义生态文明建设论述摘编》,中央文献出版社2017年版,第65页。
③ 中共中央文献研究室编:《习近平关于社会主义生态文明建设论述摘编》,中央文献出版社2017年版,第65页。
④ 中共中央文献研究室编:《习近平关于社会主义生态文明建设论述摘编》,中央文献出版社2017年版,第144页。

三、如何进行生态文明建设

理论内容的构想，最终还是要在现实中发挥效用。深入贯彻落实习近平生态文明思想，就要节约与保护相结合，坚持系统工程思路；健全生态管理制度，强化生态追责意识；强化生态保护教育，营造良好社会氛围。

1. 节约与保护相结合，坚持系统工程思路

中华先民对如何维护生态环境系统有诸多探索。老子言："天之道，其犹张弓！高者抑之，下者举之，有余者损之，不足者与之。天之道，损有余而补不足。"① 他指出自然之道在于系统与平衡。孔子、孟子、荀子、管子都曾多次论述，使用自然资源要遵循时节变动与动植物生长自然规律，合理使用，如说"上律天时，下袭水土"②"不违农时"③"斧斤以时入山林"④"草木荣华滋硕之时，则斧斤不入山林"⑤"山林虽广，草木虽美，禁发必有时"⑥。明清时人开始有意识建造和谐的农林生态系统。人们在田地旁修堤建坝，当遇到干旱时节，就将堤中之水引进田地进行灌溉；在水堤周围，人们种植蔬菜、豆子、榆树、柳树等植物，在水堤之中养殖鱼虾等水产品。这些论断与做法体现出中国古人对生态系统整体性的初步理解，反映出先民顺应自然、节约资源、因地制宜的和谐生态实践理念。

在农业文明时期，人类开发自然与改造自然的能力尚弱，对生态的破坏程度也在可控范围内。如今生产力水平、科技水平已经远超古代，衍生出的许多生态问题也是中国古人不曾遇到的。因此，习近平生态文明思想继承了

---

① 朱谦之撰：《老子校释》，中华书局2000年版，第298-299页。
② （汉）郑玄注，（唐）孔颖达等正义：《礼记正义》，载《十三经注疏》，上海古籍出版社1997年版，第1634页。
③ （汉）赵岐注，（宋）孙奭疏：《孟子注疏》，载《十三经注疏》，上海古籍出版社1997年版，第2666页。
④ （汉）赵岐注，（宋）孙奭疏：《孟子注疏》，载《十三经注疏》，上海古籍出版社1997年版，第2666页。
⑤ （战国）荀况撰，王天海校释：《荀子校释》，上海古籍出版社2005年版，第381页。
⑥ 黎翔凤撰，梁运华整理：《管子校注》，中华书局2004年版，第261页。

中华传统生态智慧,对中华先民节约资源、保护环境的优良传统进行了一系列现代阐发。在实践态度上,习近平总书记将人与自然视为一体,提出"要把生态环境保护放在更加突出位置,像保护眼睛一样保护生态环境,像对待生命一样对待生态环境"①。在产业结构上,习近平总书记强调,要"贯彻节约资源和保护环境的基本国策,更加自觉地推动绿色发展、循环发展、低碳发展"②。在能源开发上,习近平总书记指出:"推进能源生产和消费革命,优化能源结构,落实节能优先方针,推动重点领域节能。"③在实体经济上,习近平总书记指示:"支持制造业绿色改造,引导实体经济向更加绿色清洁方向发展。"④在北京冬奥会筹办上,习近平总书记指示:"绿色、共享、开放、廉洁的办奥理念……要贯穿筹办工作全过程。"⑤

同时,习近平总书记从当前现实需要出发,按照系统工程的思路,协调整体与要素、要素与要素之间的复杂关系,全方位、全地域、全过程地思考生态问题,提出"对山水林田湖进行统一保护、统一修复是十分必要的"⑥"生态系统是一个有机生命躯体,应该统筹治水和治山、治水和治林、治水和治田、治山和治林等"⑦等论述,对"上律天时,下袭水土"、用养结合、因地制宜等中华传统生态智慧进行了创造性转化与创新性发展。在福建工作时期,他曾以修堤与使用地热水为例指明生态系统牵一发而动全身的特质:"修了一道堤,人行车通问题解决了,但水的回流没有了,生态

---

① 中共中央文献研究室编:《习近平关于社会主义生态文明建设论述摘编》,中央文献出版社2017年版,第8页。
② 习近平:《致生态文明贵阳国际论坛二〇一三年年会的贺信》,《人民日报》2013年7月21日。
③ 习近平:《在同出席博鳌亚洲论坛年会的中外企业家代表座谈时的讲话》,《人民日报》2015年3月30日。
④ 中共中央文献研究室编:《习近平关于社会主义生态文明建设论述摘编》,中央文献出版社2017年版,第35页。
⑤ 习近平:《在北京考察工作时的讲话》,《人民日报》2017年2月25日。
⑥ 中共中央文献研究室编:《十八大以来重要文献选编》(上),中央文献出版社2014年版,第507页。
⑦ 中共中央文献研究室编:《习近平关于社会主义生态文明建设论述摘编》,中央文献出版社2017年版,第56页。

平衡破坏了;大量使用地热水,疗疾洗浴问题解决了,群众很高兴,但地面建筑下沉了,带来了更为棘手的后果。"① 在谈及地区可持续发展时,习近平总书记指出:"从生态系统整体性着眼,可考虑加大河北特别是京津保中心区过渡带地区退耕还湖力度,成片建设森林,恢复湿地,提高这一区域可持续发展能力。"② 在谈及城市规划问题时,习近平总书记一针见血地指出:"城市规划建设的每个细节都要考虑对自然的影响,更不要打破自然系统。"③

2. 健全生态管理制度,强化生态追责意识

当前我国面临的生态困境不仅仅是单纯追求经济效益造成的,与之前政治、法律制度不完善、不健全也有很大关系。习近平总书记坚定指出:"保护生态环境必须依靠制度、依靠法治。只有实行最严格的制度、最严密的法治,才能为生态文明建设提供可靠保障。"④

早在尧舜时,统治者就设置了保护生态环境的职位——"虞"与"衡";夏、商、周在此基础上又设置了山虞、泽虞、川衡、林衡等职务,分类更为细致。秦简《田律》、甘肃敦煌悬泉置汉代遗址发掘出土的泥墙墨书《使者和中所督察诏书四时月令五十条》,规定了人们开发利用自然资源的时节。魏晋六朝时人们延续前代传统,设置专门负责自然管理的职官,如北齐有虞曹主事与虞曹郎中,北周有山虞、泽虞、川衡、林衡等职官。北魏时期,孝文帝为了鼓励百姓种植经济林,曾特地颁布诏书:"男夫一人给田二十亩,课莳余,种桑五十树,枣五株,榆三根。非桑之土,夫给一亩,依法课莳榆、枣。奴各依良。限三年种毕,不毕,夺其不毕之地。于桑榆地分杂莳余果及多种

---

① 习近平著:《摆脱贫困》,福建人民出版社1992年版,第14页。
② 中共中央文献研究室编:《习近平关于社会主义生态文明建设论述摘编》,中央文献出版社2017年版,第52页。
③ 中共中央文献研究室编:《十八大以来重要文献选编》(上),中央文献出版社2014年版,第603页。
④ 中共中央文献研究室编:《习近平关于社会主义生态文明建设论述摘编》,中央文献出版社2017年版,第99页。

桑榆者不禁。"① 硬性指标的确定，对百姓种树起到极大的敦促作用，在当时形成了一股植树热潮。南朝宋时曾有诏言："擅占山泽，强盗律论，脏一丈以上皆弃市。"② 可见，当时的法律对那些擅自占用山林的人，处罚是非常严厉的。《唐律疏议·杂律》中可见大量的环境保护条款。清朝增设了负责水利的官职都水监，制定专门的狩猎和林木管理条例。

党的十八大以来，我国成为全球生态文明建设的重要参与者、贡献者乃至引领者。能有这样的贡献，与健全制度、强化追责是密不可分的。

一是生态管理制度的逐渐健全。在习近平总书记看来，推动绿色发展，建设生态文明，重在建章立制。③ 而颁发诏书、颁布法律也是中国古人在保护生态上最常用的政治手段之一。习近平总书记强调制度在生态保护上的重要性："要深化生态文明体制改革……把生态文明建设纳入制度化、法治化轨道。"④ 目前，我国生态管理制度内容丰富，有国土空间开发保护制度，水、大气、土壤等污染防治制度，资源有偿使用制度、环境损害赔偿制度，等等，具有覆盖范围广、体系化强的特征。合理完善制度的建立健全，在一定程度上为生态文明建设提供了可靠保障与有效参考。制度往往规定了生态红线，红线的意义在于约束。习近平总书记多次强调："生态红线的观念一定要牢固树立起来。"⑤ 这些生态环境管理制度的确定就是在告诫全党全国，即使有巨大经济效益的诱惑，也坚决不能逾越制度中的生态红线。由此可见，新时代的中国不再单纯以 GDP 的高低来评价发展的好坏，而是将体现生态文明建设状况的指标纳入经济社会发展考核评价体系，建立体现生态文明要求的目标体

---

① （唐）杜佑撰，王文锦、王永兴等点校：《通典》，中华书局 1988 年版，第 18 页。
② （唐）杜佑撰，王文锦、王永兴等点校：《通典》，中华书局 1988 年版，第 15 页。
③ 中共中央文献研究室编：《习近平关于社会主义生态文明建设论述摘编》，中央文献出版社 2017 年版，第 110 页。
④ 中共中央文献研究室编：《习近平关于社会主义生态文明建设论述摘编》，中央文献出版社 2017 年版，第 109 页。
⑤ 中共中央文献研究室编：《习近平关于社会主义生态文明建设论述摘编》，中央文献出版社 2017 年版，第 99 页。

系、考核办法、奖惩机制，使之成为推进生态文明建设的重要导向和约束。①习近平总书记在参加河北省委常委班子专题民主生活会时明确表示，发展要去掉"紧箍咒"，"在治理大气污染、解决雾霾方面作出贡献了，那就可以挂红花、当英雄"②。针对贵州发展问题，习近平总书记指出："我们强调不简单以国内生产总值增长率论英雄，不是不要发展了，而是要扭转只要经济增长不顾其他各项事业发展的思路。"③

二是生态追责意识的逐渐强化。习近平总书记明确表示对领导干部要建立责任追究机制。实践证明，生态环境保护是否能够有效落实，关键在于领导干部。习近平总书记指出当前湖泊湿地被滥占，很大程度上就是产权不到位、管理者不到位所导致。④因此，习近平总书记反复重申对领导干部的责任追究问题："要落实领导干部任期生态文明建设责任制，实行自然资源资产离任审计，认真贯彻依法依规、客观公正、科学认定、权责一致、终身追究的原则。"⑤"对那些不顾生态环境盲目决策、造成严重后果的人，必须追究其责任，而且应该终身追究。"⑥权责不明，生态保护就会落空，节用控污的具体实践就难以广泛开展。而将责任分配到人，能够明确生态所有权、使用权、管理权之间的责任关系，增强对某些领导干部利用职权之便，牺牲生态环境，换取私利行为的监督与管控，更好地推进生态文明建设。在这种意识下，习近平总书记针对腾格里沙漠遭企业污染、青海祁连山自然保护区与木里矿区

---

① 中共中央文献研究室编:《习近平关于社会主义生态文明建设论述摘编》，中央文献出版社 2017 年版，第 99 页。
② 中共中央文献研究室编:《习近平关于社会主义生态文明建设论述摘编》，中央文献出版社 2017 年版，第 21 页。
③ 中共中央文献研究室编:《习近平关于社会主义生态文明建设论述摘编》，中央文献出版社 2017 年版，第 23 页。
④ 中共中央文献研究室编:《习近平关于社会主义生态文明建设论述摘编》，中央文献出版社 2017 年版，第 105 页。
⑤ 中共中央文献研究室编:《习近平关于社会主义生态文明建设论述摘编》，中央文献出版社 2017 年版，第 110—111 页。
⑥ 中共中央文献研究室编:《习近平关于社会主义生态文明建设论述摘编》，中央文献出版社 2017 年版，第 100 页。

被破坏性开采等情况多次强调，要"扭住不放"[①]"一抓到底"[②]"举一反三"[③]。在生态责任问题上，习近平总书记提出"河长制"，由各级党政主要负责人担任"河长"，负责组织领导相应河湖的管理和保护工作，这是对中国古代设立山虞、泽虞、川衡、林衡等自然管理官职的传统的创造性转化。

3. 强化生态保护教育，营造良好社会氛围

处理好生态问题，必须要抓住矛盾的关键，即人类自己，因此建设生态文明，必须在全社会范围内加强生态保护教育，营造出良好的环保氛围。只有人们对生态环境具有发自内心的热爱与关切，整个生态文明建设才能顺利开展。

中国古代思想家非常重视人的教化，而这也体现在生态问题上。首先，中国古人将生态保护上升至道德层面，把生态保护与传统孝观念、圣人标准相结合。孝道在中华文化中分量是极重的，将生态保护提升至孝的高度，无疑会在当时人心中加强对生态保护的重视。孔子言："断一树，杀一兽，不以其时，非孝也。"[④] 曾子说："孝有三：小孝用力，中孝用劳，大孝不匮。"[⑤] 这说明，最高的孝道就是节约资源，保护环境。老子言："圣人去甚，去奢，去泰。"[⑥] 将节俭不浪费的环保生活方式作为圣人评判标准，为当时民众树立了很好的榜样。其次，是通过讲述故事的方式向民众普及生态保护观念。《庄子》中很多故事都闪耀着顺物之情的生态色彩。世人都称赞伯乐识马，庄子却从马（自然）的角度进行思考。觅草饮水、自由自在是马的真性情。对马而言，遇上伯乐是大不幸。在伯乐这里，马原本自由的天性被无视，转而"烧之，

[①] 中共中央文献研究室编：《习近平关于社会主义生态文明建设论述摘编》，中央文献出版社2017年版，第109页。

[②] 中共中央文献研究室编：《习近平关于社会主义生态文明建设论述摘编》，中央文献出版社2017年版，第109页。

[③] 中共中央文献研究室编：《习近平关于社会主义生态文明建设论述摘编》，中央文献出版社2017年版，第109页。

[④] （汉）郑玄注，（唐）孔颖达等正义：《礼记正义》，载《十三经注疏》，上海古籍出版社1997年版，第1598页。

[⑤] （汉）郑玄注，（唐）孔颖达等正义：《礼记正义》，载《十三经注疏》，上海古籍出版社1997年版，第1598页。

[⑥] 朱谦之撰：《老子校释》，中华书局2000年版，第118页。

剔之，刻之，雒之，连之以羁絷，编之以皂栈"①，"饥之，渴之，驰之，骤之，整之，齐之，前有橛饰之患，而后有鞭筴之威"②，以各种方式和手段胁迫它们摒弃自己的天性。这样训练出来的马，其温厚善良之天真本性已经荡然无存，变得性情暴躁，反而对人不利。庄子以马喻自然，批评人对自然的伤害。再如庄子在庖丁解牛故事中指出按自然规律办事的必要性。当庖丁掌握了牛体构造，按照牛骨缝隙进行解剖时，不仅能够较为轻松地进行解剖，而且还能够保护好刀具，增加其使用年限。正如庖丁自己所说："臣之所好者道也，进乎技矣。"③《吕氏春秋》曾记载亶邑夜渔者放生小鱼的故事："巫马旗短褐衣弊裘，而往观化于亶父，见夜渔者，得而舍之。巫马旗问焉，曰：'渔为得也。今子得而舍之，何也？'对曰：'宓子不欲人之取小鱼也。所舍者小鱼也。'"④借此说明人不应妨碍万物自然生长的道理。

即使是在信息传播手段不那么发达的古代，人们也已经意识到教化与宣传的力量。以古鉴今，当前国家制定的生态规章制度必须经由普及教育、广泛宣传才能使广大人民对生态保护有深刻而清晰的认知。习近平总书记在主持十八届中央政治局第六次集体学习时强调："要加强生态文明宣传教育，增强全民节约意识、环保意识、生态意识，营造爱护生态环境的良好风气。"⑤由此可见，习近平生态文明思想与中华传统生态智慧一样，非常重视生态保护的教育宣传。

从教育宣传的内容看，习近平总书记呼吁保护森林："绿化祖国，改善生态，人人有责。"⑥主张勤俭节用的消费观："要在全社会牢固树立勤俭节约的消费观，树立节能就是增加资源、减少污染、造福人类的理念，努力形成勤俭

---

① （清）郭庆藩撰，王孝鱼点校：《庄子集释》，中华书局1961年版，第330页。
② （清）郭庆藩撰，王孝鱼点校：《庄子集释》，中华书局1961年版，第330页。
③ （清）郭庆藩撰，王孝鱼点校：《庄子集释》，中华书局1961年版，第119页。
④ 陈奇猷校释：《吕氏春秋校释》，学林出版社1984年版，第1226页。
⑤ 中共中央文献研究室编：《习近平关于社会主义生态文明建设论述摘编》，中央文献出版社2017年版，第116页。
⑥ 习近平：《在参加首都义务植树活动时的讲话》，《人民日报》2015年4月4日。

节约的良好风尚。"① 从教育宣传的对象看，习近平总书记对各级领导干部提出要求："各级领导干部要带头参加义务植树，身体力行在全社会宣传新发展理念。"② 对消费者发出倡导："推广节能、节水用品和绿色环保家具、建材等，推广绿色低碳出行，鼓励引导消费者购买节能环保再生产品，推动形成节约适度、绿色低碳、文明健康的生活方式和消费模式。"③ 对少年儿童进行激励："大自然充满乐趣、无比美丽，热爱自然是一种好习惯，保护环境是每个人的责任，少年儿童要在这方面发挥小主人作用。"④ 而习近平总书记以身作则、率先垂范，在正定工作时期，只要不出正定城关，一定骑自行车上下班，锻炼身体的同时践行环保理念。此外，习近平总书记从2013年起连续参加首都义务植树活动。从教育宣传的方式看，我们当前的宣传教育方式相比古代来说已经是大大丰富了。2011年，我国推出《美丽中国》纪录片，向中国人民乃至世界人民生动展现了新时代中国良好的生态风貌。京津冀大气污染治理、浙江"千村示范、万村整治"工程、塞罕坝造林、毛乌素治沙等生动范例登上报纸、电视，成为全社会生态文明建设的榜样。习近平总书记倡导在国家范围内积极评定生态文明建设示范区，以带动周边地区乃至全国地区的生态文明建设。当前，形式活泼的环保公益性活动不断涌现，例如多地以徒步、登山、慢跑形式开展捡拾垃圾公益活动。这些观念、举措与中国古代宣传教育方式相比，突破了一家一户的局限，表明生态文明是人民群众共同参与、共同建设、共同享有的事业，其境界更高，科学性更强，而且形式更加生动活泼，更易为人民群众所接受、喜爱。

综上，习近平生态文明思想既深刻传承了中华传统生态智慧，具有中国特色的生态智慧基因，又对中华传统生态智慧进行了创造性转化与创新性发展，具有全球性、时代性的广阔视野，是当前生态文明建设的重要理论指导和行动指南。

---

① 中共中央文献研究室编：《习近平关于社会主义生态文明建设论述摘编》，中央文献出版社2017年版，第118页。
② 习近平：《在参加首都义务植树活动时的讲话》，《人民日报》2016年4月6日。
③ 中共中央文献研究室编：《习近平关于社会主义生态文明建设论述摘编》，中央文献出版社2017年版，第122页。
④ 习近平：《在同全国各族少年儿童代表共庆"六一"国际儿童节时的讲话》，《人民日报》2013年5月31日。

后 记

本人自1999年涉足学术，迄今已陆续在海内外报刊上公开发表专业论文和理论文章180余篇，并有部分内容被《新华文摘》、人大复印报刊资料等二次文献全文转载或部分摘编，在此衷心感谢相关报刊编辑的不弃与提携。在论文写作过程中参考和引用了国内外不少学者的先进研究成果，在此致以诚挚谢意。现因应"中传学者文库"之邀，以"返本与开新"为旨归，从中遴选出较有代表性的10篇以发表先后为序汇集成册，以向中国传媒大学建校70周年献礼，亦作为本人学术成长轨迹的记录。因部分内容有所增补修订，加之图书出版体例需要，论文在收入本书时有所改动。水平所限，不足之处还望读者诸君批评指正。感谢我门下王冰鑫、班云雷、张统一、阿依娜、马沁甜等五位博、硕士生的协助和支持，他们在拙著出版过程中以积极主动的态度和精益求精的精神做了大量引文核对和书稿校读工作，从而弥补了拙著的疏漏之处。最后还要感谢文库工作组成员以及责任编辑张继媛女士在拙著出版过程中所付出的辛劳。

刁生虎

甲辰年仲春于京西昆玉河畔